黄文山文化思想研究

黄有东 著

武汉大学出版社

图书在版编目(CIP)数据

黄文山文化思想研究/黄有东著．—武汉：武汉大学出版社，2016.12
　ISBN 978-7-307-19052-8

　Ⅰ．黄…　Ⅱ．黄…　Ⅲ．黄文山(1901－1988)—文化思想—研究
Ⅳ．G0

中国版本图书馆 CIP 数据核字(2016)第 315827 号

责任编辑:黄　殊　　责任校对:汪欣怡　　版式设计:马　佳

出版发行：**武汉大学出版社**　（430072　武昌　珞珈山）
　　　　　（电子邮件：cbs22@whu.edu.cn　网址：www.wdp.com.cn）
印刷：虎彩印艺股份有限公司
开本：720×1000　1/16　　印张：18　字数：260 千字　插页：1
版次：2016 年 12 月第 1 版　　2016 年 12 月第 1 次印刷
ISBN 978-7-307-19052-8　　定价：39.00 元

版权所有，不得翻印；凡购我社的图书，如有质量问题，请与当地图书销售部门联系调换。

序

黄文山是一个"板凳坐到十年冷，文章不写一句空"的文化学家。他用一生的心血开创性地营造了一个较完备的、科学的文化学体系。他不仅是中国型文化学的创建者，也是世界现代文化学的先驱之一。

黄文山建设文化学的历程分前后两期：1949年他离开中国去美国前为前期，这是他的文化学基本理论的形成阶段，他所想要解决的主要是中国文化的出路与建设问题；1949年后为后期，这是他的文化学体系的完善时期，他所想要解决的是从中国文化的出路问题，进而到人类文化的出路问题。中西兼收的知识背景与丰富的文化实践经历，使其文化学体系既有"世界视野"，又有"中国本色"的优点。

黄文山认为文化学是从社会学中层创而来，并以文化人类学、文化哲学等为路向。他注重文化学研究的"科学性"与"方法论"，严格地把文化学当作一门"科学"来建构。"文化""文化学""文化体系"是其文化学体系架构的三个基本范畴，以它们为中心，涉及的基本内容有："文化"的定义、分类、性质与特征；文化学的对象、任务、研究模式、发展阶段；"文化体系"的十种"基本类型"、三种"上层类型"、结构与心态；以及成对的范畴"文化"与"社会"、"文化"与"自然"、"文化"与"文明"，"文化学"与"社会学"，"文化体系"与"自然体系"、"文化体系"与"社会体系"，等等。其文化学体系架构的重要命题有：文化学是一门独立的、自成体系的科学；文化学在科学体系中占有最高的位置；文化体系不仅会生长与没落，还可以"复兴"或"再生"；未来的文化是以中庸(中道)法则做根据，综合"冥观的文化"与"实感的文化"二者之长，成为新型的"中庸型文化";世界文化的出路,就在于中西文化互相借鉴,建立浑融的"会通文化",等等。世界文化浑融论,是黄文山整个文化学体系要得出的最终的结论,也是他对中国文化出路、世界文化出路的成熟的解答。

从对文化学体系的整体性思考来看,黄文山是他同时代文化学者中的佼佼者;从把文化学作为独立科学进行建设来看,在同一时期,只有怀德和陈序经等少数的文化学者,能与之比肩。黄文山对文化学的开创性探索,为我们建设中国"当代文化学体系"提供了许多有益的思想资源。

目　录

绪论 …………………………………………………………… 1
　一、题解 …………………………………………………… 1
　二、论证思路及主要内容 ………………………………… 3
　三、难点及着力点 ………………………………………… 7

第一章　开创文化学：思想探源 ………………………… 10
　一、知识背景：中国本色，世界视野 …………………… 11
　二、思想倾向：从"无政府主义"到"三民主义" ……… 17
　三、文化立场：建设中国本位文化，复兴中华民族 …… 35
　四、开创文化学的必然性与必要性 ……………………… 47
　小结 ………………………………………………………… 54

第二章　建设文化学：历程、路向、科学观和方法论 … 57
　一、建设文化学的历程 …………………………………… 57
　二、建设文化学的思想资源及路向 ……………………… 71
　三、建设文化学的科学观及方法论 ……………………… 79
　小结 ………………………………………………………… 94

第三章　文化学体系（上）：范畴 ………………………… 97
　一、范畴一："文化" ……………………………………… 99
　二、范畴二："文化学" …………………………………… 111
　三、范畴三："文化体系" ………………………………… 119
　小结 ………………………………………………………… 133

第四章 文化学体系（下）：命题 ……………………… 135
一、命题一：文化学是一门自成体系的独立科学 ……… 137
二、命题二：文化学在科学体系中占最高位置 ………… 140
三、命题三：文化体系不仅会生长与没落，而且还可"复兴" ……………………………………………… 143
四、命题四：西方文化的基本精神是经济伦理，中国文化的根本精神是家族伦理 ……………………… 148
五、命题五：世界文化的未来是浑融的"会通文化" …… 151
小结 ……………………………………………………… 162

第五章 黄文山文化学思想的学术史地位 ……………… 165
一、黄文山在中国文化学领域中的地位 ………………… 167
二、中国早期文化学双峰：黄文山与陈序经之比较 …… 177
三、黄文山在世界"现代文化学"领域中的地位 ………… 196
四、中西"现代文化学"双杰：黄文山与怀德之比较 …… 207
五、黄文山对中国当代文化学建设的启示 ……………… 221
小结 ……………………………………………………… 236

结语 …………………………………………………………… 239

附录一 黄文山论著索引 ………………………………… 245

附录二 参考文献 ………………………………………… 250

附录三 黄文山及其文化学研究综述 …………………… 257

附录四 黄文山学术年谱简编 …………………………… 271

后记 …………………………………………………………… 284

绪　　论

一、题　　解

　　中国近代以来，伴随文化运动、文化论战、文化革命、文化兴国、文化战略、文化产业等文化实践而兴起的文化热，一波接着一波出现。现在，从学者到艺人，从教授到小学生，从国家总理到平头百姓，从东学西渐、国学蜂起等形而上的理论争鸣到企业文化、饮食文化等形而下的实际应用，从校园到车间，从庙宇到游乐园，从酒店到茅厕，无人不谈"文化"，无处不见"文化"字样。"文化"成了使用频率最高的汉语词汇之一。人们都在津津乐道纷繁复杂的文化现象，莫衷一是地争论丰富多彩的文化问题。但是，我们只要看看当前的文化理论方面的论著，就会发现它们显然与文化实践所要求的理论解释和理论指导有较大的距离。也就是说，目前的文化理论研究，与文化实践比较起来，其发展显得严重滞后。

　　有鉴于此，对前辈学者的文化理论进行研究，对他们建设文化理论的方法、思路，以及概念、规律等方面进行反思，可以给我们当前的文化学理论建设，提供许多有益的启示。况且，从理论的学理承继性方面来说，对前辈学者的努力及结晶进行梳理，也是必需的。因此，对中国早期建设文化学的"双峰"①之一的黄文山的文化学思想进行反思，有助于我们当前的文化理论建设。

　　黄文山，在中国文化学，乃至世界现代文化学领域中有自己的

---

　　①　作者认为黄文山和陈序经是中国早期建设文化学的"双峰"。对此，本书于第五章有专门的论述。

一席之地，应该说有比较高的学术成就。他不仅是中国文化学的先驱、中国型文化学的创建者，而且也是世界现代文化学的先驱，世界现代文化学的创建者之一。但是目前对他的研究很不够，特别是在中国。这固然和黄文山自1949年旅居美国，与国内长期隔绝有关，但根本的原因，是国内的学术界以往对他的重视度不够。因此，从整理和发扬中国的学术文化的角度来说，对黄文山的研究也有相当的意义。

黄文山是签名发表"中国本位文化宣言"的十教授之一，尽管他的主要兴趣在文化学的理论建设上，但作为当时的文化界名人，研究其与文化学相关的其他文化思想，对于我们进一步认识那个时代"思想观念的转移和学术体系的演变"，是有帮助的。"从黄文山的个案中可以看到，文化学从学理深处影响着近代学人对中西文化的基本认识，是各种文化思想的学术根源，从文化学与文化思想的关系切入，可以从一个独特的视角揭示近代中国思想观念的转移和学术体系的演变。"①

黄文山是著名的文化学、社会学、人类学、民族学学者，思想极其广博，他一生在文化学、社会学、民族学、人类学等学科皆有重要的建树。全面研究黄文山的思想，非一本专著所能负载，因此本书特意选取了最能代表黄文山学术成就的文化思想方面的问题进行专门系统的研究。

黄文山的文化思想也很丰富，主要包括文化观和文化学两方面。所谓文化观，就是关于文化现象的一般意见或观点和关于文化问题的具体看法，具有感想性、零散性，如其本位文化思想、民族文化思想、中国民族文化复兴思想、文化建设思想、会通文化思想、中西文化比较观等。所谓文化学，就是关于解释文化现象的科学，是由诸多特有的概念、范畴与命题等组成的系统、周延，且符合逻辑的科学体系。黄文山的文化学体系集中地反映了其丰富的文化观。黄文山的文化思想正是以科学的文化学思想为中心，他一生

---

① 赵立彬. 黄文山文化学与文化观述论[J]. 暨南学报(人文科学与社会科学版)，2004(6)：120.

都在为建设科学的文化学体系而努力。

在黄文山的文化思想中，最有代表性，最有开创性价值，具有核心地位的是他的文化学思想，这意味着，在探讨黄文山的文化思想时，应该以其文化学思想为中心。所以，本书着力把黄文山的文化学思想作为研究的中心内容。黄文山文化学思想的理论旨趣、形成的文化背景、思想渊源，以及其理论历史演变的前因后果、纵横理路，还有合理评价其学术价值，等等，都是本书力图解决的重要课题。

二、论证思路及主要内容

本书以黄文山的文化学思想为中心来研究其丰富的文化观，将按照一般的论证逻辑，从解释"为什么"开始，再分析"是什么"，最后回答"怎么样"，分别探讨以下问题：黄文山为什么要建设文化学？怎样建设文化学？其建构文化学体系到底是什么样子？其文化学体系建构得怎么样，即如何评价其文化学体系？其文化学的学术地位如何？其文化学体系的建设对未来文化学的建设有何启发与借鉴意义？

本书第一章，主要是从黄文山早年的知识背景和文化经历入手分析，首先探讨与挖掘了他为什么会对文化学建设感兴趣的原因，并"三十年如一日"地孜孜以求。黄文山倡导建立文化学，是在理论上系统地解释与指导现实文化问题的外在要求和学术本身发展逻辑的内在推力共同作用的结果。

黄文山建设文化学基本理论的过程与抗日建国的历程相伴随。文化救国是当时文人学者的抗战方式，其时，关于文化救国、中国文化出路问题，百家争鸣，纷繁热闹。黄文山当然也参与其中，随着黄文山的政治观从"无政府主义"到"三民主义"的转变，他就站在本位文化建设一派，表达自己关于中国文化的复兴、文化现代化与复兴中华民族等文化建设主张。当时文化界高潮迭起的论战与争鸣，往往处于"意见"层面，难免肤浅，学理深度不够。黄文山为了对其文化观作科学的解释和逻辑的说明，他更多的是静坐下来，对复杂的文化现象作理论的反思,同时开始着手建设文化学学科。黄文山认为,对于中西文化应如何评价,对于西方文化应如何选择与接受,对于中国旧型的文化应如何整理,对于新兴文化怎样为之创造和计划,等等,凡此种种问题的解决,皆有赖于一种新兴的客观的科学——"文化学"——的建立,才能给予适当解答,这是黄文山建立文化学动机的一方面。另一方面,黄文山通过对社会学、人类学、民族学、哲学等学科系统的研习,以及对西学的大量译介,发现文化学从社会学中"突创"出来,而成为自成体系的独立的学科,是科学的学术逻辑发展的必然。黄文山认为综合人类学、文化社会学、文化史学等科学来创立文化学,用以窥探文化现象的发生、历程、机构、形态、变象和法则,在学术界有急迫的要求。这是他开创文化学的学理层面的动因。

第二章主要讨论了黄文山是怎样建设文化学的,具体从黄文山建设文化学的历程、思想来源、主要路向、科学观与方法论等方面的问题入手。

黄文山建设文化学的历程可以分为两个历史时期:第一个时期为前期,是1949年黄文山离开中国去美国前,黄文山要解决的主要是中国文化的出路与建设问题。这个时期,是黄文山文化学的基本理论的形成阶段。第二个时期为后期,是黄文山于1949年去美国以后,他所要解决的现实文化问题从中国文化的出路,扩展到了人类的文化出路问题。这个时期,是黄文山文化学体系的完善时期。

黄文山建立文化学的理论准备和思想来源包括:中国传统文化思想资源、中国近代以来的文化学者的理论建树、西方传统文化理论资源等。黄文山是中国近代以来能够称得上是学贯中西的学者之一,他建立文化学的理论准备和思想部分来源于中国传统文化支柱的儒、释、道、墨与民俗等文化,以及中国古代的传统文化经典,如《周易》《论语》《老子》《庄子》《荀子》《墨子》《中庸》等,还有中国现代的文化学者梁启超、孙中山、梁漱溟、张申府、朱谦之、陈序经等人的有关文化思想,都是黄文山建设文化学的重要文化资源。当然,黄文山建设文化学最主要的理论来源还是西方的文化理论，包括社会学、文化人类学、民族文化学、文化哲学、文化社会学等方面，如孔德的《实证哲学》、泰勒的《原始文化》、摩尔根的《古代社会》、汤因比的《历史研究》、斯宾格勒的《西方的没落》、克鲁伯的《自然与文化》、素罗金的《当代社会学学说》和《今日社会学学说》、怀德的《文化学科》等。结合黄文山文化学的思想来源来看，其建设文化学的路向大概有"文化人类学的路向"、"文化社会学的路向"、"文化哲学的路向"、"文化史的路向"、"中国传统文化的路向"，等等。

黄文山对学术研究的"科学性"与"方法论"异常看重。黄文山建设文化学体系时，有两个重要的原则：一是高度注意文化学的科学性，二是极其注意科学的方法论。他建设文化学完全是按照科学的原则进行，在文化学研究过程中形成了其独有的科学观与方法论系统。

第三章与第四章主要分析黄文山科学的文化学体系，重点对其文化学体系的理论构架的概貌进行较明晰的梳理。黄文山一生代表性成就是文化学，而其文化学体系的最大的特征是科学性。黄文山就像一只灵巧的蜘蛛，三十多年如一日，不知疲倦地用众多一般和独特的概念与范畴，回答众多的命题(或假设)，对文化学进行科学的体系建构。黄文山对文化学的研究方法、文化法则、文化类型、文化结构、文化动力等方面的基本问题进行了较详细与深入的探讨，在1968年终于以《文化学体系》的出版为标志，建成了一个庞大而独特的文化学体系。第三章主要讨论了黄文山文化学体系架构的三个支柱性范畴，即"文化"、"文化学"、"文化体系"。其中包含了对"文化"的定义、分类、性质与特征，文化学的对象、任务、研究模式以及文化学科学的发展阶段，"文化体系"的十种"基本类型"、三种"上层类型"以及"文化体系"的结构与心态等问题，进行了较全面和深入的剖析，并以上面三个支柱性的范畴为中心，重点介绍了黄文山对"文化"与"社会"、"文化"与"自然"、"文化"与"文明"、"文化学"与"社会学"、"文化体系"与"自然体系"、"文化体系"与"社会体系"等多对范畴的理解与辨析情况。第四章继续对黄文山文化学体系的架构进行剖析，着重对黄文山建设文化学体系的重要命题进行了分析：文化学不仅是一门科学，而且是一门独立的、自成体系的科学的命题；文化学不仅是一门独立的、自成体系的科学，而且还在科学体系中占有最高的位置；文化体系除了生长与没落的规律之外，还可以"复兴"或"再生"；西方文化的基本精神是经济伦理，中国文化的根本精神是家族伦理；未来的文化将以中庸(中道)法则做根据，综合"冥观的文化"与"实感的文化"二者之所长，建立统一的、新型的"中庸型文化体系"，即"大同的文化体系"；中西文化各有优劣，要健康的成长，必须中西文化互补，而世界文化的出路，就在于中西文化互相借鉴，互相促进，共存于文化互助，建立浑融的"会通文化"。

第五章主要讨论了黄文山的文化学体系建构，主要采用比较法，重点对黄文山的文化学成就进行综合评价。

首先，将黄文山放在中西"文化学"学术史中进行纵横比较，确立其学术地位。在纵向上，把黄文山的文化学思想与中西前后辈的文化学者进行比较；在横向上，把黄文山与其同时代的其他文化学者进行比较。具体来说，是采取点、线、面、体结合的方法，把黄文山放在中国文化学学术史和世界文化学学术史的"线"上，由中西时空定位，来确定黄文山的文化学思想的学术史地位。一方面，把黄文山与中国早期其他重要文化学者，如陈序经、朱谦之、阎焕文、陈高傭、钱穆等人进行比较，来确证黄文山的文化学思想在中国文化学领域中的地位。另一方面，为了明确黄文山在世界文化学领域的地位，还将黄文山放在世界文化学领域，与国外的其他文化学家，如阿斯华德、克鲁伯、素罗金、怀德等人进行比较。通过比较、检索整理黄文山的文化学思想，发现其中哪些是承继前人的研究成果，受了前辈学者的哪些影响？哪些是他自己的创见？以及他对后辈文化学者有哪些影响？以期能全面评估其文化学价值，对黄文山的文化学地位进行合理的定位。

为了更具体地凸显黄文山的文化学特色与贡献，本章还特意将黄文山的文化学建设，与他同时代的其他著名的文化学者的文化学建设情况进行个案性的重点比较——对"中国早期文化学双峰"(黄文山与陈序经)以及"中西现代文化学双杰"(黄文山与怀德)的文化学思想，进行具体比较。经以上比较发现，黄文山对于文化学的探索，取得了突出的成就。他不仅是中国文化学建设的先驱之一，也是世界现代文化学建设的先驱之一，尤其是从对文化学体系的整体思考与科学的体系建构来看，黄文山是他同时代学者中的佼佼者。

在本书的最后，对黄文山文化学研究之得失进行了总的评价，并与中国近30年来的文化学建设之得失进行对照，总结其对中国当代及未来文化学体系建设的启示与借鉴意义。这是本书的解决问题的部分，也是本书的落脚点。

三、难点及着力点

本书重点是以黄文山的文化学建树为中心论述其文化思想。在分析的过程中，存有以下难点需要克服：

第一，黄文山对社会主义有他基于无政府主义的看法，并对马克思的科学社会主义与共产主义，以及无产阶级专政多有批判。他曾是中国最早进行社会主义研究的"社会主义研究会"最早的成员之一，但后来他自己与宣传马克思主义的李大钊和陈独秀划清界限，转向三民主义，加入了国民党，其政治思想比较复杂。所以，如何把握其政见与学术之间的张力，对其进行公正的评价，是难点之一。

第二，由于黄文山在1949年后旅居美国，与中国长期隔离，不太为国内学者所注意，缺少研究他的成果可资参照，其著作于1949年后在中国大陆就再也没有出版过。所以，研究资料的缺乏和难以收集，是难点之二。作者虽已通过各种渠道，基本上收集到了黄文山发表过的论著，但是，还有少数，尤其是其未公开发表的手稿还没有得到，如其"自传"等。

第三，黄文山才思敏捷，勤勉为学，学贯中西，他建设文化学所用材料广博，在研究的过程中，相关的阅读量比较大。所以，如何扩大阅读面，从而能重点而准确地把握其所征引的材料，以更好理解其文化思想，是难点之三。

第四，黄文山的文化学理论的基本思想是来源于西方的文化人类学、文化社会学、社会学、文化哲学。为了把握以上思想的"真义",以准确理解黄文山的文化学体系,阅读西方学者的原著是必要的,这对外语的要求比较高。而目前作者只能阅读英文,对于德文、法文和俄文等著作则无能为力。此为难点之四。

第五,黄文山的文化学体系的一个重要特色,就是中西学术的印记都很深,可以说是"中国特色,世界视野"。黄文山是一个有着非常浓厚的中国传统文化情结的现代文化学者。对于厘清黄文山是如何较完美地熔中国传统文化与西方现代学术于一炉,创建中国型文化学体系,是难点之五。

第六,文化学作为新兴学科,一方面本身发展不成熟,另一方面已经问世的文化学理论著作汗牛充栋。所以,如何综合性地参照其他文化学者的文化学思想,合理评价黄文山的学术地位,是难点之六。

本书将在尽量克服以上难点的基础上,试图在以下具体问题上着力,寻求满意的解答:

第一,黄文山早期的文化经历与其文化观的形成,这中间到底有什么内在的逻辑联系?其荦荦大端的文化学体系形成的背后到底有哪些必然的决定因素?中国传统文化对黄文山文化观与文化学思想形成的影响到底有多大,表现何在?

第二,黄文山早年的无政府主义与三民主义的政治追求,与他的文化观与文化学思想形成到底有没有联系?如果有,表现何在?

第三,黄文山在1935年左右的"中国本位文化"与"全盘西化"的文化论战中,为什么没有站在浪尖上?但作为《中国本位的文化建设宣言》的签名教授之一,黄文山到底对这场文化论战持怎样的看法,而这次文化实践对他的文化学建设,到底影响在哪里?

第四,黄文山为什么一定坚持文化学必然从"社会学"中,而不是从人类学或哲学等科学中突创而来?

第五,黄文山坚持文化学是一门自成体系的独立科学,并且,认为文化学在科学体系中占有最高的位置,此理论是否可以成立?

第六,黄文山积极寻求文化学法则,是否成功?

第七,文化学理论与文化实际问题的解释与解决的互动,是黄文山从事文化活动的目标追求。这一目标最后是否达成？他为中国文化以及世界文化的出路，最后给出了什么样的方案，此方案是否合理？

第八，黄文山在中国文化学史上是不是最早正式提倡，并形成较完备与深刻的文化学体系建构的文化学者？他是不是中国在文化学建设早期(1980年代前)对文化学贡献最大的学者之一？称黄文山作为"中国文化学之父"，是否可以成立？

第九，在世界现代文化学领域，黄文山是不是最早明确地进行文化学体系化建构，并且是最早形成文化学科学体系的文化学学者之一(或最早的学者)？史学家班思称美国的莱斯利·A.怀德为"文化学之父"，这是否忽视了黄文山对现代文化学所做的开创性贡献？将黄文山与怀德并称为"中西现代文化学双杰"，是否合理？

第一章 开创文化学：思想探源

本章试图解答的主要问题是，为什么黄文山会开创性地选择文化学研究，并三十年如一日地孜孜以求，其思想根源何在？笔者认为，从黄文山早年所形成的文化知识结构和所参与的文化实践等背景性因素中，可以寻求到较合理的解释。黄文山开创文化学的思想资源储备，可以从这几个方面来把握：

第一，知识结构。黄文山早年通过求学与译介西学等途径，不仅对中国传统文化有一定的了解，更对新近的现代科学知识获得了较丰富的认识，从而形成了比较健全的知识结构。这使他有可能对人类科学的发展有一个总的认识，进而窥见文化学的独立是人类科学发展的必然。这是他开创文化学，在学理层面的重要源头。

第二，文化实践。在黄文山所在的时代，具有类似他的知识结构背景的人，不在少数，但为什么黄文山就可以开创性地进行文化理论的系统建设，而其他学者却鲜能为之？其中重要原因之一就在于黄文山早年丰富的文化实践经历，使他不仅认识到讨论文化问题的重要性，而且意识到从事文化理论建设更为重要，因为文化理论是解决文化问题的最有指导力的工具。这是他建设文化学，在实践层面的重要动因。

第三，内外合力。当文化科学学术发展的内在推力与文化问题理论解释的外在需求同时冲击黄文山的学术神经时，不仅使他获得了极大的学术灵感，而且也获得了从事文化学体系艰苦探索的持久而强大的动力。内外合力，使黄文山最终开创文化学，并且一步步向文化学的高峰攀登。

一、知识背景：中国本色，世界视野

一个人早年的知识背景，在很大程度上决定了他后来从事学术研究的方向。黄文山的新、旧学基础较深厚，他早年像那个时代中国大多数的一流学者一样，除了接受中国传统的文化的熏陶外，还通过留学西方，接触前沿的思想知识，获得了大量的新鲜的学术养料。再通过翻译外著和编辑刊物，使他获得了新颖而广博的科学文化知识，从而形成了较健全的知识结构[1]。黄文山的知识结构，从大的方面可以分两类：西方现代的科学知识与中国传统的文化知识。二者是"一显一隐"的关系，或者说是"阳西阴中"，即外在以西方现代的科学知识为主要，而中国传统的文化知识则内在地起作用。

在中西文化不同的思维方式、价值理念、审美趣味的冲击与激荡中，黄文山获得了更多的学术灵感。他敏锐地观察到"文化学"（Culturology）将从社会学中"突创"出来，并将借助文化人类学、文化社会学、文化史学、民族学与历史哲学等科学资源，独立建构。黄文山作为世界上最早倡导，并进行系统研究"文化学"的现代学者之一，他毅然选择建设"文化学体系"作为终身事业。而中西兼修的知识背景，使得他的文化学体系建设具有"中国本色，世界视野"的优点。

---

[1] 关于黄文山的知识结构，黄文山好友、美国著名哲学家克伦（Horace M. Kallen）曾说："在七十年生命之冒险途程中，他曾经阅历过基督教、儒教、道教和佛教；这些当然构成他的祖国文化最结实的动流……由胡适之先生习得如何把中国文化遗产与美国的西方哲学智慧和实验知识以及技能类化起来的理想。他对于中国文化，孜孜研究，精进不已，且通晓德、法、俄、英的文字，且迻译过罗素的著作，喜读斯宾格勒（Spengler）的《西方之没落》（Untergang des Abendlaners），而对于其生物学比论的文化形态学之命题，回环思索，见进不见止。"（黄文山．文化学体系[M]．台北：台湾"中华书局"，1968：5.）

（一）求学

1. 中国传统文化知识资源的获得

黄文山的求学生涯应该说很早就开始了。黄文山的四叔祖黄哀文，是一个纯正的儒者，他对中国传统文化颇有见识，还有过长期的教书生涯，其家学渊源可谓深厚。黄文山从小赋性聪明纯厚，又受到四叔祖的谆谆教诲，这让黄文山在很小的时候，就打下中国传统文化，特别是儒家文化的深厚功底。黄文山不仅是一个纯正的儒者①，而且还具有典型的中国传统文人的才情，他少年时代的《危楼万里心斋诗草》②可以佐证。

通过后来在北京大学哲学系的系统学习，黄文山对中国文化的典籍已经相当熟悉了。因此，当我们发现黄文山在其文化学论著中，对中国传统的文化经典，诸如《周易》《墨子》《论语》《荀子》《中庸》《诗经》等信手拈来时，就不再惊讶了。在这些经典中，黄文山引用最多的是《周易》，他认为《周易》是世界上最早的一部"文化学"经典③。而他尤其对儒家为代表的"中庸"文化思想高度重视，"中庸"思想是其文化学体系最后得以封顶的方法论基础。

由是，读黄文山的文化学论著，给人表面的印象是里面所充斥的尽是西洋的东西，这也为许多学者所诟病，诸如郭其勇先生④等。但是，如果耐心地读完其主要文化学著作，细细品味，在把握了其文化学体系内在的真精神后，就会发现，其文化学体系的灵魂

---

① 卫惠林说黄文山"是一位民族思想家，坐言起行的儒者，也是无私无我的爱国者，典型的东方学者"。（卫惠林．黄文山文集序［G］//黄文山．黄文山文集．台北：台湾"商务印书馆"，1983：3.）

② 黄文山．黄文山文集［M］．台北：台湾"商务印书馆"，1983：259-267.

③ 黄文山．文化学体系［M］．台北：台湾"中华书局"，1971：833.

④ 郭齐勇先生认为，黄文山的文化学体系有"英美学风印痕较深，欧陆和中国人文传统不彰的毛病"。（郭齐勇．文化学概论［M］．武汉：湖北人民出版社，1990：29.）

其实是"中国"的①,是"中国本位"的,只不过这个"中国本位"文化,是他一贯坚持的"第三种文化"②。

2. 西方文化知识资源的获得

黄文山对西方文化知识的了解,最早应该要追溯到1905年,那时他7岁,这一年他到香港学习,主要是学习英文。1906年,他再返广州,进入黄氏宗族办的千顷书院(小学)学习。据说这时候,他读华盛顿传,"见其独立之精神,诚勇之美德,心焉向往之"。1911年初,又到香港,进皇仁书院学习。1915年,赴上海考取北京清华学校。1916年,留法勤工俭学会在北京设立留法俭学会,黄文山加入为会员。1918年,蔡元培主持北京大学,黄文山于是又考入该校哲学系。

在北京学习期间,黄文山广泛地接触到了中西文化的信息。他对社会学、民族学、美学、哲学、心理学、印度哲学、逻辑学等都积极学习。这个时期黄文山所遇到的师友,如吴稚晖、蔡元培、梁漱溟、胡适、罗素、杜威、李大钊、朱谦之等人,对他后来的人生与学术道路影响深远。其中,对吴稚晖、蔡元培、胡适③、

---

① 韦正通因此还曾批评黄文山,说他没有跳出"我族中心主义"。(韦正通. 文化学体系概述[G]//张益弘. 黄文山文化学体系研究集. 台北:台湾"中华书局",1976:39.)

② "第三种文化",按黄文山的理解,就是"中国本位"文化,或"民族本位"的文化,它是综合中西文化菁华而得到的文化,这第三种文化中有中国传统文化的体与用,也有西方文化的体与用。

③ 黄文山在《忆念胡适之先生》中说,他初到北京求学,曾先旁听胡适的课。他与胡适后来在北大和美国都共事过。胡适曾私下告诉黄文山,毛泽东初时由湖南到北京,进北大的工读互助团,后来由他介绍给北大图书馆长李守常(大钊)当馆员或书记,每月薪金三十元左右。胡适先生生平对于后学的扶植是不遗余力的。1949年,黄文山初到纽约,胡适即亲用打字机写了一封英文信(见(*AN INTRODUCTION TO CULTUROLOGY*, by WEN-SHAN HUANG, Hong Kong: South Sky Book Company, 1980.),为黄文山介绍各大学,对他的文化学论文,有陈许之词。此信虽然简短,但甚有价值,故黄文山把他影印起来,留作纪念。

罗素①等，黄文山都有专门的纪念性文章。1921年，黄文山获北京大学学士学位。

1922年秋，黄文山赴美留学，先后入哥伦比亚大学、克拉克大学研究院与纽约"新社会科学学院"（即"新学院"），师从文化人类学大师鲍亚士（Franz Boas）、社会学及新史学大家班思（H. E. Barnes）、社会学巨子季亭史（F. H. Giddlng）、詹姆士的高足宗教哲学家克伦（H. M. Kallen）、杜威大弟子胡克（Hook）、文化史家桑戴克（Lynn Thorndike）、法国汉学家伯希和（Paul Pelliot），以及付兰克、巴列特诸先生，专治人类学、西洋知识史、社会学、文化哲学、宗教哲学、世界文化史、科学哲学、艺术哲学等，积累了一定的造诣。此外还与文化学家克鲁伯（Alfred L. Kroeber）等研习文化完形学，且与哈佛的素罗金（Pitirim A. Sorokin）讨论文化学建立的问题。此期间还治中国文化史。通过师从众多大师，黄文山的西学涵养和功底极其深厚，这是他后来能在诸多学术领域取得成果

---

① 1920—1921年，罗素先生曾一度应国立北京大学校长蔡孑民先生之聘，偕同勃拉克女士到北平讲学。当时的公开演讲，是由赵元任博士翻译，号称一时之盛。罗素后来在北京北河沿译学馆（北大法科）授课，（其时，杜威在此地同一课室而在不同时间讲西洋哲学）讲"心的分析"和"物的分析"，足足讲了一年，没有请人翻译。听讲的有二十多位，黄文山是其中的一个。那时能够清晰地了解这位哲学大师的思想的，恐怕也没有几个。据黄文山回忆，1920年10月左右的某天晚上，罗素第一次到北大马神庙校舍与各教授暨同学开座谈会。胡适之、赵元任、张申甫诸先生均在座，当时哲学系叶石荪（麟）、李吴桢、朱谦之，英国文学系罗志希（家伦）暨五四运动与文学革命时代著名的先生、学生，共四五十人，济济一堂，大家对各种主义，如社会主义、无政府主义、工团主义和哲学上的派别，均一一提出，作热烈的讨论。罗素最赞同的是吉尔特社会主义。1927年四五月间，黄文山在纽约哥伦比亚大学代表中国学生会进谒罗素于寓舍，请他作一次演讲，罗素以那次到美，因与某公司订有演讲合同，不能自由行动为辞。黄文山说，他"对罗素学说发生兴趣，一部可说是受申甫（即张申府）兄的影响"（黄文山. 悼念罗素先生[M]//黄文山. 当代文化论丛（上、下），广州：香港珠海书院，1971：446.）。黄文山后来写了《念哲学大师罗素》《是非功过论罗素》《哲学家与叛徒》《世界哲学家罗素》四篇纪念性文章，对罗素在北大的活动及其思想进行了全面的介绍。

一、知识背景：中国本色，世界视野

的重要原因。

在美国留学期间，黄文山接受了大量西方系统的文化科学知识，后来，他发现，完全可以超越它们，并在它们的基础上建立一门新的综合性的学科——文化学。黄文山曾说："不久以后，从文化人类学权威鲍亚士（Franz Boas）游，其治学的精神和方法，实使我对文化的研究，由哲学的臆测，转到科学的探究，于是文化学的建立之思路，从此引发。"①克伦也曾说："当他在哥伦比亚大学与社会研究新学院习哲学、人类学、史学、社会学时，即感觉到每种科学的领域，互相跨越，而可作为单个配景内的种种方面，从事阐释，最后乃建议采用'文化学'（Culturology）的名称，名其所学。"②黄文山此次留美，基本明确了开创文化学的学术追求。

1928年，黄文山获美国哥伦比亚大学文学硕士学位。硕士论文题目是《中国文化发展蠡测》③（英文写作），文化史家桑戴克（Thorndike）教授为之校阅。黄文山本拟继续研究，但吴稚晖由上海屡次函劝并汇旅费催促其回国。他于1928年底到达上海，出任上海国立劳动大学教授、教务长。

(二) 译介西学

黄文山的文化学基础知识，及其文化学体系的主要范式基本上都是来自西方，特别是其早期的文化学论著，表现得尤为明显④。黄文山除了通过求学与留学外，还翻译了一些外国学者的著作，从而获得了关于建立文化学的一些概念。

黄文山一生的译著，除了索罗金著的《今日社会学说》（台湾

---

① 黄文山：文化学体系[M]. 台北：台湾"中华书局"，1971：1.
② 黄文山. 文化学体系[M]. 台北：台湾"中华书局"，1971：5-6.
③ 1929年归国后，黄文山本拟将《中国文化发展蠡测》增订后问世，不幸南京失陷，全稿失去。1940年，他重游纽约，其故友黄剑农由哥伦比亚大学图书馆将原稿取出，不料1942年携归桂林，卒因该城失守，又复散没。他早年对于文化之探究，已无法与世相见，而数年心血，亦付之流水。
④ 不过，黄文山后期的文化学研究，中西结合的分量加重不少，有自觉地朝中国传统文化回归的趋向，如"中庸"型文化观等。

"商务印书馆")是1971年出版的以外,其他的都是在早期完成的,包括罗素著的《哲学问题》(新青年社,1920年版)、《到自由之路》(与李季、沈雁冰合译,新青年社,1920年版),素罗金著的《当代社会学说》(北新书局,1930年版),阿贝尔著的《德国系统社会学》(华通书局,1933年版),哈尔著的《社会法则》(上海商务印书馆,1935年版)等。

在这些著作中,对黄文山的文化学体系影响最大的当属素罗金的《当代社会学说》与《今日社会学说》,以及哈尔的《社会法则》①,特别是《当代社会学说》和《社会法则》②,对其最初建立文化学有重要的启发作用。

孙本文对黄文山翻译索罗金的《当代社会学说》曾给予高度的评价:"近年国内出版之社会学译本,往往发现三种缺点:第一,所译原本,未必是名家的著作。第二,译者对于所译之书,未必能深切了解。第三,译文往往有词不达意之憾。这次黄凌霜先生所译素罗金之《当代社会学学说》,对于上述三点,可说毫无缺憾。我们知道,素罗金之书,为最近社会学名著之一;而黄先生对于社会学,又有深切之研究,故黄先生翻译此书,可谓人地两相宜,至于译笔之忠实,与措辞之优美,尤其余是。"③"更有进者,我国近年社会学出版物中,似颇表现纷杂之象,往往外标社会学之名,内非社会学之实,淆乱听闻,使初学之人,莫知去取,其危险孰甚。希望本书之出,能予国人以社会学上种种科学的概念,使能明了社会

---

① 哈尔曾把社会科学所已找到的历史法则、社会法则分为五大类:一是方法的假定;二是目的论的法则;三是统计学的法则;四是近因果法则,五是辩证法则。黄文山文化学研究对文化法则寻找的兴趣,受到哈尔一定的影响。

② 哈尔对素罗金在《当代社会学学说》中所作的评价和结论,大体是同意的。此书相对前书而言,是"一种极有力的补充"(Kyung Durk Har. 社会法则[M]. 黄文山,译. 上海:商务印书馆,1935:1.)。黄文山翻译这两本书,对中国社会学的建立,有其一定的积极贡献。

③ [美]Pitirim. Sorokin. 当代社会学说[M]. 黄文山,译. 上海:商务印书馆,1935:7.

学的内容真相，以及最近趋势，方不致为一切似是而非的社会学出版物所误，这样才不负黄先生翻译之苦心。"①

黄文山的翻译工作不仅对当时中国的社会学研究与建设起到了积极的作用，而且对他自己基本的文化学思想的形成与建构有巨大的影响。黄文山的文化学体系，直接从他早年的译著中吸取了不少的养料。在黄文山的早期的文化学论著中，随处可以见到引用《当代社会学说》和《社会法则》的地方。黄文山文化学体系重要观点之一"文化学是由社会学突创而来"，就与他早期"社会学"知识背景有重大关系。

二、思想倾向：从"无政府主义"到"三民主义"

黄文山是一个社会理想主义者，他一生都信奉他所认为的社会主义与共产主义，先是无政府主义的"社会主义"与"共产主义"，后来转向三民主义的"社会主义"与"共产主义"。黄文山所认为的社会主义与共产主义，用中国传统文化的观念来讲，就是"大同社会"理想。这种大同主义的社会理想，其实对他后来的文化学研究有重要的影响。通过后文的分析发现，黄文山建设文化学的最终目的，是为了解决现实的文化问题，也就是人类的社会与文化发展的前途或出路问题。他的文化学的最终结论，就是要以"中庸"法则为基础，建设普世的世界文化浑融的"会通文化"，即"中庸型文化"，他又称其为"大同文化"。

另外，孙中山"三民主义"中的"民生主义"，用黄文山的话说，即是"唯生论哲学"、"唯生论史观"，即"生存论"思想，它是黄文山文化学体系的核心概念，即"文化"定义，的哲学基础。因此，"三民主义"，尤其"民生主义"，实际上是黄文山文化学体系的一个重要的思想基础。

---

① [美]Pitirim. Sorokin. 当代社会学说[M]. 黄文山，译. 上海：商务印书馆，1935：9.

因此，为了更加清晰地把握其文化学思想来龙去脉，有必要对黄文山早期的"无政府主义"思想，以及他后来对"三民主义"思想的有关认识，作一个分析。

(一)"五四"前后黄文山对无政府主义思想传播

与无政府主义思想的接触，于辛亥革命与"五四"运动前后，在那些追求科学与民主的进步知识分子中，并不是一个奇怪的现象。在那时，不少知识分子都受到过无政府主义思想的影响，甚至著名马克思主义者李大钊、毛泽东、陈独秀等人，早期也都或多或少地受到过无政府主义的影响。黄文山更是对无政府主义情有独钟。然而不同的是，后来李大钊、毛泽东、陈独秀等转向了"马克思主义"，而黄文山等转向了"三民主义"。

1919年，北大图书馆馆长李大钊常约集一些同学研讨"社会主义"，组织"社会主义研究会"(1920年3月秘密成立，12月公开成立)时，黄文山是被邀参加的发起人之一。其他参与者还有张国焘、张崧年、吴敬轩、张北海、陈德荣等人，毛泽东也加入了。起初，"社会主义研究会"也研究无政府主义的"社会主义"，后来，"社会主义研究会"转而偏向"马克思主义"研究。由于黄文山理解的"社会主义"与"马克思主义"有很大的区别，更倾向于自由社会主义，反对无产阶级专政，因而退出该研究会。陈独秀在上海邀请黄文山加入共产主义小组，黄文山也婉言谢绝了。后来，黄文山接受"三民主义"信仰，加入了国民党。

最早引导黄文山接触无政府主义思想的，很可能是吴稚晖。早在1915年，黄文山途经上海考清华时，他就曾拜见过吴稚晖，后来吴稚晖对黄文山影响很大，两人交往也不错。黄文山于1949年途经台湾去美国旅居时，吴稚晖曾托他带给一封长信《告美国华侨书》①。吴稚晖于1944年还为黄文山的《文化学体系》题签封面(当

---

① 黄文山. 黄文山文集[M]. 台北：台湾"商务印书馆"，1983：133-183.

时没有出版)①。黄文山后来从无政府主义转向三民主义,并加入国民党,也与吴稚晖积极的倡导有莫大的关系。②

下面具体分析一下,黄文山与"五四"时期的无政府主义思想。

1. 黄文山与"五四"时期"无政府主义"思想的传播

概而观之,无政府主义思想在中国的传播可以分为四个时期。第一个时期:20世纪初,无政府主义思想传入中国。代表人物是张继等。无政府主义先在旅居日本与法国的中国留学生以及一些反清的流亡者中间流传,而后由他们传入中国。1903年,张继编译的《无政府主义》一书在上海出版,这是较为系统地宣传无政府主义的开端。1905年后,在东京创刊的《民报》陆续有发表介绍巴枯宁的文章。第二个时期:辛亥革命前后。代表人物是刘师培、吴稚晖、李石曾、师复③等。1907年,刘师培、张继等人在日本东京创办了"社会主义讲习会",并刊行《天义报》,1908年4月停刊后,改出《衡报》;李石曾、吴稚晖等人在法国巴黎刊行《新世纪》,开始系统地介绍与研究无政府主义学说。1912年5月,师复等人在广州创立第一个无政府主义团体"晦鸣学社",7月又建立"心社"作为联结无政府主义者的组织,师复成了辛亥革命前后中国无政府主义的主要代表。第三个时期:"五四"运动前后。代表人物是黄文山(当时名为黄凌霜)、区声白等。"五四"时期无政府主义

---

① 黄文山说:"民国卅三年,吴稚晖先生在重庆,知道我正在写文化学体系,特别为我题签封面,但没有想到拙作延至今日始能出版。我已经将这个保有了廿四年的原签墨迹印出,以表示我对吴先生的敬意。"(黄文山. 文化学体系[M]. 台北:台湾"中华书局",1971:15.)

② 吴稚晖曾写信劝一些无政府主义者转而信仰"三民主义",认为二者有精神的一致性,并且表示愿意推荐。他的这种做法,引起了不少的批评与讥讽。黄文山是吴稚晖的忠实的追随者,故他转向"三民主义",理应与吴稚晖有关。

③ 刘师复(1884—1915),广东香山人。原名刘绍彬,因立志反清,光复故国,改名刘思复。1912年因为信仰无政府主义,从此废姓,改名为师复。师复的无政府主义思想,主要是受克鲁泡特金的无政府共产主义和托尔斯泰的泛劳动主义、无抵抗主义思想的影响而形成的一种中国无政府主义学说。

异常活跃,无政府主义的出版和社团明显增多,据不完全统计,在这一时期的无政府社团中有具体活动记载并有社章社约的团体就有22个,有较大影响的刊物就超过15种。社团中影响比较大的有"实社"、"进化社"、"奋斗社"、"互助社"、"民钟社"等。这个时期无政府主义也作为一种"社会主义"学说广为流传,而且分外活跃,是无政府主义在中国的黄金时期。高放说:"在1919年'五四'运动前后,无政府主义在我国政治思想舞台上愈益占据上风,其影响甚至超过马克思、列宁的科学社会主义和基尔特社会主义,在这三家社会主义中可以说是独占鳌头。我国第一批马克思主义者李大钊、毛泽东等人都曾经一度受到无政府主义的影响。"①第四个时期:20世纪20年代末以后。无政府主义在同马克思主义的交锋中败下阵来。无政府主义思想在中国继续扩散,但再成不了气候。

黄文山作为"五四"时期的无政府主义思想的主要代表,对无政府主义的思想的传播起到了极大的推动作用。主要表现在以下几个方面:

第一,成立无政府主义的社团和出版刊物。师复死后,原来属于民声社的一些无政府主义者,都分散到全国各地去谋生或讲学,其中一些主要成员则来到了北京。他们自称是师复的正宗弟子。其代表人物是黄文山和区声白。

1917年5月,黄文山在北京约集同学朋友们组织"实社",后来做过山东大学校长的赵太侔(畸)和做过广州广雅中学校长的袁震瀛(振英)等人都是实社的核心人物,他们主张采取"自由主义,民主主义,自由社会主义,无强权主义,大同主义"。②实社编印一本不定期刊物,名为《自由录》,黄文山是主编,也是撰稿最多的一位。第一期由黄文山自己作序,李石曾题封面,吴稚晖作跋语。《自由录》与李石曾在巴黎创办的《新世纪》、刘师复在广州刊出的《晦明录》,为中国最早倡导自由社会主义的三个刊物。《自由

---

① 徐善广,柳剑平. 中国无政府主义史[M]. 武汉:湖北人民出版社,1989:3.
② 黄文山:黄文山文集[M]. 台北:台湾"商务印书馆",1983:2.

二、思想倾向：从"无政府主义"到"三民主义"

录》实为在北京倡导新思潮的急先锋，对青年思想的影响颇大，蔡元培校长因此很重视它。1919年，实社、民声社、群社、平社四个无政府主义小团体合并组成"进化社"。进化社出版《进化》月刊，"进化社"是俄国十月革命后建立的，"它除了反复申述师复的无政府主义观点之外，还公开反对苏俄和马克思主义。正是在'进化社'等社团的带动和影响下，反苏、反共、反马克思主义，就成了"五四"运动前后的一些无政府主义社团的主要特征。"①

另外，1919年，黄文山与杨志道等编辑《新生命》，由"天津真社"出版，共出4期。黄文山还由北大学生会选举为《北大学生周报》总编辑。1922年，黄文山在美国编辑出版刊物《新大陆》。以上这些刊物都是无政府主义思想的宣传阵地。

第二，翻译国外的无政府主义著作，发表阐释无政府主义思想的论著。黄文山的无政府主义思想，直接来源于刘师复。为了找到无政府主义思想的源头，在"五四"时期，黄文山翻译了不少克鲁泡特金的著作，如《近代科学与无政府主义》（克鲁泡特金原著，黄凌霜翻译，上海"进化社"于1999年出版。）、《克鲁泡特金全集》（第1、3卷）（黄凌霜等翻译，"民钟社"出版），《无政府主义及其发展之历史》（克鲁泡特金著，黄凌霜译，《进化》第1卷第1号，1919年1月20日刊发）。黄文山还专门写论文《托尔斯泰之生平及其著作》（《实社自由录》第1集，1917年7月）、《克鲁泡特金之进化论》（《实社自由录》第2集，1918年5月）、《克鲁泡特金的社会学说与未来》（《民钟》第1卷第3期，1922年9月1日；《学汇》第122—126期，1923年2月26—28日，3月1、2日）等介绍克鲁泡特金和托尔斯泰的无政府主义思想。

黄文山还在1917年7月《自由录》第1集上发表了《素食与道德》《竞争与互相》，在1919年1月和2月的《进化》第1卷第1号和第2号上发表《本志宣言》《改造社会的方法》《评"新潮杂志"所谓今日世界之新潮》《女子自由问题的研究》《师复主义》，在1919

---

① 陈旭麓.五四以来政派及其思想[M].上海：上海人民出版社，1987：150.

年5月的《新青年》第6卷第5号上发表《马克思学说的批评》等文章,阐释无政府主义,批评马克思主义。另外,黄文山还与两位在当时从未谋面的人(李季、沈雁冰)合译了罗素的《到自由之路》,为评介社会主义、工团主义、无政府主义的最先输入者。

2. 黄文山的主要无政府主义思想及其对马克思主义的挑战

黄文山对无政府主义有过不少的论述,他坚信他所接受的无政府主义思想就是"社会主义"思想。他说:"民元以后,受了社会主义深刻的影响,特别是李石曾、吴稚晖、蔡子民、张溥泉、章太炎、刘师复诸先生的译作,给我不可磨灭的印象,于是终日缅怀着大同世界,所以'五四运动'时,我的一切写作,译述,乃至奔走运动,都是倾向社会主义的。"①黄文山从自己的"社会主义"立场出发,审视当时的各种社会主义思潮,并且提出批评,其中,他对当时另一股强劲的马克思主义的社会主义思潮的批判尤为激烈。

(1)黄文山的无政府主义思想

黄文山的无政府主义思想来源有两个方面:其一,师复的无政府主义思想,它是黄文山的无政府主义思想的直接来源。黄文山与区声白是师复无政府主义思想的最重要继承者。在师复死后,黄文山更是不遗余力地传播其无政府主义思想。"师复主义"的这个口号,就是黄文山在《进化》第2期的《师复纪念号》上最早提出来的,他在《师复主义》中说:"先生是我们的先觉,他的主义,就是我们的主义,我们如今想传播他的主义,来改造现代的思想。"其二,克鲁泡特金等无政府主义者的思想,它是黄文山的无政府主义思想的间接来源。黄文山通过翻译克鲁泡特金的有关著作,对其"互助合作"等思想有较深的了解。

不过,黄文山并不是机械地继承师复与克鲁泡特金的无政府主义思想,而是结合当时的社会文化思想现实,进行自己的诠释和发挥。

第一,他提出"建设的无政府主义"。当时,由于不少无政府主

---

① 黄文山.抗战建国与复兴民族[M].广州:更生评论社,1938:1.

义者大肆宣扬"无限制的自由"、"破坏一切",不仅遭到了反动政府的严厉制裁,而且也受到了一些民主主义者的非难和批驳。因此黄文山在解释无政府主义学说的时候,就不再宣传"绝对自由"和"破坏"这些老调子了,而是一再辩解说,他们的学说是"建设的无政府主义"①。

对于"建设的无政府主义"主张,黄文山在同朱谦之讨论无政府主义的文章中,批驳朱谦之的虚无主义论点时,进行了论述。黄文山根据克鲁泡特金的学说,认为从人类进入社会的群体生活以后,就有两种不同的组织的思想进行斗争,一种是广大平民为了求生存,为了协力与互助而建立的自由平等的自由契约组织;一种是"由一部分把持,横施于他部分"的强力组织即国家和政府。无政府主义并不要废除一切组织,只是主张废除强力组织,再另行自由结合,组成自由组织。但是,即使自由组织之中,"也不能有绝对自由"。只是在这类自由组织中,"不以少数人强制多数人的意志,也不以多数人强制少数人的意志,使个人的天才,在各方面自由尽量发挥,以求社会的向上进步。"他把这种无政府主义学说,叫做"建设的无政府主义",而且还声称他的这一无政府主义学说,同那种主张暗杀暴动的无政府主义"无丝毫的关系"。同时他也为无政府主义者的"破坏"论辩解,认为"破坏"只不过是革命的手段,建设才是革命的目的,建设也是人类的本能。②

第二,阐释"无政府共产主义"概念。黄文山自始至终坚信他的无政府主义就是"真正"的社会主义、共产主义。他认为的无政府主义,也就是"无政府共产主义"的简称。这一概念本来是师复

---

① 在本质上,黄文山是一个建设型的文化学者,他并不是一个解构型的革命者。这种重建设的气质,对他的文化学体系建设也有内在的决定作用。他并不全盘否定前人的文化研究贡献,而是最大限度地吸取已有的学术研究成果,在其基础上前进。他在给出自己的观点前,总是有大量的历史的检讨的篇幅。黄文山在1949年后写了大量的文章,反对核子大战将对人类文化的彻底摧毁的悲剧。

② 兼胜.批评朱谦之君的《无政府共产主义批评》[J].北京大学学生周刊,1920(3),12.

提出的①，黄文山进一步作了解释和宣传。黄文山在《自由录·弁言》中曾说："吾人既感于现社会之不平等，与乎颠连无告者之盈天下也，于是思有以变革之。于政治上则蕲无政府之组织，于经济上则主张共产之真理，而希其实现。……虽然，无政府至美也，共产至善也，欲成就之，盖未可以旦夕几也。吾人于是不能不先将无政府共产主义之观念，灌输一般平民之脑海中，以促其自觉。"②他希望无政府共产主义的观念给人类带来进步。在《进化·本志宣言》中，他说："我们如今要将'互助'的公理传播到社会上去，使人人晓得它、实行它。这就是我们《进化》杂志的志愿。"③"（全世界革命）由平民自己去行那'互助'的生活（各尽所能，各取所需），这才算进化的公理（无政府，无私产），完全战胜强权啊！这就是我们《进化》杂志的主张了。"④

第三，对"暗杀"与"暴动"的合理性解释。黄文山对于无政府主义的"暗杀"思想的合理性问题，有他自己辩证的看法。他说："如为人道暗杀，可云皆合于正理，不唯无罪，反有功于社会。"⑤他还用中国历史上著名的事件为例进行说明，"武王伐纣，伯夷叔齐以'以暴易暴'加之，仲尼则称之曰：'汤武革命，顺乎天而应乎人。'之斯二说，其谁是耶？其谁非耶？今得一言以决之曰：有益于人类社会者为善，善，是也；有害于人类社会者为恶，恶，非

---

① 师复曾写有专文《无政府共产主义释名》（葛懋春，蒋俊，李兴芝. 无政府主义思想资料选（上、下）[M]. 北京：北京大学出版社，1984：279-283.），论述无政府主义（无政府共产主义的简称）与集产主义的区别。
② 凌霜. 自由录[G]//葛懋春，蒋俊，李兴芝. 无政府主义思想资料选（上、下），北京：北京大学出版社，1984：349.
③ 凌霜. 进化[G]//葛懋春，蒋俊，李兴芝. 无政府主义思想资料选（上、下），北京：北京大学出版社，1984：380.
④ 凌霜. 进化[G]//葛懋春，蒋俊，李兴芝. 无政府主义思想资料选（上、下），北京：北京大学出版社，1984：380-382.
⑤ 凌霜. 自由录[G]//葛懋春，蒋俊，李兴芝. 无政府主义思想资料选（上、下），北京：北京大学出版社，1984：354.

二、思想倾向：从"无政府主义"到"三民主义"

也。武王革命，所以救民于水火之中，善也，善故是。"①总之，在黄文山看来，"暗杀"与"暴动"的价值判断的标准是人类社会的生存。

(2) 黄文山对马克思主义的攻击

黄文山先加入李大钊"社会主义研究会"后又退出，与李大钊、陈独秀分道扬镳的原因，主要是对社会主义的本质有不同的认识。黄文山坚持无政府主义的自由"社会主义"，而李大钊、陈独秀后来坚持马克思主义的无产阶级专政的科学社会主义。黄文山对马克思的批判分两个层面：第一个层面，是对马克思主义的社会主义的实践批判；第二个层面是基于无政府主义的立场对马克思主义的理论批判。

第一，黄文山对"十月革命"的评价与"失望"。起初，黄文山对"十月革命"的评价持保留意见，并不是完全否定，而是辩证地看待。他说："我不是反对俄国革命，我是反对一般政客的投机行为。""近年以俄国革命成立之故，无产阶级专政之说风靡一时。设使和之者之动机果然善良，我人亦不必苛为诛心之论；如若不然，则其人也不过想取现在执政者之权以自代，所谓无产阶级乃其饰词！"②"马克思主义已在俄国实验着，其好处在于能以强有力的机关，推倒资本主义，其坏处在于自己又创立了一个万能的资本家，压抑出版自由，言论自由，以至于行动自由。但我不看轻了俄国的革命，我亦不迷信俄国的革命，我反对把俄国式苏维埃，连根带叶地移植到中国来，养成了几个新式的段祺瑞便算改造。"③

黄文山对"十月革命"的这些评价应该是中肯的。为了弄清楚"十月革命"后俄国社会主义革命的真相，黄文山在1921年特意借参加"东方劳苦大众国际会议"的机会去俄国实地考察。经考察之

---

① 凌霜. 自由录[G]//葛懋春，蒋俊，李兴芝. 无政府主义思想资料选（上、下），北京：北京大学出版社，1984：358.

② 凌霜. 克鲁泡特金的社会学说与未来[G]//葛懋春，蒋俊，李兴芝. 无政府主义思想资料选（上、下），北京：北京大学出版社，1984：547.

③ 凌霜. 克鲁泡特金的社会学说与未来[G]//葛懋春，蒋俊，李兴芝. 无政府主义思想资料选（上、下），北京：北京大学出版社，1984：548.

后,他显然对"十月革命"彻底失望了,从而对马克思主义的实践价值产生了更大的怀疑,激起了他对马克思主义理论更加强烈的批评。

第二,反对马克思主义的科学社会主义。师复是中国无政府主义者在国内最早公开反对科学社会主义的人,他把科学社会主义理论曲解为"国家社会主义"、"集产社会主义"。他明确地宣布,无政府党所攻击的,就是集产社会主义、国家社会主义。

黄文山对马克思主义的批判力度不在师复之下。"中国无政府主义者在向马克思主义进攻中,黄凌霜是一个积极的挑战者。"①黄文山对马克思主义的批判,有两篇比较有代表性论文:一是在1919年5月的《新青年》第6卷第5号上发表的《马克思学说的批评》,此文"是无政府主义者对马克思主义的一篇比较全面、系统的挑战书"②。黄文山在此文中把马克思的学说分为经济论、唯物史观和政策论三大要点,分别进行批判;另一篇是1919年2月在《进化》月刊上发表的《评〈新潮杂志〉所谓今日世界之新潮》。

黄文山攻击马克思主义最厉害的地方,是他把马克思主义社会主义、共产主义说成是"集产主义",而把无政府主义说成是共产主义。黄文山认为,"社会主义"(Socialism)反对私有财产,主张以生成机关(土地、机器等)归之社会共有,这是各种社会主义根本的出发点。但是按对生产物的分配方法,大致可以分为"共产社会主义"和"集产社会主义"两种。"世称'国家社会主义'(Socialisme d' Etat)、'科学社会主义'(Socialisme Scientifique)和那'社会民主主义'(Democratie Sociale),都是'集产社会主义'。德国马克思算作它的创始人。"③黄文山批评说:"马氏的集产说,以衣食房屋之类,可以私有,是明明尚有个人财产,根本上已和社会

---

① 彭明. 五四运动史[M]. 北京:人民出版社,1998:600.
② 彭明. 五四运动史[M]. 北京:人民出版社,1998:602.
③ 凌霜. 评《新潮》杂志所谓今日世界之新潮,进化[G]//葛懋春,蒋俊,李兴芝. 无政府主义思想资料选(上、下),北京:北京大学出版社,1984:384.

二、思想倾向：从"无政府主义"到"三民主义"

主义的定义不对。"①"集产主义以衣食房屋之类可以私有，是明明尚有个人财产，根本上已背乎社会主义的定义，况且同一房屋牛马的圈厩，既为公有，人居的房舍，则为私有，于理论上也说不上去。"②他又说："集产者主张按个人的劳动多寡，来给他的报酬，那么强有力的将享最高的幸福，能力微弱的将至不能生活，能力薄弱的缘故，或关乎生理，却非人懒惰的罪，而结果不幸如此，还说什么幸福呢？所以我极端反对马克思的集产社会主义。"③所以黄文山宣扬："马克思的集产主义，现在已不为多数社会党所信仰。近来万国社会党所取决的，实为共产主义。"④"集产社会主义以国家为万能，所以蔑视个人，故变成极端干涉主义。"⑤"'近代社会主义'却渐趋于'无政府主义'（Anarchisme），无政府主义以个人为万能，因而为极端自由主义，所以无政府主义乃个人主义的好朋友。"⑥

如何全面评估黄文山的无政府主义思想。可以参考下面对中国早期无政府主义思想的评价："它一方面用个人主义反对封建主义，另一方面又用社会主义揭露资本主义，它虽然不可能指导资产阶级革命，更不可能指导社会主义革命，但在客观上却部分承担了反封建的资产阶级启蒙和社会主义启蒙的双重任务。"⑦

---

① 黄文山. 马克思学说批判[G]//蔡尚思. 中国现代思想史资料简编（第1卷），杭州：浙江人民出版社，1982：395.
② 黄文山. 马克思学说批判[G]//蔡尚思. 中国现代思想史资料简编（第1卷），杭州：浙江人民出版社，1982：387.
③ 黄文山. 马克思学说批判[G]//蔡尚思. 中国现代思想史资料简编（第1卷），杭州：浙江人民出版社，1982：387-388.
④ 黄文山. 马克思学说批判[G]//蔡尚思. 中国现代思想史资料简编（第1卷），杭州：浙江人民出版社，1982：385.
⑤ 黄文山. 马克思学说批判[G]//蔡尚思. 中国现代思想史资料简编（第1卷），杭州：浙江人民出版社，1982：385.
⑥ 黄文山. 马克思学说批判[G]//蔡尚思. 中国现代思想史资料简编（第1卷），杭州：浙江人民出版社，1982：386.
⑦ 蒋俊，李兴芝. 中国近代无政府主义思潮[M]. 济南：山东人民出版社，1990：196.

黄文山接触无政府主义思想时才十几岁，而无政府主义的激进思想，正好符合年轻人愤世嫉俗的心理。他利用无政府主义对封建社会与资本主义社会的弊病进行了激烈的批判，传播自由、民主、解放精神，有利于打开中国人的长期封闭的心智，对"五四"文化运动起到了积极的推波助澜的作用。当然，黄文山最后没有像李大钊等中国共产党先驱一样，从无政府主义转向马克思主义，反而极力批评马克思主义，这只能说是历史的遗憾。但不管怎样，在中国早期对于社会主义与共产主义的研究与论争中，黄文山的观点有利于人们更清晰地认清马克思主义的真义，至少是极好的反面资料。

(二)淡化"无政府主义"，转向"三民主义"

黄文山在北京求学期间积极宣扬无政府主义思想，但是到了1928年底留美回国以后，他基本上很少再有无政府主义方面的言论了，造成这一现象原因可能有：①

第一，无政府主义作为社会主义思想启蒙的黄金时间已经过了。那时的中国人已经或接受了马克思主义的科学社会主义思想，或认可了孙中山先生的三民主义思想，这两种思想基本符合当时中国人对于"主义"的信仰。早期的无政府主义团体也已经开始分化，其中很大一部分人慢慢接受了孙中山的三民主义。

第二，无政府主义的精神领袖吴稚晖的直接影响。在大部分无政府主义者从无政府主义到三民主义者的转变中，吴稚晖起到了积极的推动作用。吴稚晖曾经劝无政府主义者加入国民党。黄文山从

---

① 赵立彬认为，有两点原因使黄文山从"从无政府主义'革命'转变到国民党的'革命'"，"一是在求学时期，黄氏已经开始关注到文化学的问题，开始用'文化'的观念来考察中国出路，必然会对世界视野的无政府主义有所修正。二是与现实政治的关系，在美国留学期间，黄文山已显示出与国民党的思想观念日益接近，先后任纽约《民气日报》总编辑和旧金山《国民日报》总编辑，'阐扬三民主义之理论，词意风发，气概磅礴，洋洋洒洒，为侨界所重视。'留学回国后，国民党已经确立了在全国的统治，黄文山在国内的学术和政治活动，均与国民党及其内部派系有密切关联。"（赵立彬.黄文山文化学与文化观述论[J].暨南大学学报，2004(6)：118.）

二、思想倾向：从"无政府主义"到"三民主义"

一个无政府主义者转变成为一个国民党党员，受到吴稚晖的影响巨大。吴稚晖曾在《民国日报》发表致华林的两封信，那两封信的主要内容，就是"劝无政府主义者快加入国民党"①。

第三，1931年，"九•一八"事件以后，当时的救亡成为最为时代迫切的要求，而主义之争，可能在黄文山看来，没有抗日救国重要，后来，黄文山很大部分精力花在抗日建国的文化宣传上。所以很自然的，关于社会理想的形而上的争论，让位于保卫民族的现实需要。

第四，黄文山通过留学，其知识结构发生了极大的改变，他从一个激进的无政府主义者，慢慢开始向文化学者转变。他发现，要改变中国的社会，并不是一个"主义"那么简单，其中有极其复杂的文化原因。他认为，中国的一切问题都是文化问题，中国社会问题的解决，归根结底还是要从文化上最后解决，这一点，他和钱穆有同感②。

由于上述种种原因，黄文山虽然后来淡化，甚至放弃了其无政府主义思想，但是在其思想的深层结构中，还是存有着鲜明的烙印，如他对马克思主义的批判，则是一贯的，在其文化学体系的建设中，很容易见到这方面的信息。只不过，这时他对于马克思的批判，已经淡化了政治的色彩，更多的是从学术的角度切入。

黄文山前脚走出"无政府主义"，后脚就走进了"三民主义"。

(三)"抗战"前后黄文山对"三民主义"诠释

我们很难说，到底是"三民主义"的信仰，实质地影响黄文山的文化学理论的建构，还是黄文山因为要建构文化学体系，需要哲学的基础，才选择了"三民主义"。不过，可以肯定的是，"三民主

---

① 沈仲九.无政府主义者可以加入国民党吗？——吴稚晖的荒谬绝伦的议论[G]//葛懋春，蒋俊，李兴芝.无政府主义思想资料选(上、下)，北京：北京大学出版社，1984：772.

② "然而有如钱宾四(穆)先生所说，'一切问题，由文化问题产生，一切问题，由文化问题解决'。"(黄文山.文化学体系[M].台北：台湾"中华书局"，1971：2.)

义"在哲学立场上对黄文山的文化学建构起到了极大的支撑作用。"唯生论"或"民生史观"是黄文山文化学重要的哲学基础，它对黄文山的文化学建设有重要影响。唯生论与民生史观直接来源于孙中山三民主义的"民生主义"。

从思想一致性的角度来看，黄文山淡化"无政府主义"而接受"三民主义"，一点也不困难。从无政府主义到三民主义，中间有可以沟通的平台，这就是"民生主义"①。黄文山对于孙中山三民主义的理解以"民生主义"为核心。

"民生主义"就是孙中山的社会主义、共产主义。"民生主义就是孙中山的社会主义。在孙中山那里，民生主义这一概念一直是被当作社会主义或共产主义来使用的。"②1924年，孙中山在《三民主义·民生主义》演讲中，给"民生"这个概念下了一个明确的定义，他说："可说民生就是人民的生活——社会的生存、国民的生计、群众的生命便是。""故民生主义就是社会主义，又名共产主义，即是大同主义。"③"共产主义和社会主义两个名词，现在国外是一样并称的，其中方法虽然各有不同，但是通称的名词都是用社会主义。"④孙中山认为，社会的最高理想是实现世界大同⑤，共产主义就是大同主义。他认为"社会主义之上乘"是"共产主义"，人们在共产主义"社会之中，各尽所能，各取所需。……政府处于无为之

---

① 对"三民主义"与"民生主义"之间的关系，黄文山从文化体系的角度认为，"民生文化体系"与"三民主义文化体系"，在定义上对比起来，本来没有什么差别。换句话说，实质上只是一个体系，"不过民生主义的体系，是人类生存问题的体系，三民主义的体系，是解决人类生存问题的体系，这是不同之点"。(黄文山.文化学体系[M].台北：台湾"中华书局"，1971：575.)
② 韦杰廷.孙中山民生主义新探[M].哈尔滨：黑龙江教育出版社，1991：1.
③ 孙中山.孙中山全集(第9卷)[M].北京：中华书局，1986：355.
④ 孙中山.孙中山全集(第9卷)[M].北京：中华书局，1986：358.
⑤ 黄文山说："孔子'天下为公'大同主义，中山先生屡次揭示，以之救中国，救东亚，救世界者。"(黄文山.民族学与中国民族研究[M]//黄文山.当代文化论丛(上、下)，广州：香港珠海书院，1971：49.)

二、思想倾向：从"无政府主义"到"三民主义"

地位，而归于消灭之一途。"①这与中国传统的"天下为公"的大同文化一致，"在吾国数千年前，孔子有言曰：'大道之行也，天下为公'。如此则人人不独亲其亲，人人不独子其子，是为大同世界，大同世界即所谓'天下为公'。"②

孙中山把三民主义的"民生主义"解释为社会主义、共产主义，这与黄文山的无政府主义社会理想不谋而合，特别是从中国传统文化中找到"大同主义"作为参照，更是引起了黄文山的强烈共鸣，让黄文山这个无政府主义者找到文化心灵的家园。所以，黄文山最终心悦诚服地接受三民主义，就理所当然的了。

黄文山对三民主义的认识和重视经历了一个过程。黄文山曾说："我加入国民党虽然比较早，但直至十三年（按：即1924年，此时黄文山正在美国留学，正在形成其关于文化学的想法）在美国以后，方才肯用功研究三民主义。"③黄文山"专攻哲学，往后美学，又进而研究社会学、史学、文化人类学或民族学。由社会学、史学的研究，乃侧重三民主义的历史与实际之思审。"④这样看来，黄文山对"三民主义"的真正关注，开始于学术的需要，在黄文山的文化学思想的形成过程中，三民主义有重要的位置，三民主义的"民生主义"成了黄文山文化学的重要哲学基础之一。

从20世纪20年代开始，国民党及其追随者就开始以"民生主义"为中心，宣传所谓的"民生哲学"、"唯生论"和"民生史观"等。⑤ 黄文山对孙中山的"民生主义"尤其重视，颇有研究。他认为孙中山的民生史观是史观演进迄今的最高阶段，是人类史观思想的集大成者。其地位不亚于黑格尔、孔德、马克思等人。他说：

---

① 孙中山. 孙中山全集（第2卷），北京：中华书局，1982：508.
② 孙中山. 孙中山全集（第6卷），北京：中华书局，1985：36.
③ 黄文山. 抗战建国与复兴民族[M]. 广州：更生评论社，1938：2.
④ 黄文山. 抗战建国与复兴民族[M]. 广州：更生评论社，1938：3.
⑤ 1925年，戴季陶首先发表《三民主义之哲学基础》，后有陈立夫的《唯生论》，周佛海的《三民主义的基本问题》（新生命书局，1929年版），胡汉民的《三民主义的历史观》（《三民主义月刊》第1卷，第3期，1933年），任觉伍的《唯生论与民生史观》（拔提书店，1936年4版），等等。

"如果十九世纪是一个科学的世纪,二十世纪可以称为一个综合的世纪,中国在这种东西文化交流的之会,一切文化莫不受欧风美雨之震荡,在学术方面,必有能吸收西方思想之精华而遗弃其糟粕,领受贯通,发挥之,光大之,从而放万丈光焰于简册者;特新思想新精神之代兴,渐而非骤,从整个上看,固俨然若一有机整体之发达,至今日而葱葱郁郁,有方春之气,其起而集东西思想之大成,对于人道生存的整体,社会思想的全部,作综合的解释者是为总理孙中山先生的民生史观。"①他又说:"我以为史观的演进,乃由神学的或作意的(Volitonal),进至玄学的或抽象的(Abstractional),由抽象的进至科学的,今日则把科学与人生打成一片。更进到唯生论的史观,或民生史观的大道来了。""只有第四个阶段的唯生论的历史观——民生史观——才能说明整部的人类进化史。"②

关于孙中山的民生史观在人类史观进化中的地位,黄文山进行了清晰的说明,详见表1-1所示。

表1-1　　　　　　　　民生史观进化阶段表

	历史阶段	发展时代	代表思想作家	集大成人物	代表著作	根本观念
第一阶段	神学的或作意的历史时期	中世纪至宗教改革时代	Eusebius Augustine Orosius Bouusset Luther	Augustine	《上帝之城》(City of God)	以基督教为中心的神学史观
第二阶段	玄学的或抽象的历史时期	18世纪至19世纪	Voltaire Rousseau Herder Kant, Fichte Hegel, Schelling Rank	Hegel	《历史哲学》(Geschichts Der Philosophie)	以伟人或时代天才为中心的个人史观或精神史观

---

① 黄文山.唯生论的历史观[M].台北:台湾"商务印书馆",1982:11.

② 黄文山.唯生论的历史观[M].台北:台湾"商务印书馆",1982:20.

续表

历史阶段	发展时代	代表思想作家	集大成人物	代表著作	根本观念
第三阶段	科学的历史时期	19世纪至20世纪	Marx, Comte, Engels, Buechle, Dietzgen, Breysig, Kautsky, Lamprecht, Plechannow	Marx Comte	《经济学批判序文》、《实际哲学讲义》	以社会学或经济学为中心的社会史观或经济史观
第四阶段	民生的历史时期	20世纪及以后	孙中山，Lippert William，高田保马	孙中山	孙文学说《民生主义讲演录》	以民生为历史之中心的民生史观

黄文山以上的归纳对孙中山或许有某种程度的拔高之嫌疑，但至少可以成为一家之言。黄文山从"民生主义"中提炼出了"生存论"哲学思想。"生存论"哲学是黄文山文化学一个根本的思想基础，是他对文化学的核心概念"文化"进行定义时的理论立足点。

黄文山对孙中山的民生主义的"生存论"哲学的有关论述（黄文山称之为"公式"）进行过归纳引述：

"民生就是人民的生活，社会的生存，国民的生计，群众的生命便是。"

"生是宇宙的中心，民生是社会的中心。"

"民生为社会进化的重心，社会进化又为历史的重心，归纳到历史的重心是民生不是物质。"

"民生是政治的中心，就是经济的中心和种种历史活动的中心。"

"再不可说物质问题是历史的中心，要把历史上的政治和社会经济种种的中心都规之于民生问题，以民生为社会历史的中心。"

"社会文明的发达，经济组织的改良和道德进步，都是以什么为重心呢？就是以民生为重心，民生就是社会一切活动的原动力……所以社会各种变态都是果，民生问题才是因。"

"古今人类的努力,都是求解决自己的生存问题,人类求解决生存问题,才是社会进化的定律,才是历史的重心。"①

黄文山对孙中山的"生存论"思想,解释说:"我们感觉着中山先生的意见,以宇宙一切现象的变动,虽各有一定的法则,然其变动的原因与倾向,却完全统一于一个总的法则之下——'生的法则'——包含绝大的真义,人类乃自然最高的产物,其一切历史上的文化上的创造和努力,更处处表现'生的倾向',受着民生法则之支配。老子谓'天地之大德曰生',大易曰:'生生之谓易',我们在世界的整部文化史,社会史随处都可以找出充分的凭据,证明民生是社会进化的铁则。人类求生存,并非为着物质,也不单是为着精神,而是为着心和物合一的生命或生活。人类社会的发展,既互动求生的过程——(向外竞争,也不离乎对内的互助)——人类社会或文化的转变,当然以民生为其动因。"②

黄文山以孙中山的生存论民生史观为资源,阐述其文化学思想的哲学基础,主要表现在对"文化"概念的理解上。黄文山说:"民生史观以学者认文化是人类生存的需求,在交互作用中,根据某种物质和经济环境,由劳作思想产生出来的伟大'社会丛体'(Social Complex)。若乎唯心派认文化是心能创造出来的'共业',唯物派相信物质文化为精神文化的基础。"③他又说:"每种文化质素,文化丛体,文化模型的成立,统由于人类求生存的冲动造成,其目的则在:(一)维持生存,(二)充实生存,(三)延续生存,(四)保养生存。"④这些解释与黄文山给"文化"下的标准定义是一致的,黄

---

① 黄文山. 唯生论的历史观[M]. 台北:台湾"商务印书馆",1982:28-29.
② 黄文山. 唯生论的历史观[M]. 台北:台湾"商务印书馆",1982:77.
③ 黄文山. 唯生论的历史观[M]. 台北:台湾"商务印书馆",1982:77-78.
④ 黄文山. 唯生论的历史观[M]. 台北:台湾"商务印书馆",1982:50.

文山认为,"文化是人类为生存的需求,在交互作用中,根据某种物质环境,由动作、思想、和创造产生出来的伟大的丛体和体系。"①

三、文化立场：建设中国本位文化，复兴中华民族

20世纪30年代,围绕"中国文化的出路"与"中国文化的建设"问题,许多文化学者广泛地展开了讨论。当时文化领域的主潮有两种：一是中国本位宣言派与全盘西化派的论争；二是国民党提倡抗战建国的文化建设运动。这两种文化活动主潮,其实是一个问题的两个方面,中心就是关于中国本位文化的建设问题,包括两个方面：一为理论论争,二为实践活动。黄文山作为一个文化学者,自然不是一个旁观者,他以他自己的方式介入其中。在这些文化活动中,黄文山积累了不少在文化实践中碰到的现实文化问题,这些问题激励他力图寻得文化学理论的合理解答,也为他的文化学理论建设提供了丰富的材料。

（一）关于《中国本位的文化建设宣言》

在有名的20世纪30年代有关中国文化出路问题的讨论中,黄文山坚持"中国本位的文化建设派"②的文化立场。"中国本位的文化建设派",简称"中国本位派"、"本位建设派"或"本位派",由

---

① 黄文山. 文化学体系[M]. 台北：台湾"中华书局",1971：10.

② 长期以来,人们对本位文化派的评价存在着一定的偏见,认为他们是国民党的代言人,官方政治色彩比较浓厚。其实这一说法需要辩证地看,签名的十教授大多是有自己学术追求的严谨的学者,他们的"宣言"和"答复"是出于对中国文化的出路问题,给予学理上的阐释与辨析。再说,学术与政治的互动,历来是中国学术的一个特点。只要是二者良性的互动,就是合理的。当时对中国民族的政治救亡与文化救亡,其实应是二而一的问题。

在1935年1月10日发表的《中国本位的文化建设宣言》①的倡议者和声援者构成。倡议者是签名发表"宣言"的王新命、何炳松、武堉干、孙寒冰、黄文山、陶希圣、章益、陈高佣、樊仲云、萨孟武十位教授。黄文山是《中国本位的文化建设宣言》的签名者,侯立朝认为"这不仅仅因为他是中国人的缘故,而是基于他对文化学真理理解的缘故。"②的确,黄文山在其后来的文化学理论思考中,再三地回应过《中国本位的文化建设宣言》,并与其文化学理论相互印证。

1.《中国本位的文化建设宣言》的发表背景与目的

《中国本位的文化建设宣言》发表的背景有政治与文化方面:一是当时政治背景,即正值民族危亡之秋;二是文化背景,即当时盲目复古派和全盘西化派③对中国文化出路之争。宣言发表的目的,一是恢复中华民族自信力以救亡图存;二是批判盲目复古派和全盘西化派,提倡建设中国本位文化的"第三条"文化路线,《中国本位的文化建设宣言》"奠定了后来抗战八年民族文化的理论基础"。④

《中国本位的文化建设宣言》发布之时,日本帝国主义侵占了我国东北后,又制造了华北事变,使中华民族危机进一步加深,当

---

① 《中国本位的文化建设宣言》,也称《十教授宣言》,或《三五宣言》,或《一十宣言》等。

② 侯立朝.中国型文化学的建立者——黄文山[G]//张益弘.黄文山文化学体系研究集.台北:台湾"中华书局",1976:14.

③ 表面上来看,当时中国思想文化界的一场关于"中国文化出路到底是中国本位还是全盘西化"(简称"中国文化出路")的大论战是《中国本位的文化建设宣言》引发的,实际上是由全盘西化论者首先挑起。陈序经在中山大学的演讲稿发于1934年1月15日的《民国日报》上,并由此正式揭开了"中国文化出路"大辩论的序幕。

④ 谢康.黄文山先生的"书"和"人"[G]//黄文山.当代文化论丛(上、下),广州:香港珠海书院,1971:1113.

三、文化立场：建设中国本位文化，复兴中华民族

时救亡图存成为时代主题①。据《宣言》发起人之一的樊仲云回忆说，1934年冬天，他与几个朋友闲谈，慨叹中国已经成了帝国主义者的次殖民地，在文化思想方面，也自失其安身立命的根据，"为了恢复中华民族的自信力，于是我们提出建设中国本位文化的主张。"②作为一个文化学者，这种思想动机可能真实，"本位文化"论能一度争取到部分群众，的确与他们"恢复中华民族的自信力"的这一主张有关。客观地说，《中国本位的文化建设宣言》实际上是应对中华文化危机的革命宣言。

《中国本位的文化建设宣言》的另一个目的，即如何炳松于1935年6月所说的，"我们的初衷无非想矫正一般盲目复古和盲目西化这两种不合此时中国需要的动向……我们的宣言假使能够激起主张这两种动向者再能各加一番反省的功夫，那我们的目的就可算达到了。"③《中国本位的文化建设宣言》中说："为着寻觅光与热，中国人正在苦闷，正在摸索，正在挣扎。有的虽拼命钻进古人的坟墓，想向骷髅分一点余光，乞一点余热；有的抱着欧美传教师的脚，希望传教师放下一根超度众生的绳，把他们吊上光明温暖的天堂，但骷髅是把他们从黑暗的边缘带到黑暗的深渊，从萧瑟的晚秋导入凛冽的寒冬；传教师是把他们悬在半空中，使他们在上不着天下不着地的虚无境界中漂泊流浪，憧憬摸索，结果是同一的失望。"④这里用了两个比喻，"古人的坟墓"和"传教师的脚"，分别代表何炳松说的"盲目复古"派和"盲目西化"派。

---

① 黄文山在《"我群"与"他群"的两个基本概念》中说："'我群'今日最高的问题，就是民族的生存斗争问题。"（黄文山. 黄文山文集[M]. 台北：台湾"商务印书馆"，1983：6.）
② 钟离蒙，杨凤麟. 中国现代哲学史资料汇编（第2集第6册）[M]. 沈阳：辽宁大学哲学系，1982：211.
③ 马芳若. 中国文化建设讨论集[M]. 上海：上海龙文书店，1935.
④ 王新命，何炳松，武堉干，等. 中国本位的文化建设宣言[G]//蔡尚思. 中国现代思想史资料简编（第3卷）[M]. 杭州：浙江人民出版社，1983：763.

当时实际的文化论战主要是在主张"中国本位文化"的学者与主张"全盘西化"或"充分世界化"的学者之间进行①。主张"中国本位文化"的，除了十教授，还有国民党当局主管文化建设的陈立夫等。主张"全盘西化"的有陈序经、胡适等。胡适看到这个宣言之后，就立刻认为这不过是张之洞之流的"中体西用"的老调重唱，他写了一篇评论《试评所谓"中国本位的文化建设"》对"中国本位"提出了激烈的批评，"他们的'中国本位的文化建设'正是'中学为体西学为用'的最新式的化装出现"。②

2.《中国本位的文化建设宣言》的基本内容

《中国本位的文化建设宣言》一经发表，立刻引来了"西化派"的强烈批评，因此王新命等十教授又于同年5月10日在《文化建设》第1卷第8期上发表《我们的总答复》一文，算是对全盘西化论者的批评的回应，以及对宣言内容的补充解释。所以"本位文化派"的宣言完整的内容实际上包括以上两篇文字。

《中国本位的文化建设宣言》的内容分为三部分：第一，提出本位文化建设问题。原因是"中国在文化领域中已经消失、已失去它的特征"，复古派和西化派都不能给中国带来光明。"要使中国能在文化领域中抬头"，使它失去的特征得到恢复，就"必须从事

---

① 黄文山曾说："近百年来，我国与西方民族接触的结果，国际地位，沦于次殖民地，而文化组织力量，更屡濒崩溃，几乎'文化上已看不见中国了！'自辛亥革命，迄今二十余年，中国文化建设，尚无一定的正确路线，而中国文化如何接殖的问题，依然是国内学者争辩的中心，自前年我们十个教学的人们发表了一篇'中国本位文化建设宣言'以后，国内文化界论战的立场，似乎分开两个壁垒，一方主张全盘西化，一方主张中国民族本位，亦即前文所谓'国家中心'。"（黄文山. 抗战建国与复兴民族[M]. 广州：更生评论社，1938：8.）

黄文山又说："适值日寇对华侵略开始，鉴于民族文化到了危机存亡的关头，乃奋起与何炳松、萨孟武、陶希圣诸先生等共同发表中国民族本位宣言（简称'十教授宣言'）号召建立民族本位的文化，与当时陈序经的全盘西化论抗衡。"（黄文山. 黄文山文集[M]. 台北：台湾"商务印书馆"，1983：3.）

② 胡适. 试评所谓"中国本位的文化建设宣言"[G]//蔡尚思. 中国现代思想史资料简编（第3卷）[M]. 杭州：浙江人民出版社，1983：194.

三、文化立场：建设中国本位文化，复兴中华民族

中国本位的文化建设"。第二，提出要对过去进行总清算。《中国本位的文化建设宣言》认为，中国文化曾在古代"大放异彩"，在世界上占有过"很重要的位置"，但自鸦片战争以来却发生了严重的生存危机。近代以来的几次文化运动，包括"五四"新文化运动，不仅没有使危机得到解决，相反还造成了中国在文化领域中的消失。第三，从事本位文化建设，根据中国此时此地的需要，应该"不守旧，不盲从"，"根据中国本位，采取批评态度，应用科学方法来检讨过去，把握现在、创造将来"。

《我们的总答复》是针对以西化派为代表的批评者对"本位派"的质疑中较集中的几个问题的回应，也是对他们以前的主张的进一步补充：第一、"何谓中国本位？""本位派"认为："我们所主张的中国本位，不是抱残守缺的因袭，不是生吞活剥的模仿，不是中体西用的凑合，而是以此时此地整个民族的需要和准备为条件的创造。"第二、"何谓不守旧"和"何谓不盲从"？"本位派"的解释是："在纵的方面不主张复古，在横的方面反对全盘西化，在时间上重视此时的动向，在空间上重视此地的环境，热切地希望我们的文化建设能和此时此地的需要相吻合。"第三、中国本位和"中体西用"有何区别？"本位派"认为，中体西用论者把物质文明和精神文明分成不可逾越的两截，西方的物质文明，没有灵魂；中国的精神文明，没有躯壳，认为用中国的精神文明来支配西方的物质文明，那就是理想的凑合。而中国本位论则认为，物质和精神是一个东西的两个方面，根本不能分离。说到体用，应是有什么体便有什么用，有什么用必有什么体。因此所谓中体西用，那简直是不通！第四、"什么是中国此时此地的需要？""本位派"的答复是："充实人民的生活，发展国民的生计，争取民族的生存。"第五、"对于反帝反封建的态度怎样？""本位派"的回应是："中国本位的文化建设是一种民族自信力的表现，一种积极的创造，而反帝反封建也就是这种创造过程中的必然使命。"①

---

① 王新命，何炳松，武堉干，等.我们的总答复[G]//钟离蒙，杨凤麟.中国现代哲学史资料汇编（第2集第6册）.沈阳：辽宁大学哲学系，1982：36-38.

(二)黄文山对《中国本位的文化建设宣言》的诠释

黄文山作为《中国本位的文化建设宣言》的签名者之一，虽然面对全盘西化派的激烈挑战，他并没有写专门的文章进行集中地反击，但是，他在文化问题思考和文化学理论建设中，不时地做出了回应。他在不同的地方表达了他对"中国本位的文化建设"的看法，对"宣言"的基本内容有进一步的诠释。

第一，发展与维护《中国本位的文化建设宣言》。黄文山认为，从事"中国本位文化"建设运动者，从积极方面而言，应使文化界注意并解决六个问题：其一、文化建设运动之根本意义何在？在文化本身？在文化以外？在民生？在民族的兴亡？甚至于在运动者本人的福利？诸此种种问题如有恰当的解决，则文化界中人自能景从。其二、"文化"之意义如何？指生活方式？指意识形态？指伦理道德？指科学哲学？指艺术文学？指精神？这些问题如有确答，则运动重心自能确定。其三、在现阶段上的（不是现在的）中国需要的文化是何种文化？是全盘的西洋现代文化？是古代中世的中国文化？是中学为体西学为用的文化？是装门面的文化，还是能解决目前的政治、经济、社会乃至流行事件所表现的男女问题的文化？这些问题如能解决，则可免人指"中国本位"的空洞为抄袭。其四、文化发展变化的原则如何？系一成不变？系依文化自己之力而变？系依仓廪衣食等经济情状而变？系依外来优等文化之压迫而变？这些问题如能有确答，则文化运动之基础便能巩固。其五、文化与政治之关系如何？文化全部或部分受政治之支配？抑或政治一部分受文化之影响？政治上某某主义（例如社会主义）的文化完全可以存在？抑或只一部分可以存在？政治对文化应放任，统制或诱导？这些问题之答复如能明白表示，则中国本位文化运动始能祛自由主义者之惑而解文化界对文化统制之忧。其六、文化建设之实际方法如何？以少数负文化责任者之指导？抑或依大多数国民之实践？依常期的努力？抑或依一时的冲动？这些问题如能有正确的解答，则对文化运动团体之组织及其活动，当能发现其与普通团体不同之处，而作合理有效的处置。①

黄文山对"宣言"的如此拓展性理解,显然有着极强的文化学理论色彩。他同时又指出:"这些的确是文化运动者应该努力以求解答的基本问题,这种纯理的问题之重要性,绝不在一切应用问题之下。"②可见,当时黄文山的文化兴趣主要在寻求对现实文化问题的文化理论解释与指导上。

第二,检讨《中国本位的文化建设宣言》。黄文山在进一步发展与维护《中国本位的文化建设宣言》的同时,还对其缺点进行批判。《宣言》劈头说:"中国是中国,不是任何一个地域,因而有它自己的特殊性,中国是现在的中国,不是过去的中国,自有其一定的时代性。"③由这观点出发,所以很容易断定:一种文化,既有空间性的限制,决不能放诸四海而皆准,同时更有时间性限制,失却时代性的文化,就没有任何的价值。对于这个理论,黄文山认为,"从今日看来,虽大体上可以说是见到一部分的真理,但也还有两点错误:(1)误把文化的时间性与时代性,混而为一;(2)误把因袭下来的文化质素,凡是存在的,都是与当时的时代有关与需要和当时的环境相适合结果可以使人生发生一种错误的感想,以为一个时代的文化能够到另一个时代,这文化,便是适合新时代的东西。事实上,此种推理,未必与历史事实完全相合。作者是当年参加宣言的一个人,对于这种错误,此时似应该检讨出来。"④

第三,再释"中国本位",批判"全盘西化论"。黄文山理解的"中国本位",就是"民族本位"、"民族中心"、"国家中心"之意。

---

① 黄文山. 中国文化建设的理论问题与文化学[G]//中国文化学学会. 文化学论文集,1938:155-156.
② 黄文山. 中国文化建设的理论问题与文化学[G]//中国文化学学会. 文化学论文集,1938:157.
③ 王新命,何炳松,武堉干,等. 中国本位的文化建设宣言[G]//蔡尚思. 中国现代思想史资料简编(第3卷),杭州:浙江人民出版社,1983:765-766.
④ 黄文山. 文化学体系[M]. 台北:台湾"中华书局",1971:764.

黄文山在解释"中国本位"时候,除了重申《中国本位的文化建设宣言》中提出的应着眼于"此时的需要"和应着眼于"此地的需要"之外,还特别强调应着眼于"中国民族"①。他认为,"本位不是本体,本位是指中国民族而言,建设以中国民族为立场的民族文化,所以'此时此地的需要是中国本位的基础',根据民族需要的标准,重新创造新的类型文化,自然努力开拓新道路、新境界"。② 黄文山据此对全盘西化论进行批判,他指出:"天文学,数学,物理学,化学等是超国界的,至于道德学,政治学,教育学,文学,史学,文字学,甚至人类学,民族学等也往往受着民族中心观念所影响。我们对于前者可以尽量采纳,对于后者,则应以民族本位,为之衡量采借与创作,用不着全盘西化。"③"我们探取西化,必要以民族利益为本位"。④

黄文山从文化学的观点对"全盘西化论"进行批判。他根据文化的演进法则,认为对于中国文化的演进,过去我们一直在争论中国文化应以中国为本位,还是全盘西化,到现在已经是东西文化会合的阶段,要彼此采借。所以,"现在以文化学的观点来看,'文化全盘西化'的建议是不能成立的。因为人类文化受自己的规范与价值所限制,对外来文化总有选择,选择的原则在文化上是很重要的。故此'文化全盘西化论'是一个空论。"⑤

(三) 建设本位文化,抗战建国、复兴中华民族

20世纪三四十年代的抗日战争,在当时一般文化学者的眼里,

---

① 黄文山. 抗战建国与复兴民族[M]. 广州:更生评论社,1938:10.
② 黄文山. 文化学体系[M]. 台北:台湾"中华书局",1971:673.
③ 黄文山. 抗战建国与复兴民族[M]. 广州:更生评论社,1938:6.
④ 黄文山. 抗战建国与复兴民族[M]. 广州:更生评论社,1938:11.
⑤ 黄文山,崔锦铃. 文化学与中国文化研究[G]//张益弘. 黄文山文化学体系研究集,台北:台湾"中华书局",1976:205.

更是一场文化战争，抗战是为维护民族文化而战。① 卫惠林就说："我们今日抵抗暴力侵略的自卫战争，不仅是为着维护国家之独立与民族之生存，同时也是为着维护我们有历史光荣的民族文化之存续与繁荣而战。"②黄文山就是以争取抗日战争的胜利，最后实现中华民族的伟大复兴为目标来从事文化建设。

1. 坚持"中国本位"，复兴中华民族文化，建设"现代化的新中国"

黄文山认为，"如何复兴中华民族，使我们能够堂堂地建立成一个现代化的新中国，这是我们思想界五十年来的唯一考题。"③他又说："现代化运动实是半个世纪以来我国思想界唯一的考题。"④故复兴中华民族问题，其实也是现代化问题。

在中国20世纪三四十年代文化建设的风潮中，我们似乎很难看到黄文山有关文化问题的情绪化论争，然而他实际上并没有置身其外。但他不是对文化问题作空谈优劣的无谓争论，而是积极地、实在地进行中国本位文化的建设。当时中华民族的首要任务是抗战救国与建国，黄文山以一个文化学者的责任，积极探讨中华民族的

---

① 因为长期以来，在中国人的心理结构中，政治的国家概念不及文化的国家概念重要，文化意义上的中国称为"中华"。如章炳麟说："说者曰：'中国云者，以中外别地域之远近也。中华云者，以华夷别文化之高下也。'即此以言，则中华一名词，不仅非一地域之国名，亦且非一血统之种名，乃为一文化之族名。故《春秋》之义，无论同姓之鲁卫，异姓之齐宋，非种之楚越，中国可以退为夷狄，夷狄可进为中国。专以礼教为标准，而无有亲疏之别，其后经数千年，混杂数千百人种，而其称中华如故；以是推之，华之所以为华，以文化言，可决之也！"(《太炎文别录》卷一《中华民国解》。)"文化中国"观是中国知识分子的基本价值共识。所以，在他们看来，亡国与亡文化，救国与救文化，二者是同一的问题。

② 卫惠林.民族文化运动与战时文化工作[G]//中国文化学学会.文化学论文.1938：175.

③ 黄文山.抗战建国与复兴民族[M].广州：更生评论社，1938：1.

④ 黄文山.抗战建国与复兴民族[M].广州：更生评论社，1938：8.

出路、复兴问题以及如何建设现代化的新中国的问题①。

黄文山之所以坚信中华民族文化一定能复兴，这与他的"轮化"文化史观有密切关系。他说："天下事者唯能立者乃能破，要能破必先求其所以立，我们要打倒倭寇，所以要先能立。……希望我们民族能立，由能立而复兴，而回生，而再造。"②

为了解答"我们思想界五十年来的唯一考题"，黄文山在如何复兴民族、建设"现代化的新中国"的文化基本立场上，作为《中国本位文化的建设宣言》的倡导者之一，他坚持中国本位的文化建设观。黄文山认为，"复兴民族，就应认清我们民族所占的空间，所处的时间，根据本民族此时此地的需要，来决定我们一切的主张、一切的对策。"③他又认为："我们对于中国新文化的建立，必须有一定的标准，这个标准，即是'中国本位'或'国家中心'。"④在今日如要复兴民族，再也不能把大门关起来，闭门造车，纵情幻想了。我们"当检视祖宗之所遗留的共业，其中当保存者几何，当剔除者几何，再撷取西方文化的菁华，排除其糟粕，然后可以融会贯通，另成创格"⑤。而进行文化选择的标准，具体就是中国民族本位，或"国家中心"。"鉴既往，察将来，我们深信我们民族必能以民族利益为本位，继续发挥过去文化之伟业，而建设新出于硎之第三种文化。"⑥

黄文山还认为，民族国家建立之要道，在乎"民族之自觉，自信与自卫"。"唤起民族的自觉心，增进民族的自信心，扩动民族

---

① 黄文山在抗战期间，发表了大量文字，先后分载《更生评论》（"更生"就是 Renaissance（复兴）的另一种中译法），《民族文化》，《政问周刊》，《时代动向》，《民族学专刊》等刊物。后多收集在《抗战建国与复兴民族》一书中。

② 黄文山. 抗战建国与复兴民族[M]. 广州：更生评论社，1938：8.

③ 黄文山. 抗战建国与复兴民族[M]. 广州：更生评论社，1938：1-2.

④ 黄文山. 抗战建国与复兴民族[M]. 广州：更生评论社，1938：10.

⑤ 黄文山. 抗战建国与复兴民族[M]. 广州：更生评论社，1938：5.

⑥ 黄文山. 抗战建国与复兴民族[M]. 广州：更生评论社，1938：37.

三、文化立场：建设中国本位文化，复兴中华民族

的自卫力，也就是今日实行民族主义来救国家的大道。"①中华民族之所以生存于大地以至今日而不衰败，绝非偶然，除了有自觉心外，还有自己的真正力量，这种力量就是民族的自信。所以，黄文山提出，在抗战时尤须切实地自信：中华民族为世界上最有悠久历史的民族，我们民族固有文化之伟大必能继续发挥其光芒；我们现有的力量必能肩负起复兴的责任；要让人们认识到中华民族文化的"性格"及其伟大性。

2. 把"三民主义"作为复兴中华民族，建立现代化新中国的至宝

黄文山想要通过建立中国本位文化来复兴中华民族，建立现代化新中国。"中国本位"是什么呢？"中国本位"，从思想的层面看，它不是黄文山早年信奉的无政府主义之社会主义，而是孙中山的"三民主义"。

黄文山认为，"三民主义为最适合于中国此时此地的需要，现在更深刻地觉着与其像以前那样空泛指出中国文化建设的路向——中国本位，不如逼近一步，直截了当地提出建设中国文化所需要的内容——就是三民主义文化。"②他"感到救中国，复兴中华民族，更没有第二条康庄大道"，以为"非从中国国民党所指示的途径去救中国，则中国不可救，不能救。"③三民主义"是我们复兴民族的思想中心与哲学的基础"。④

关于三民主义之"民族主义"对于抗战建国的意义，黄文山认为是复兴中华民族，建立现代化新中国的至宝。他说："在这种四千年所没有的伟大民族战争中，敌人想亡中国，先要消灭中国的民族主义，所以，我们此时此地如非强调民族主义，建立民族文化，以求自保和自卫，则一切思想行动必致徒劳而无功。总裁训示说：

---

① 黄文山. 抗战建国与复兴民族[M]. 广州：更生评论社，1938：32.
② 黄文山. 再论复兴民族的几个基本原则[J]. 更生评论，1938(3)：1.
③ 黄文山. 抗战建国与复兴民族[M]. 广州：更生评论社，1938：2.
④ 黄文山. 抗战建国与复兴民族[M]. 广州：更生评论社，1938：5.

'总理的三民主义,实在也是以民生主义为中心,民族主义要扶植国家兴民族的独立,就是要排除民生的障碍,民权主义要建设人民的权力,就是要使人民自身能解决民生问题,依照总理的定义'民生就是人民的生活,社会的生存,国民的生计(也可以说是国家的生计),群众(民族)的生命',民生问题实占建国工作上最主要的中心地位。'这是我绝对相信的,我此时强调民族主义,不过认此为抗战的利器,认此为民族回生的至宝。"①

3. 复兴中华民族,建立现代化新中国的原则及具体措施

黄文山从中国文化本位出发,从时代透视,认为复兴民族最重要的原则是:阐扬世界学术思潮;建立国家中心文化;促进民族自力更生。②他后来将此原则发展为四条:建立三民主义文化;发挥抗战建国精神;贯彻民族自力更生;倡导新科学化运动。③ 这四条原则,表面上虽与上述的三条原则有些差别,但是根本的精神,却是前后一贯的,只不过更加具体而已。

在以上原则的指导下,黄文山认为,在抗战建国中复兴民族,必须做好以下四种具体工作:

第一,建立民生史观的哲学基础。要复兴民族,必要有一个哲学的基础,黄文山认为,孙中山的三民主义,特别是"民生主义","是我们复兴民族的思想中心与哲学的基础"。"建立一个科学的民生史观,为中华民族创造新的生命"。

第二,建立民族文化。抗战不是为着抗战,抗战的目的是为着建国。建国的目的是要实现民族独立、民权平等与民生自由。为达到这三项目的,必须恢复民族自信力,发扬民族精神,促进民族创造力,而要其归,便是根据民族至上的原则,来建立民族文化。

第三,建立革命的新道德。所谓新道德,黄文山认为是相对于不适合现代社会生存的封建道德而言,其实,旧道德中正确的部

---

① 黄文山. 抗战建国与复兴民族[M]. 广州:更生评论社,1938:3.
② 黄文山. 抗战建国与复兴民族[M]. 广州:更生评论社,1938:2.
③ 黄文山. 抗战建国与复兴民族[M]. 广州:更生评论社,1938:19.

分，我们是要保留的。而主张革命的新道德，第一是注重"诚"与"公"，第二是注重劳动，第三是注重同情与仁爱。

第四，推进科学运动。黄文山认为，在抗战建国的进程中所感到最痛苦的，为科学之不发展，技术之不发达，以致物质缺乏，生活穷困。中国始终走不上工业化、现代化的大道，原因虽多，但科学不发达，可说是总因。所以要积极推进科学运动，实现科学中国化。①

黄文山早期的文化活动经历，让他进一步明白了文化理论建设的重要性，他自己在进行具体文化活动时，也总是试图从文化理论上进行说明，企图找到文化理论的支撑。

四、开创文化学的必然性与必要性

黄文山早年通过求学与译介西学所形成的新颖与宽广的文化知识结构，以及在当时风云变幻中经历的丰富的社会文化实践，二者相互作用，促使他企图建设一门新兴的科学的"文化学"的学术理想。因此，对于黄文山来说，文化学的开创有其必要性与必然性：其一，建立文化学的必然性。人类学术发展的内在进路决定了文化学应该应时而生，它是科学体系学理发展的必然。黄文山在美国留学时获得了历史学、人类学、民族学、社会学等方面丰富的知识，并将其整合后，敏感地预料到一门超越既有的文化社会科学的科学——"文化学"——必然地将被他与其他人②一起建立起来。这是他开创文化学的内在要求。其二，建立文化学的必要性。因为现实的文化实践急需文化学的理论解释和指导。首先是中国在20世纪30年代左右纷繁复杂的现实文化问题促使他试图从文化理论那里得到更为合理的解释。黄文山想通过专门的文化学理论去解决当时和以后碰到的种种文化难题，这是他开创文化学的外在要求。

---

① 黄文山. 抗战建国与复兴民族[M]. 广州：更生评论社，1938：5-7.
② 现代文化学（Culturology）的开创者，除了黄文山之外，在中国，还有陈序经和阎焕文等学者，在西方，有美国的怀德（Leslie A. White）等学者。

（一）学理发展的内在进路

据黄文山观察，"文化的研究，在学术演进的途程上"，将"必然地成为一门独立的科学"，这种独立的科学就是文化学。① 文化学的建立有其内在的必然性，人类科学的发展，需要文化学这个年轻的学科，进行综合的研究，需要建立"一般的文化学"。因此多年来，黄文山"觉得综合文化人类学、文化社会学、文化形态学的科学来建立'文化学'，用以窥探文化现象的发生、历程、机构、结构、变动和法则，在学术界上似有急迫的要求。"②

1. 学术研究的"专业化"到再"综合"的必然结果

黄文山通过研究科学的学术发展史后发现，文化学的建立，原来是遵循人类科学内在发展规律，即科学研究的专业化到再综合的必然结果。

据黄文山考察，到了19世纪，分立的科学逐渐多了起来，每种科学由整个历史文化中，抽绎出文化现象的特殊范畴，从事研究。然而到了20世纪，学者们发现这类的"专门化"的研究，具有不少的缺点，"于是恍然觉悟到文化问题，不能纯靠一种社会科学，不论是政治学、心理学、民族学、人类学、宗教学、语言学及其他科学之合作，方能济事，至于文化科学家与自然科学家之携手，尤有必要"。③

黄文山一方面肯定近代科学所以有长足的进步，其大部分原因，是由于学术"专业化"（Specialization）造成。他说："一切事象（或文化）的有机的整体，进入分析后，必然免不了割分。到了材料的专业，变成尖锐化，而范围的区分，也越加严格，则这种割分便更为显著。""没有对于材料初步的专业化，科学上的正确的观察，固绝无可能，没有从某种观点的抽象化，亦得不到明显的概

---

① 黄文山. 文化学体系[M]. 台北：台湾"中华书局"，1971：3.
② 黄文山. 文化学体系[M]. 台北：台湾"中华书局"，1971：2.
③ 黄文山. 文化学体系[M]. 台北：台湾"中华书局"，1971：5.

念,作分析的工具。"①文化的领域,既有各种文化科学如经济学、政治学、宗教学、道德学、技术学、人类学、史学、社会学等,分别为之研究。各种科学,因分工的结果,学有专长,业有专精。

另一方面,黄文山又认为,科学学术的专业化研究已经到了需要"综合"研究的阶段了。"科学的研究,经过两种专业化以后,我们怎样重新再求统整?再求综合?"②这是学术分工研究后必然出现的问题。如果学者对于材料的研究,仍站在专业化的层次,不进行统整工作。结果我们所看见的,还是一些纯粹的学问,如纯粹经济学、纯粹心理学、纯粹政治学、纯粹社会学等。"如果这样下去,再也没有人从理论上把许多片段,贯串起来,成为整个的,也不会从日常具体的背景上指出这些学问的范围之相互联系。"③所以黄文山赞同建立"一般的文化学说"(General Culture Theory),因为"一般文化学的建立,其显明目标,乃是对这些科学的成果以及各个领域的互相关系,企求获得一种新的综合与新的整体"。④

所以,黄文山认为,科学研究,既以分工为原则,则专业化当然永久存在。文化的广博的领域,需要一切科学家,站在自己的岗位上,作窄而深、精而确的研究,这在近五十年来的科学发展史看来,已经是天经地义、不容动摇的真理。但是"专业化"的研究与"综合性"的研究,并不矛盾。他"断定一般文化学在此时的建立,与专业化不特不相冲突,实际上这就是'专业论'与'整体观'的重新调和。"⑤黄文山从文化整合的角度,自然得出文化学必然将建立

---

① 黄文山.文化学的建立[G]//广州国立中山大学法学院.黄文山学术论丛.台北:台湾"中华书局",1977:51.
② 黄文山.文化学的建立[G]//广州国立中山大学法学院.黄文山学术论丛.台北:台湾"中华书局",1977:51.
③ 黄文山.文化学的建立[G]//广州国立中山大学法学院.黄文山学术论丛.台北:台湾"中华书局",1977:51.
④ 黄文山.文化学的建立[G]//广州国立中山大学法学院.黄文山学术论丛.台北:台湾"中华书局",1977:49.
⑤ 黄文山.文化学的建立[G]//广州国立中山大学法学院.黄文山学术论丛.台北:台湾"中华书局",1977:52.

2. 文化学由社会学"突创①"而来

黄文山认为文化学是从社会学中拓展出来的独立学科。他认为,"文化学由社会学突创而来"。最大的原因就是"文化体系的构成与社会体系的构成不同。……文化学之所以在社会学之外,能够与应该建立起来者以此。"②

黄文山拿文化学的建立与社会学的建立做类比。他认为文化学创生的情形,"与一百年前社会学的建立,如出一辙",他说:"倘使社会学可以说是经济学的扩展,则文化学也许就是社会学的再扩展。"③

黄文山显然很得意于他的这一发现,他说:"德国阿尔华德(Otswald)和飞尔康特(Vierkandt)等均主张在社会学之外,另立'文化学'(Culturologie of Kulturlehre),以资区别,这很可以代表今日学术界上最鲜明的趋势。不过文化学(Science of Culture, Culturology)的名词,在国内尚属创见。我年前在北平师范大学、广州中山大学方才试开此一课程。我们对于二十世纪学术界这个新生的婴孩,应如何提携抚养,使它渐渐成立,似乎是社会科学家的责任了。"④

文化学必然从社会学中拓展或抽离而来,这是黄文山建设文化学的一个重要立足点。因此,黄文山花了大量的笔墨对"文化与社会"、"文化体系与社会体系"、"文化现象与社会现象"、"文化学与社会学"等有关概念范畴的进行详细的区分。这些在第三章将具体分析。

---

① "突创"一词是黄文山在表述文化学从社会学中发展(或拓展、扩展、抽离、演变等)而来时,经常用到的一个独特的概念,后来他也用"层创",两个概念的意义基本上是一样的。

② 黄文山. 文化学的建立[G]//广州国立中山大学法学院. 黄文山学术论丛. 台北:台湾"中华书局",1977:54.

③ 黄文山. 文化学体系[M]. 台北:台湾"中华书局",1971:3.

④ 黄文山. 文化学体系[M]. 台北:台湾"中华书局",1971:6.

黄文山认为，文化学是由"社会学层创而来"，① 所以，他对社会学的鼻祖孔德的思想尤其注意研究。关于文化学的发展历史，从学科的理论贡献出发，黄文山更倾向从孔德开始的。孔德主要是建立了社会学，但他的社会学在一定意义上就是文化学，或者至少可以说，他对文化学的一些基本理论作了相当有价值的探索，至少给后来的文化学建设提供许多有益的启发。孔德的学说对黄文山的文化学建设也有诸多的启发意义，黄文山的一些文化学观念就是通过对孔德的批判而发展起来的。黄文山说："关于文化或文明的科学研究，我们从西方思想史看来，和社会的研究差不多一样，有同样的一百多年的历史(从孔德的时代开始)。"②黄文山认为，孔德"所创建的知识进步的三阶段法则，即是由神学进步到玄学再进而到科学的法则，严格说来，并不是社会的法则，而是文化的法则。不过那时把社会包括文化，因此遂使后来许多人以为社会进化与文化进化无别，其实他所讲的知识进化，是属于文化的，不是属于社会的。"③

(二) 文化实践的外在要求

黄文山开始倡导建立文化学并积极着手建设文化学，是从20世纪20年代末开始的，是当时文化建设的实践要求使然。

当时中国显性的问题是民族的存亡问题，隐性的问题是中国文化的出路，及文化的建设问题。当时对于中国文化的出路或文化建设问题，社会上和学术界的主张非常多，派别林立，各执一词，但是往往只是一些主观的臆测或情绪化的意见，④ 很少有人对"文

---

① 黄文山. 文化学体系[M]. 台北：台湾"中华书局"，1971：222.
② 黄文山. 今日社会学学说之主流及其展望[J]//黄文山. 当代文化论丛(上、下)，广州：香港珠海书院，1971：109.
③ 黄文山. 今日社会学学说之主流及其展望[J]//黄文山. 当代文化论丛(上、下)，广州：香港珠海书院，1971：110.
④ 如《东西文化观·前言》曾指出当时这一现实："历来谈中西或东西文化的人，几乎都缺乏客观的研究做依据，只是根据个人少数的观察和印象，甚至只是个人的好恶，就对中西文化这样大的题目做价值判断，在这个基础上产生的争论，即使再争百年，对中国文化的再生，也是没有多少益处的。"(陈序经. 东西文化观[M]. 台北：牧童出版社，1976.)

化"本身有一个真正的认识。人们就是在不知道文化为何物,不知道文化的一些基本规律的情况下,大谈特谈文化问题,寻求文化问题的解答。

在当时文化建设的或中国文化出路的论战中,只有像黄文山、陈序经、朱谦之等少数的学者对于"文化自身"有一定的认识。陈序经就是因为有他自己强大的文化学理论做支撑,所以,他的那一套显然有失偏颇,甚或错误的"全盘西化"主张,竟然为不少人所信奉。

黄文山何尝不对中国文化出路异常关注,但是有一个客观的事实是,在当时的文化出路问题的论战中,他的声音却不高。他是在1935年1月10日发表的《中国本位的文化建设宣言》签名的十教授之一,但并没有直接参与到当时激烈的文化论争中去。

原来,黄文山并不是一个情绪化意见的自由表达者,他具有严谨的科学精神与积极的实践精神。黄文山在那时对于文化的兴趣主要表现在两个方面:一是前面讨论过的"本位文化建设与抗战建国"的实践上,二是为了更好合理地解决现实的文化问题的文化学理论的建设上。

黄文山从当时中国文化建设的实际出发,认为"一年以来,国内人士对于复兴民族及其建设中国本位文化之呼声,已甚嚣尘上,大抵在旨趣上,一般人士都公认大家所见,实是今日时间与空间下颠扑不破的原则,但如何方能复兴民族文化及建立中国本位文化,则又非说者又立能置答。吾人站在学术的立场上,以为复兴民族文化及建设中国本位文化,必须先了解中国文化发生之情形,迹寻其演变之途径,调查目前一切文化生活的实况,绝非文化变迁的动力,方能语言及指导其未来之转变,使之脱离旧阶段而进于簇新的阶段。我们想达到此种目的,则根据现代文化民族学或文化学的原则和方法,以研究中国原始文化及现代化,解其真相,表露其奥妙,使举国人士知所向背,实为当今之急务"①。

---

① 黄文山.中国古代社会史研究方法论[M].台北:台湾"商务印书馆",1982:154.

四、开创文化学的必然性与必要性

所以,他说:"中国文化建设,不只是一个应用的问题,而也是一个纯理的问题。我们必须对于纯理的问题,得着相当的解答,然后一切文化建设,方不致进失据,南辕北辙。"①当时"在国内提倡文化学之研究,有其自然的,自发的需要",②他分析其中的原因说:"自鸦片战争以来,国人在现代文化中赛跑,无处不碰壁,无地不落伍,于今自应对于现代文化之主流,予以重新之认识,确定一条建设文化之路线,若忽左忽右,随便乱闯,缺乏预见予统制,结果往往与预期相舛违。文化乃国力之总体,而民族国家问题之基干,到底在文化。孟子谓:'七年之病,求三年之艾',吾人谓民族国家之无穷之前途计,自应在文化上做一番彻底之打算与改造,方是根本要图。故吾人应如何从新估量文化之价值,如何建立科学文化之基础,如何开拓民族文化之新生命,质言之,如何在现阶段民族革命的过程中,建立三民主义之文化体系,皆为现存之严重问题,而此种问题之精密的解决,则正有待于系统的文化学为之设计。"③他后来又说:"我们对于东西文化究竟应如何评价,对于西方文化应如何采择与接受,对于中国旧型的文化应如何汰旧创新或复兴,凡此种种问题的解决,皆有赖于一种纯粹的客观科学——文化学——的建立,才能给予适当的解答。"④

对于现实社会文化问题的解答,一直是黄文山建设文化学的目的。二战后,世界自从进入原子时代与太空时代后,整个文化已遭逢到空前的挑战,而这种挑战又为七十多年的文化史所未经见。黄文山认为,"际此文化转型时期,一切体系的变易,自然需要理论文化学和应用文化学做参考的架构。"⑤当然他主要建构的是"理论文化学",他的应用文化学没有建立起来。

需要附带说明的是,在20世纪三四十年代,有不少的文化学

---

① 黄文山.中国文化建设的理论问题与文化学[J]//中国文化学学会.文化学论文集,1938:158.
② 黄文山.文化学论文集[M].中国文化学学会,1938:4.
③ 黄文山.文化学论文集[M].中国文化学学会,1938:4-5.
④ 黄文山.文化学体系[M].台北:台湾"中华书局",1971:2.
⑤ 黄文山.文化学体系[M].台北:台湾"中华书局",1971:8.

第一章 开创文化学：思想探源

者对中国文化史进行研究，但是，研究文化史的学者基本上还处于有"史"无"学"的尴尬境地，他们大多不清楚关于"文化本身"的一些基本理论。他们研究文化史，却对文化到底是什么都不甚明确，所以，写中国文化史的人不少，但是，真正写得好的人不多。不过，也有少数文化学者对文化本身有所了解，他们的作品后来成为中国文化史名著，如陈登原著《中国文化史》（上海世界书局1935年上册版，1937年下册版）；柳诒徵撰的《中国文化史》①（上海正中书局1947年版）。在这个意义上说，20世纪三四十年代的中国文化史研究，也急需科学的、系统的文化学理论为之指导。黄文山晚年正是在完成其文化学体系的建设后，才积极进行中国文化史的研究，只可惜大多成果没有正式发表出来。

小　　结

黄文山对文化学学科的理论建设，作出了开创性的工作，并且"三十年如一日"执著地建设文化学体系。本章通过考察黄文山在文化学思想萌芽及草创阶段的知识背景、政治观点、文化立场及其他思想根源，找到了黄文山建设文化学背后的某些根源性的动因。

黄文山早年通过承继家学、求学与译介西学，形成了宽广的知识结构，打下了新旧学的深厚的功底。师从罗素、胡适、蔡元培、梁漱溟、鲍亚士、克鲁伯、班思、克伦等学者，获得了大量在中国哲学、西方哲学、社会学、人类学、史学、民族学、逻辑学等学科领域的最新知识。这让他可能在对人类知识的综合观察中，窥见学术发展的趋向。另外，黄文山在求学的过程中，还翻译了大量的西

---

① 此书的主要目的："一以求人类演进之通则，一以明吾民独造之真际"。主要内容共分三编："第一编，自邃古以迄两汉，是为吾国民族本其创造之力，由部落而建设国家，构成独立之文化之时期；第二编，自东汉以迄明季，是为印度文化输入吾国，与吾国固有文化抵牾而融合之时期；第三编，自明季迄今日，是为中印两种文化均已就衰，而远西之学术、思想、宗教、政法以次输入，相激相荡而卒相合之时期。"（柳诒徵，蔡尚思．中国文化史[M]．上海：上海古籍出版社，2001：1．）

方学术著作，尤其是索罗金的《现代社会学学说》和哈尔的《社会法则》等著作，对黄文山的学术范式的确立有极大的借鉴意义。黄文山最终观察到一门新兴的学科"文化学"将从社会学中"突创"出来，并会借助文化人类学、文化社会学、民族学、历史哲学的合理资源，独立建构。

黄文山在理论学习与思考的过程中，他作为一个文化人，与那个时代同呼吸共命运，积极关怀当时的文化现实。在"五四"运动的思想启蒙时期，他加入批判旧社会的风潮中，坚持无政府主义的立场，对私有制与专制制度进行了强烈的批判，坚守"大同主义"的绝对自由的社会理想。但他同时也对马克思主义进行了批判，他虽然是中国最早传播"社会主义"的人士之一，但他放弃加入中共组织的机会，最后转而接受了孙中山的"三民主义"。在抗日战争时期，黄文山积极地加入文化救国的实践中去，在建设中华文化，复兴中华民族的文化实践中，黄文山坚持"中国本位"文化观。在对抗战进行了大量的文化宣传的同时，由于考虑到现实文化问题的需要，他注意从文化理论的高度，对"抗战建国与复兴民族"，进行文化学的指导。黄文山早年的这些政治与文化实践经历，为他的文化学理论建设，提供了丰富的感性材料和部分的思想来源。

当科学学术发展的逻辑的理论要求与现实问题的实际需要结合在一起，新兴的科学的出现就成了必然。黄文山开创性地建设荦荦大端的文化学体系，正是遵循了这一学术规律。

因此，是内外两方面的因素合力促使黄文山开创建设文化学：其一是学理发展的内在进路。据黄文山观察，学术的在19世纪分科研究之后，进入20世纪就到了科学整合或综合的阶段，需要一门可以整合以往分科研究的新兴学科，因为以前作为整合或综合学科——哲学——已经不可能退回到那里，只有新兴的年轻学科——文化学——才可以担当此重任。他认为文化学首先应逻辑地从社会学中"突创"出来而成为独立的学科，并且，文化学尤其应该借助文化人类学、文化社会学、文化哲学、历史哲学、心理学等学科的直接资源，建立体系化的建构。其二就是现实的文化问题需要文化理论的解答与指导的外在要求。在中国多次的文化论战与文化讨论中，人们往往只有感性的意见与情绪化的观点，大谈文化问题，但很少对文化本身是什么，不甚了解。黄文山与一般大多数关注文化的学者不同，他试图建立科学的文化学体系，在严密的文化理论中寻求现实文化问题的合理性解决方法。

第二章 建设文化学：历程、路向、科学观和方法论

学理发展的内在进路和现实的文化问题需要文化理论的解答与指导的外在要求，使黄文山最终走上文化学的艰苦探索之路。黄文山终生在为"文化学"这门新兴的科学做倡导、宣扬、推动的工作，开创性地做了大量卓著与扎实的研究。为了更好地把握黄文山"文化学"的思想特点，这一章主要讨论四点内容：一是考察他建设文化学的历程；二是介绍他建设文化学的资源与主要路向；三是分析他建设文化学的科学观点；四是介绍他建设文化学的方法论问题。

一、建设文化学的历程

黄文山建设文化学体系的历程，从1930年代至1960年代，前后大概经历了三十多年。这三十多年的文化学建设，明显地又可以分前后两个时期。分期的标准可以从两个方面来确定：

其一，是黄文山人生轨迹之转换。黄文山自称是一个"东西南北人"，[①] 几度去美国等地留学、访问与旅居。他一生轨迹最长、最深刻的一次转换，是1949年旅居美国，从此以后，他再也没有踏上中国大陆的故土。1949年，就黄文山的前半生与后半生来说，是一个最显著的时间标志。正好以此时间为界，黄文山前后的文化学建设有各自鲜明的特点。

其二，是黄文山创立文化学的目的之转换。黄文山建设文化学

---

① 黄文山. 当代文化论丛(上、下)[M]. 广州：香港珠海书院，1971：6.

目的,在于对现实中的文化问题作学理上的解答与指导。黄文山曾经在《文化学体系·自序》中说:"有如钱宾四(穆)先生所说,'一切问题,由文化问题产生,一切问题,由文化问题解决'。我们如何才可以复兴中国文化,如何才可以解决人类所遭遇的空前的文化危机,拯人类于深渊,均为当前最重要的急务。一个新的文明之综合与转型是什么?世界文化的远景是什么?我们说到文化学的综合观察,对此不能无所交代。"①这是他一生积极倡导建设文化学的最终目的之最集中的表达。

黄文山创立文化学的目的主要有两个:第一是中国文化的出路或中国文化的前途问题,即"如何才可以复兴中国文化",第二就是世界文化的出路或世界文化的前途问题,即"如何才可以解决人类所遭遇的空前的文化危机,拯人类于深渊",为"世界文化的远景"进行谋划。对此,黄文山具体说:"世界文化,刻刻万变,三十多年的岁月,历经丧乱,席不暇暖。在三十年代,亲逢倭寇大患,国势日蹙。尝诵顾亭林诗:'愁看京口三军溃,痛说扬州七日围',故认国家至上,民族至上。四十年代,世界突然变迁,进入元子时代,爱因斯坦谓人类的一切都变了,独人类思想习惯未变,则又认为知言。迄五十年代,余在纽约新学院讲学,整个世界不期然而然地进到'太空时代',人类有征服空间及移植星球之可能,但我们在地球上却面临热核权力问题,工业自动化问题,故目前所见,不论其为东西文化之比较,抑或世界文化危机之加深,与前一代所讨论者,发生根本的差别。"②

黄文山的人生轨迹与黄文山建设文化学的目的,二者紧密联系在一起。因为随着黄文山在1949年去美国后,其文化学的目的的侧重点发生了改变,从解决"中国文化的出路问题"转向美国文化的出路,特别是"人类文化的出路"问题。因此,按照以上的两个划分标准,黄文山建设文化学的历程,基本可以比较清楚地分为两个阶段:

---

① 黄文山.文化学体系[M].台北:台湾"中华书局",1971:2.
② 黄文山.文化学体系[M].台北:台湾"中华书局",1971:2.

第一个阶段，是在1949年其移居美国前，在这个阶段，黄文山所遇到的主要文化问题是中国文化的问题，即是中国文化出路或中国民族文化的复兴问题，其理论的解答，可以从其1949年前的著作中可以找到部分答案。

第二个阶段，是在1949年其移居美国后。在这个阶段，黄文山所遇到的主要文化问题是人类或世界文化问题，即是人类文化的出路或世界文化的延续的问题。

从黄文山建设文化学的历程可以看出，随着文化学的理论思想的视野与心胸不断地扩大，黄文山从"生存论"哲学观出发，前期关注的是中国文化的生存问题，后期关注的却是人类文化或世界文化的生存问题，而最后皈依其世界"大同文化"理想，这也是他建立文化学体系，所得到的最终结论。

（一）前期（1949年前）：文化学基本理论的形成

黄文山在1949年去美国之前，他的最基本的文化学理论大部分已经形成，并于此期间对于"文化"、"文化学"、"文化体系"、"文化法则"、"文化学方法论"、"文化在科学中的位置"、"文化学的建立"、"文化学与社会学"的关系、"文化体系与社会体系"的关系、文化体系的类型等概念与命题，进行了深入的探讨。甚至可以说，黄文山基本完成了其文化体系基础理论的建构。用黄文山自己对文化学分为"理论文化学"（或纯粹文化学）和应用文化学两部分的观点来说，在1949年之前，黄文山基本完成了其理论文化学的建设。

1. 文化学基本思想的形成过程

黄文山的文化学思想的形成经历了一个渐进的过程。他曾不止一次地回顾过其思考文化学，倡导建设文化学为一门独立的学科，并开创性地体系化建构这门"最年轻"的学科的艰辛历程。

黄文山对他倡导建设文化学的最初的思想萌芽，在1934年发表的《文化学的建筑线》中有这样的交代：

"十几年来，我不断地注意文化的研究，最初对于文化发生哲

第二章 建设文化学：历程、路向、科学观和方法论

学的兴趣，可说是始于'五四'运动前夜，那时我曾感受过罗素，及胡、梁、李，诸先生的影响。到了民国十年，为好奇心所驱使，有苏俄的旅行，在经过西伯利亚的乌拉尔山时，目击欧罗巴和亚细亚分线的碑记，对于东西文化的根本区别，究竟何在的问题，在心理上便留着一个不可磨灭的印痕，即至今日活跃如昨。十一年春归国，准备做新大陆之游，记得在平津的车上，遇着梁先生（漱溟），对于这个问题，似有所请益，其后在纽约得读其大著《东西文化及其哲学》，尤感兴味。但不久以后，当代文化人类学权威鲍亚士（Franz Boas）的治学精神和方法，实使我对于文化的研究，由玄学的臆测，转到科学的探究，以后对于梁先生的根本观点及结论，就深致怀疑。"①

关于具体建设文化学的经过，黄文山1938年在其《文化学论文集》的《自序》中稍有记述：

"十九年秋，始执鞭于中央大学，旋与时忤，又复去职，薄隐西湖茅家埠，从事译述。后应友人之约，在海上创办私立大学，亦行与愿违；乃于二十年秋北上燕都，讲学于北京大学，师范大学，是年始为同学演讲'文化学'。二十一年以后，又在中山大学，中央大学两度开设同样课程。'文化学'一名，非予所杜撰，友人张申府（崧年）先生，早已提倡及之，而西方比较社会学家，文化人类学家，亦辄以文化学者自居。然而在国内首先以此学名开设学程者，恐以予为嚆矢。"②

后来，黄文山在《文化学的建立》的前言部分，也曾有这样简略的交代：

"民国十八年间，余讲学沪滨各大学，即认为文化之研究，有成为独立的科学之必要与可能。二十年左右，在北大、师大讲学，亦常提示斯意。二十年后，在中山大学开办社会学系，即创设文化学一课，顾当时对于文化与社会的概念之不同，尚缺乏深刻之认识。二十三年至二十五年间，复执教于中央大学，始在该校之社会

---

① 黄文山．文化学的建筑线[J]．新社会科学季刊，1934，1(2)：1．
② 黄文山．文化学论文集[M]．中国文化学学会，1938：3．

科学季刊发表文化学方法论等论文多篇，略陈此种新科学之方法与内容，而对于文化学一名，在英文上亦主张采用 Culturology 为学名。二十八年至卅年间，重游美国，在哥伦比亚及加省大学图书馆对于文化学的资料，多所收集。卅一年后，伏处重庆北碚中山文化教育馆者几三年余，专写文化学体系一书，抗战既毕，止成上卷约六十万言，迄今尚未发表。"①

下面是黄文山在《文化学在创建中的理论之归趋》一文中，对其建设文化学历程较完整的回忆性总结：

"余对文化的研究，发愿甚早，顾至今二十余年，尚在彷徨求索中，自觉其学未成。计余研究文化之过程，约分四期。第一期，约由民十一至民十六年左右，其时正在美国，曾参照人类学上历史学派之原则，以英文写成《中国文化发展蠡测》一书，经文化史家桑戴克(Thorndike)教授为之校阅。十八年归国后，本拟增订后问世，不信南京失陷，全稿失去。廿九年重游纽约，故友黄剑农由哥伦比亚大学图书馆将原稿取出，不料三十年携归桂林，卒因该城失守，又复散没，个人早年对于文化之探究，已无法与世相见，而数年心血，亦付之流水。第二期约由二十年至二十五年，是时余讲学北京大学、中山大学、中央大学等校，颇以文化学相号召，曾一再在中央大学《社会科学季刊》，南京《新社会科学季刊》，《社会学刊》等发表有关文化学之文章，主张文化学应该建立起来，成为独立的科学。廿七年底出版《文化学论文集》，即为搜集本期作品一部分汇印而成。第三期，廿八年至三十年余复到美会进纽约新社会科学研究院及在加省大学图书馆搜集有关文化资料。卅一年归国后，伏处四川北碚中山文化教育馆，起草《文化学体系》一书，至抗战结束，仅成上册，约六十万字。近以战后世界文化思想益复孟晋，个人见解视数年前又多变易，乃决心陆续将旧稿在各种季刊次第发表，共已发表者如《文化体系与社会体系》(广东法商学院《法商学术汇刊》)、《文化学的建立》(中山大学法学院《社会科学丛

---

① 黄文山. 文化学的建立(抽印本)[M]. 广州：广州国立中山大学法学院，1948：1.

刊》)、《文化学方法论》(中华文化学会《文化丛刊》)、《文化心态的类型》(中国民族学会《年报》尚未刊行)、《文化学在科学体系中之位置》(经由岭南大学出版)等篇,此仅为原稿之一部分,将来拟与战前论文,择要选编文化学论丛问世。本期写作,志在说明文化学之对象范围、方法、原则、与文化结构之类型。第四期的研究,可说是从卅六年开始,此时余为中大历史研究所人类学组同学讲《文化学及文化动力学》,并从新计划写《文化学体系》一书,区区志愿,以求真自矢,除对诸家学说,叙述弥详之外,欲由博返约,抉择群言,归于一宗。昔章学诚有言:'学贵自成一家,人所能者,我不必不能为愧。'立愿如此,惟时光易逝,不知何日方能告成,自勉而已。"①

由上述原始材料可以看出:第一,黄文山倡导和积极建立文化学的时间确实非常早,在现代文化学史上,他至少是最早的学者之一;第二,黄文山开创性地建设文化学工作之艰辛与坎坷。黄文山也非常看重他自己较早对于文化学所作出的开创性工作。黄文山在他1968年出版的《文化学体系》中,原文保存了他早期的文化学文字,尽管较严重地阻塞整本著作的文气,而且造成前后文不少的重复拖沓。但是,他固执地保留原文,其目的在此,其良苦用心也在此!

综合以上材料和其他相关材料考察,黄文山在1949年前的文化学思想的形成过程,可以简要分别从这几个阶段来把握:第一是文化问题的思考期。这是黄文山于1922年留学美国之前的文化感性认识期。第二是文化学思想的理论储备期。这主要是1922年黄文山留学美国后,获得人类学、社会学、史学等科学的知识。第三是文化学思想初步表达宣扬期。主要是其留美回国至二度旅美,即1929年至1940年。这期间,黄文山为文化学的建立做出了大量的工作:一方面开设文化学课程;一方面积极撰写文化学论文;还通过编辑杂志推动文化学的研究。第四是文化学理论体系的全面建构

---

① 黄文山.文化学在创建中的理论之归趋[G]//广州国立中山大学法学院.黄文山学术论丛,台北:台湾"中华书局",1977:63-64.

期。主要是黄文山二度旅美之后回国在重庆北碚的三年时间,即1941年至1944年。他潜心写作《文化学体系》,由于建构文化学这门"最年轻"学科,工程浩大,黄文山只是完成了《文化学体系》上半部分约60万字。不过,黄文山文化学的基本理论至此差不多建立起来了。第五是文化学思想的再次宣扬与表达期间。这是从1944年至1949年,黄文山在中山大学等校,演讲其"文化学体系",并且还陆续以单行本和论文的形式出版和发表了《文化学的建立》《文化学及其在科学中的位置》《文化学方法论》等论著。很可惜,这几乎是黄文山在中国大陆的绝唱,以后他的著作再也没有在中国大陆出版和再版过。

2. 文化学代表作

从1930年到1949年间,黄文山发表了一系列的文化学方面的著作,分论文和专著两部分。

其主要论文有:《文化学的建筑线》(《新社会科学季刊》,1934年第1卷第2期);《文化学在创建中的理论之旧趋及其发展》(《中央日报》(广州),1949年4月);《中国文化的改进》(《中央日报》(广州),1949年4月23日);《文化人类学的发展趋势》(《新社会科学季刊》,第2卷第1期);《社会进化论与社会轮化论》(《社会学刊》,1929年第1卷第1期);《世界文化的转向及其展望》(《中山文化季刊》,1943年第1卷第1期;《中国古代文化的图腾文化》(《新社会科学季刊》,1934年第1卷第1期);《人类、文化与文明》(《新社会科学季刊》,1934年第1卷第2期)、《孔德的社会学研究》(《新社会科学季刊》,1935年第1卷第4期);《文化学方法论》(《广州大学学报》,1937年第1期);《文化学的建立》(《社会科学论丛季刊》,1948年新1卷),等等。

其主要专著有:《中国文化发展蠡测》(哥伦比亚大学图书馆);《文化学论文集》(广州:中国文化学会,1938年版);《文化学的建立》(抽印本,广州:广州国立中山大学法学院,1948年版);《文化学及其在科学体系中的位置》(广州:岭南大学西南社会经济研究所,1949年版),等等。另外,在《唯生论的历史观》(南京:

第二章　建设文化学：历程、路向、科学观和方法论

正中书局，1935年版）中也有对文化演进的阐释。

黄文山早期文化学的主要思想在《文化学论文集》《文化学的建立》《文化学及其在科学体系中的位置》这三本代表性的专著中反映出来了。

第一，《文化学论文集》。这是黄文山早年主要文化学论文的合集，论集重点讨论了"文化学建设论"、"文化学方法论"、"文化学法则论"、"中国文化建设的理论问题与文化学"、"从文化学立场所见的中国文化及其改造"、"中国文化的统一观"、"文化史上广东与广东文化建设"等问题。该专著企图说明：（一）文化学建立的必要；（二）文化现象的独立性；（三）文化学与社会学的分线；（四）文化学与社会学的关系；（五）文化学的方法；（六）文化发展的法则等问题。此论集基本上反映了在其出版（1938年）前，中国在文化学建设方面的最高成就。值得一提的是，在论文集的"附录一"里，保存了阎焕文的《文化学》全文，以及陈高傭《文化运动与"文化学"的建立》，特别是前者，他应该是中国最早研究文化学学科的系统专著。① 阎焕文与陈高傭早期对于文化学的积极探讨，与黄文山的提倡不无直接的关系，关于这一点，本书第五章有具体探讨。

第二，《文化学的建立》。1947年夏，黄文山为中山大学历史研究所同学讲文化学体系时，特将抗战期间所写《文化学的建立》一文，提前发表，此文原本属于《文化学体系》。在《文化学的建立》里，黄文山主要探讨了"文化学建立的可能性"、"文化与社会的区别"、"文化与社会能不能分开研究"、"文化学建立的路向"、"由文化科学综合的路向建设一般的文化学"等文化学的基本问题。相对于《文化学论文集》里的"文化学建设论"来说，《文化学的建立》对于文化学理论的探讨更加系统与深入。

第三，《文化学及其在科学体系中的位置》。黄文山写此篇的

---

① 黄文山曾在《文化学论文集》的"附录之说明"时说："阎先生对于文化学，实能首先作一系统之探究，匪予不逮，至所佩服。"（黄文山. 文化学论文集［M］. 中国文化学学会，1938：1.）

动机,据他自己说有两点:"其一,说明文化学之产生,虽导源于十九世纪,其中如阿斯华德之所谓'文化学'(Kulturology)、泰勒(Tylor)之所谓'文化的科学'(Science of Culture),皆其著者,然而文化学之成为独立科学,实在是二十世纪社会学与文化人类学进入新的综合阶段应有的产物,而绝非任何个人思想所能创造的东西。其二,检讨过去学术界对于科学分类的得失,重新指出文化学在科学体系中应占的最高位置。"①在该文中,黄文山主要讨论了"新科学之产生与文化学"、"作为科学的文化学"、"文化学是怎样的一种科学"、"科学分类的新评价"等文化学理论的基本问题。

黄文山以上的三本专著,基本上把文化学如何作为一门科学何以会成立的一些最基本的问题,如文化学建立的必要、文化现象的独立性、文化学与社会学的分线、文化学与社会学的关系、文化学的方法、文化学发展的法则、文化学如何作为一门科学等问题,给予了科学的、深入的、系统的回答。可以说,文化学建立的基础已基本打好了②。黄文山本人对他在文化学界取得的这一成就非常看重,所以在他的皇皇巨著《文化学体系》的上篇与中篇中,基本上保持了其1949年前发表的文化学论著的内容的原貌。尽管这样会给读者带来阅读的困难,但黄文山还是没有再加工,并不是因为他没有时间,他实在是想让世人知道,他在文化学建设方面曾经开创性地做过的艰苦而有意义的工作。

不过,尽管黄文山建立文化学的目的,为了解决当时的现实文化问题,但是,在前期黄文山并没有很好地解决。他早年一直想在

---

① 黄文山.文化学及其在科学体系中的位置[M].广州:岭南大学西南社会经济研究所,1949:1.

② 秦楚在他的硕士论文的开题报告中,也认为,黄文山发表《文化学论文集》和《文化学及其在科学体系中的位置》,可能使人们认为黄文山的文化学理论体系的建立还很遥远,(他的代表作《文化学体系》在30多年后出版,这就会给人们造成一种错觉,认为他的文化学体系是在30多年以后才形成。)实际并非如此,无论从他当时的论文集里还是1968年出版的专著《文化学体系》里都可以看出,黄文山的文化学理论体系的形成和初步建立是在20世纪的30、40年代。"

中国建立"三民主义"的中国本位文化体系,但历史证明,这一理想在中国无果而终。对于中国文化与世界文化的出路,只有到了后期,他才豁然找到了他认为的完美答案。对此,后文将会具体阐释。

在早期,黄文山是一个典型的文化民族主义者、文化本位主义者(当然在骨子里,他还是一个文化浪漫主义者),这是由当时中国的社会现实决定的①。所以,这时期黄文山文化学建设的立足点是中国民族本位。

(二)后期(1949年后):文化学理论的完善

1. 文化学基本思想的完善过程

1949年以后,是黄文山文化学理论的完善期。有两个方面的机缘促使了黄文山的文化学思想得到进一步的完善:其一,1949年去美国后,黄文山文化学建设的视野扩大了。这得益于他有机会

---

① 黄文山这个时期,进行了大量的民族学方面的研究,他是中国最早研究民族学的学者之一。他自己当然非常在意民族主义对抗日建国的重要意义。他认为,"民族主义十九世纪末年才传到中国,其时欧洲民族主义建国的工作,已将完成,而我还留念在中古式的世界观念中,大倡四海皆兄弟的天下主义,直到总理标示三民主义为救国的大途径以后,国人方才觉悟到民族主义建国之重要。但据我所见,国内许多知识分子,到了今日国家危亡的时候,似还不知怎样唤起民族的意识,怎样培养民族的自信心,怎样使民族主义见之实际。"他坚决地相信,"我们中国革命之最后目的在求世界之大同,不过今日的社会演进,仍然徘徊在民族主义的最后阶段。在这个阶段当中,凡一个民族,无论政治思想文学教育,均要有自己的路线,对任何主义或思想,亦应以民族生存,民族中心为最高基点,否则弱肉强食,天演淘汰,自难生存于今日大地之上。"(《民族复兴之心理基础》,政问周刊,第53号,第2、5页)他又说:"中国近五十年来的政治社会革命运动,彻头彻尾也就是民族主义运动;但在思想与行动方面,民族主义在我们社会里面,还没有发扬到最高程度,最广的范围。这次抗战,我们全民族,在外力的反拨之下,才把民族的情感,极度发挥。"(黄文山. 关于民族政党[J]. 更生评论,1938,3(3):3.)

与世界著名文化学者近距离的交流，甚或当面切磋。这期间，黄文山与怀德、克鲁伯、素罗金的学术交往甚密。① 由于新的学术信息补充进来，黄文山的文化学思想体系得到了进一步完善与升华。其二，黄文山的文化学的最终完善，得益于中国传统文化的滋润。当黄文山跳出中国文化的圈围后，他更能从旁观者的角度对中国文化重新进行客观的审视。在美国期间，他的一个重要的研究方面就是对中国文化史的研究，并且积极在美国传播中国文化②。他身在国外，却让他的文化学更具有中国特色。

黄文山有关中国文化史的研究著作，有些并没有公开发表，这对研究黄文山后期文化学建设向中国文化的转向，带来一定的难度。

黄文山于1949年去美国后，还发表了大量对于世界，特别是美国的政治、经济、社会、民族、文化等方面的研究成果。如果说，在文化学建设的前期，黄文山是个"文化民族主义者"，他的文化学建设的实践目的是为了解决中国文化的问题；那么，到了后期，他则是一个典型的"文化世界主义者"，他的文化学建设的实践目的是为了解决美国文化、世界文化的出路。黄文山的最高文化

---

① 1950年，黄文山应当代文化人类学泰斗克鲁伯博士之邀请，赴美国哥伦比亚大学人类学系任客座学人，由清华基金紧贴补助金（梅贻琦先生主持），从事文化学研究。是年，黄文山在纽约美国人类学年会遇见怀德，并与之长谈。同时也第一次读到怀德著的《文化的科学》(The Science of Culture)一书。1957年10月16日，黄文山访问世界社会学大师素罗金，长时间讨论世界文化的出路，及其他文化学基本问题。

② 1961年5月，黄文山与美国人达微氏（C. L. J. Damme）教授等，在洛杉矶创办"华美文化学院"，黄文山任院长。其目的在于保存及阐扬和复兴中国文化，并促进东西文化之交流与混融。学院采用传统书院制度，不断公开演讲儒、释、道各家哲学并聘请当代艺术家陈荫熊、黄磊生、吴公虎、丘永沽诸名师都担任教席，张大千先生还为之题字奖励。还举行艺术展览不下百数十次。另附设太极拳学院，由港聘请董岭虎拳师任教。还用英文写了一本《太极拳要义》，借拳术介绍中国文化。黄文山以其余暇，并兼在南加省大学授课及应西人东西文化学社哲学会，美国创造教育学院等团体邀请演讲，多以中国文化思想艺术为讲授的中心题材。晚年以传授易学与长寿学为事业。

理想，以一种否定之否定的方式，向他早年的"大同文化"理想回归。

2. 文化学代表作

黄文山一生很有发表意识，也很有中国传统文化中的不朽意识①。他的许多单篇的论文，后来大多结集出版了。他于1949年去美国后发表的大量论文，除少数的单篇发表的论文之外，大多收集在不同的著作里。黄文山结集出版的论文集就有：《黄文山学术论丛》（台北：台湾"中华书局"，1959年初版。1977年重版）；《黄文山旅美论丛》（台北：台湾"中华书局"，1960年版）；《文化学体系》（上、下册）（台北：台湾"中华书局"，1968年初版，1971年，1982年，1986年先后4版）；《当代文化论丛》（上、下册）（广州：香港珠海书院出版委员会，1971年版）；《文化学研究》（台湾百科小丛书）；《中国学术思想讲演集》（中国文化协会，1978年版）；《文化学导论》（英文版）（香港：南天书业公司，1980年版）。

在这些著作中，最能代表黄文山后期的文化学思想的著作是《黄文山学术论丛》、《文化学体系》（上、下册）、《文化学导论》等。

第一，《黄文山学术论丛》。书中收录了黄文山前期部分文化学著作和后来进一步研究的著作。主要讨论的文化学理论问题是"文化学的建立"、"文化学在创建中的理论之归趋"、"文化学的方法论"、"文化体系与社会体系"等。还有"种族主义论"、"中国古代社会的图腾文化"等文化研究方面的文章。附录有"世界社会学大师素罗金访问记"等文。

第二，《文化学体系》（上、下册）。《文化学体系》是黄文山一

---

① 《左传·襄公二十四年》："太上有立德，其次有立功，其次有立言，虽久不废，此之谓不朽。"黄文山起先也想在"立德"与"立功"方面积极有为，但很显然，他的这两点选择缺乏合理性，最后才不得不把不朽的希望全寄托在"立言"之上了。而就是其用一生的心血铸就皇皇巨著《文化学体系》，使他在人类学术上得以不朽。

生探索文化学心血的结晶,是黄文山整个文化学思想最集中、最全面的反映。它标志着黄文山科学的文化学思想体系的最终确立。

黄文山收到由台湾"中华书局"寄送的《文化学体系》(三版)时深有感触,曾赋诗一首:"吾笔有神眼有光,秉心中道阵堂堂;江河不废长贯日,文化东西此张皇。"①这诗讲了三层意思:其一是黄文山对他自己进行文化学建树的具有开创性工作的价值信心满怀;其二是点明他从事文化学建构的总的方法论,就是"中道"(即"中庸")法则;其三是表明其文化学的目的或未来价值,即是对东西文化的问题的解答。黄文山此诗实际上是对文化学体系的一个非常凝练的总体评价。

《文化学体系》对文化学如何形成,其渊源,其背景,其与社会学、心理学、民族学、人类学各方面之关系如何,与一新学门之体系,其内容,及其未来之发展有了系统详备的回答。本书共分十九章,分属上中下三篇。上篇和中篇是1949年前完成的,下篇部分是1949年后完成的。上篇《文化学的建立》,主要在确立文化学在文化研究上的独立地位,及此一新兴学科的方法。中篇《文化体系的分析》,主要在展现作者的"文化类型学",为全书的骨干。下篇为《综合观察》,作者应用他建立的文化类型学做标准,用宏观的观点,分析了东西文化的成就,最后揭示世界文化的前途,作为全书的总结。

第三,《文化学导论》。本书有 James C. Ingebretsen 写的《序》;Horace M. kallen 写的《绪论》;Robert L. Carneiro 写的《序》;黄文山写的《前言》。黄文山从"文化学的历史发展"(*Historical Development of Culturology*)、"文化学的演进与前景展望"(*Culturology—Its Evolution and Prospect*)、"中国的文化学发展"(*The Development of Culturology in China*)、"文化学在中国的发展研究"(*A Study of Cultural Development in China*)、"克鲁伯的一些文化学理论"(*Some Aspects of the Culture Theory of Alfred L. Kroeber*)、"试评怀德及其文化学的建立"(*Leslie A. White and the Establishment of Culturology—A*

---

① 黄文山.当代文化论丛(上、下)[M].广州:香港珠海书院,1971:6.

Tentative Appraisal) 等方面对中西文化学研究情况作了一个简介。

本书还附录有：黄文山的中文版论文《文化学演进法则的试探性研究》，以及此文的英文摘要，(*A Tentative Study of the Fundamental Law of Cultural Evolution*, (*in Chinese with a Summary in English*))。怀德(Leslie A. White)写的 *Wilhelm Ostwald*（1853—1932）: *A Note On the History of Culturology*（《阿斯华德(1853—1932)：对文化学的历史的一个解释》）。克鲁伯(Alfred L. Kroeber)写的 *Reversibility and Irreversibility in Civilizations*（《文明的可逆性与不可逆性》）。素罗金(Pitirim A. Sorokin)写的 *Foreword to the Chinese Edition of "the Sociological Theories of Today"*（《〈今日社会学学说〉的中文版之序》）和 *Cultural Pluralism*（《文化的复数》）。Joe C. McCafffee 写的 *Professor Wen-Shan Huang and the American Academy of Chinese culture*（《黄文山教授及其华美文化学院》）。

另外，本书还附有怀德、克伦、索罗金、克鲁伯等人写给黄文山的书信原文。其中怀德的 29 封，起止时间是 1948 年 5 月 16 日—1971 年 4 月 26 日，主要集中在 1950 年左右；克伦的 29 封，起止时间是 1954 年 6 月 10 日—1970 年 8 月 2 日；索罗金的 12 封，起止时间是 1959 年 11 月 18 日—1967 年 12 月 16 日；克鲁伯的 4 封，起止时间是 1953 年 2 月 26 日—1959 年 12 月 22 日。这些信主要反映了黄文山与以上诸位学者之间的学术互动情况：一是互赠学术论著，二是互通最新学术信息，三是讨论有关学术问题，四是在美国学术界推荐黄文山等内容。

如果说黄文山前期的文化学研究，或多或少受到党派等政治方面的影响，而与当时的现实政治有许多关联的话；那么，黄文山后期的文化学建设，较少受到政治的影响，而对中国传统的文化资源有了更多同情的阐发与具体借鉴。

黄文山在后期的文化学建设中，大量引用《周易》等中国文化经典，尤其是对中国传统文化的"中庸"思想恰到好处的创造性转换与运用，不仅为中国文化，而且为世界文化问题找到一个理想的出路，这就是其整个文化学体系最终结论：世界未来文化体系就是"中庸型文化体系"，即"会通文化"，"大同文化"，这种文化体系是最理想的文化体系。

黄文山后期文化学建设的这种转变,也让黄文山的文化学从浓厚的欧美色彩和"三民主义"政治色彩中走出来,并向前跨出了一大步。黄文山把中国传统的文化菁华中丰富营养吸收进其文化学体系的机体,不仅增强了他的文化学体系的深度与广度,也让他的文化学体系具有了鲜明的"中国特色",这也与其早期的"中国本位"的文化立场相一致。黄文山的文化学体系最终达到了"世界视野"与"中国特色"的统一。

二、建设文化学的思想资源及路向

(一)建设文化学的思想资源

黄文山非常强调人类学术的延续性,他认为任何新的科学的产生,都是前面科学研究的发展与超越。他常常把他自己从事的文化学学科建设与当年孔德进行社会学学科建设进行类比。他曾说:"孔德在一百年前建立了社会学,这当然不是一件偶然的事情。没有休谟在两百年前对于西洋科学思想到综合,没有陆休克、特勒维拉努斯的生物学,没有韦科的'新科学'(史学),没有孟德斯鸠的《法意》,没有堵哥的《法国文明史》,没有亚丹斯密的《原富》,没有康德的《哲学体系》,就不会有孔德的《实证哲学》。……同样,我们不敢说,文化学一定要在孔德一百年后才能诞生,但假如这百年中,没有孔德的《实证哲学》,没有达尔文的进化学说,没有斯宾塞的综合哲学,没有文化人类学、文化社会学、文化哲学、文化史乃至其他文化科学的兴起,以及这一时代对文化概念的热烈崇拜与追求,则一般文化学,断然不会创生。"[1]他又说:"文化理论之建设或综合的阶段,现在刚刚开始……想建立适当的理论,那就必

---

[1] 黄文山.文化学的建立[G]//广州国立中山大学法学院.黄文山学术论丛.台北:台湾"中华书局",1977:27.

须打破闭关孤立的态度,要存比较研究的虚心始。""我们必须把中国与各国文化互相比较。"①

黄文山建设文化学的思想来源,相当广泛,古今中外,皆注意采借。概而言之,黄文山建设文化学的思想资源主要有两大类:

第一,是西方学术资源,主要是现代人类学、社会学、心理学、历史哲学、民族学等资源。在黄文山建设文化学的过程中,西方文化人类学、文化社会学、文化哲学、文化史乃至其他文化科学是其主要思想来源。孔德、斯宾塞、泰勒、摩尔根、汤因比、斯宾格勒、涂尔干、鲍亚士、克鲁伯、罗素、杜威、素罗金等,这些学术大师对黄文山有至为深刻的影响,可以说,黄文山的文化学思想,就是在他们的学术思想上直接发展而来。黄文山文化学体系的一般概念基本上直接来源上述学者的有关论述,而其主要的命题也受到上面学者的启发而得。

毫无疑问,黄文山建设文化学体系的主要材料是来自西方,但是他从来不忽视对中国文化材料的采用,建立中国本位的学术。他的这一特点与很代多现代学者不同。黄文山曾说:"近年来中国研究社会科学者之最大毛病,一方面在于盲从与依附,他方面又在对于中国之文化材料不思作彻底的系统的研究。民族学为研究文化的科学,亦即是一切社会科学的基本学科,吾国如不欲长此为国际学术之稗贩则已,否则应该急起直追,建立自己的社会学或文化科学体系,欲建立自己的文化科学体系,则不应假手外人(如斯宾塞对于中国社会之摹写,其材料之搜集,类皆假手于英国之传教士与官吏,结果多为不尽不实之谈),而应切实地研究中国的文化史。"②

第二,是中国古典学术资源。黄文山的文化学思想的一个重要

---

① 黄文山. 中国文化建设的理论问题与文化学[G]//中国文化学学会. 文化学论文集,1938:158.

② 黄文山. 中国古代社会史研究方法论[M]. 台北:台湾"商务印书馆",1982:155.

来源是中国的传统文化资源①，如一些古代文化经典《周易》、《中庸》、《论语》等。

在中国传统的文化典籍中，黄文山首先对《周易》推崇备至。他认为《周易》是中国最早系统地表述文化学思想的著作，在世界文化学史上有重要的地位。他说："如果我们从中国方面的古典的书籍看来，我们认为《周易》就是一部研究文化学的经典，因为它说及'物'和'事'的方面很多，当时所说事物，就是今日所谓文化。现在文化学者承认文化就是'事的一种组织'，凡是事的组织，包括语言、习惯、工具、信仰、科学、艺术等，就是文化。《易经》在两千多年前已经注重到这种文化的研究，并且对于文化变迁的种种方式，无论直线的进化，循环的进化，起伏的演变。重演的或者不重演的种种方式，都由六十四个卦及其变象表现出来。《易·贲卦》说：'观乎人文，以化成天下'，可见古人是注重以人类的文化，来改变天下，可惜后人没有继续这种研究罢了。"②黄文山还"认《周易》为研究文化学的最早的经典……宇宙一切波动及其节奏，实由'阴阳相摩，八卦相荡而来'，故以为阴阳可以做第一二

---

① 卫惠林说："文山先生大半辈子虽然生活在西方国家里，也以世界主义者自许，唯其生活方式，思想爱好，还始终是中国式的。从未染上西方的生活习惯，更从不想放弃作为中国人的忠恕、仁厚、敬慎不苟的处事对人态度。他一直保持着'有所为有所不为'的坚强自我。他的自我几乎可以代表中国读书人的标准风格，也可代表着中国人民族精神。其中无私见，无偏执，记得当许多人在大倡全盘西化时，他却曾参加签署过《中国本位文化的运动宣言》。多数中国学术界人正在追随西方学者的唯物主义、实证方法时，文山先生反而主张回到东方哲人的冥想智慧中，以挽救西方科技感之失败。他的基本思想是儒家的中庸之道，与易学的阴阳动静的演变原理。唯他也沉潜于道家的天道思想，也出入于佛家的无我无外的涅槃理想，以至印度瑜伽哲学的冥想顿悟，藉以寻求东方智慧的高远境界。但到究极处，他还是以儒家之中道为依归的，所谓'肫肫其仁，渊渊其渊，浩浩其天'．'参天地之化育，与宇宙合乎一体'。这正是文山先生晚年的思想境界。而我辈则望尘莫及也。"（黄文山．黄文山文集[M]．台北：台湾"商务印书馆"，1983：3.）

② 黄文山．今日社会学学说之主流及其展望[G]//黄文山．当代文化论丛(上、下)，广州：香港珠海书院，1971：109-110.

种文化统形的标志。第一种类型是阴型的文化，第二种则是阳型的文化，第三种则由于阴阳互济而成为中庸型的文化"。①

黄文山晚年如孔子一样，"晚而好易"，不仅进行了相关的研究，还在美国他创办的"华美文化学院"等校开始"周易思想"的讲座。他对《周易》文化学的系统研究如何，由于其晚年的部分手稿没有见世，现在很难下断语。但是，从他论述文化学体系的相关文献中，可以发现大量的关于《周易》的引文，并且有许多是反复的引用②。有听过黄文山授课的学生回忆说："在中国之古代典籍中，在课堂上被黄教授引用最多的便是《易经》……黄教授曾经指出：当代最富概括力的史学家汤恩比，与学识渊博之文化学家素罗金，其基本理论均不难在易经中找到根据。"③黄文山在论述其文化学思想时，还对中国其他的文化经典信手拈来，儒、释、道、墨等无不娴熟。

在中国文化思想菁华中，黄文山对"中庸"（或中道）思想尤为推举。他认为"中庸"思想"确实是中国传统文明对文化学与社会学的最伟大的贡献"④。"中庸"思想是黄文山文化学体系能够得出最终结论的最重要的哲学思想支撑。黄文山认为"中庸"思想是中国传统文化的一个普遍的思想，儒、释、道各派都有此思想。中国文化的"中庸"与西方学者所言的"均衡"概念不同，他说："'均衡'如不知道'执中'，'适中'，'趣中'，则'均衡'便失却其在应用上的价值，仅仅是纯粹的概念而止。'中道'有时叫做'中庸'，'庸者用也'，这个法则乃是中国人在历史演化上，经过数千年的经验，方才把应用的结果陶铸而成的一种正确理论。"⑤

---

① 黄文山. 文化学体系[M]. 台北：台湾"中华书局"，1971：833.
② 林宗洋在《易经与文化学原理》(张益弘. 黄文山文化学体系研究集[M]. 台北：台湾"中华书局"，1976：255.)一文中，对黄文山在《文化学体系》每一章中引用《周易》的地方进行了集中的归纳与论述，并且加以深化。
③ 曾祥铎. 文化学与中外思想的关系[G]//张益弘. 黄文山文化学体系研究集. 台北：台湾"中华书局"，1976：388.
④ 黄文山. 文化学体系[M]. 台北：台湾"中华书局"，1971：916.
⑤ 黄文山. 文化学体系[M]. 台北：台湾"中华书局"，1971：916.

二、建设文化学的思想资源及路向

黄文山曾以儒家的体系为代表，对"中庸"思想进行过独到的分析。他认为，"孔子的哲学体系与心理体系，如果可以说是'一以贯之'，恐怕这种'一以贯之'的线索，就是'中庸'，'持中'。"①"依我们的观察，再详细点讲，儒家的一贯大道，就是中庸。易曰：'中正以观天下'。我们试再以这种'中正'的观点，来看孔家对于文化的态度。《论语》说：'子曰：参乎，吾道一以贯之。曾子曰：唯。子出，门人问曰：何谓也？曾子曰：'夫子之道，忠恕而已矣。''忠恕'两字也不离乎中的意义，《大戴礼·三朝记》说：'知忠必知中，知中必知恕，知恕必知外。内思毕心曰知中，中以应实曰知恕……'《周语》亦说：'考中度衷为忠。'又说：'中能应外，忠也'。胡适之先生以忠恕两字义相近，不易分别。《中庸》有一章上文说'忠恕违道不远'，是忠恕两字并举，可见忠恕之道，原是中庸心态的表现。樊迟问仁，子曰：'居处恭，执事敬，与人忠，虽之夷狄，不可弃也。'孔子一贯之道，为忠恕，亦即谓孔子一贯之道为中庸，更推而广之，亦可谓孔子一贯之道为'仁'。《中庸》说：'仁者，人也。'"②

黄文山高扬中国传统的"中庸"文化思想，主要想为其文化学体系作方法论思想的支撑。他曾专门论述了中国传统文化"中庸"思想的文化学意义，说："孔家的体系，在运用理智当中，选择求中的道路……所谓'致广大而尽精微，极高明而道中庸'，这明明是说儒家的方法，虽然是'致广大'、'极高明'，但却可择乎中庸之道，采取折中主义，因为采取折中主义，所以不免把冥观和实感的文化元素。混合起来，没有偏胜和极端的表现，中国文化之所以徘徊中道，而不容易整个进入实感文化的心态者，这也许是一个重大的原因。中国文化数千年来以中庸为要道，一方既不全走冥观文化的道路，一方也不偏于实感文化的极端的心态，其在现在与未来，也许可以救世运之穷，殆可未知。"③

---

① 黄文山. 文化学体系[M]. 台北：台湾"中华书局"，1971：545.
② 黄文山. 文化学体系[M]. 台北：台湾"中华书局"，1971：553-554.
③ 黄文山. 文化学体系[M]. 台北：台湾"中华书局"，1971：553.

由于采借了中国传统文化的菁华，黄文山的文化学呈现明显的中国特色，是"中国型的文化学"。侯立朝认为黄文山是"一位中国文化感特别浓厚且富有创意的文化学家"，① 黄文山说，人类只有站在中道或中庸的文化原则，融化冥观文化与实感文化，完成中庸文化，更进而为会通文化，"这是中国型的文化学之信心，不是美国型的，也不是苏联型的，所以，《文化学体系》……最大的特点在建立了一种中国型的文化学。"②苏季子认为黄文山"堪称岭南才子，且是'中国型的文化学家'。"③《文化学体系》"这一部大书，统合了当代全世界的文化学说，整合出一条'中庸文化'观，融化'冥观文化'与'实感文化'，创建了中国型的文化学"④。

(二) 建设文化学的具体路向

黄文山认为文化学不仅是从社会学"突创"出来的新兴的独立科学，是社会学向前发展的必然结果，而且又是"由文化人类学与文化社会学孕育而来"⑤。所以，文化学的理论来源不都是社会学，而大多是来自文化学、人类学等文化科学。黄文山认为，人种的区别，缘于两种形相：其一是体质的不同，其二是"社会遗业"或"文化"的各异。研究人类体质的科学，叫做体质人类学，研究人类文化的科学，叫做"文化哲学"，"文化人类学"，或"文化社会学"。黄文山说："十余年来，文化科学家高谈文化人类学，文化社会学，颇能引起学者的兴趣，但从实际上看，这两种科学的内容和方

---

① 侯立朝.中国型文化学的建立者——黄文山[G]//张益弘.黄文山文化学体系研究集，台北：台湾"中华书局"，1976：14.

② 侯立朝.中国型文化学的建立者——黄文山[G]//张益弘.黄文山文化学体系研究集，台北：台湾"中华书局"，1976：15.

③ 苏季子.中道文化学家黄文山[G]//张益弘.黄文山文化学体系研究集[M].台北：台湾"中华书局"，1976：20.

④ 苏季子.中道文化学家黄文山[G]//张益弘.黄文山文化学体系研究集[M].台北：台湾"中华书局"，1976：21.

⑤ 苏季子.中道文化学家黄文山[G]//张益弘.黄文山文化学体系研究集[M].台北：台湾"中华书局"，1976：263.

法没有根本的区别,我因为要免除这种混淆起见,所以竭力主张于社会学,人类学而外,别立一种新的科学,'文化学'(Science of Culture or Culturology, Kulturlehreo)。"①黄文山经过认真考察"当代学术界现状",认为文化学的建立具体主要有文化哲学、文化史学、文化人类学、文化社会学等路向:

其一,由文化哲学、文化史②的研究进入文化学。黄文山认为因为哲学是科学的先驱,历史科学与文化科学联系非常相近,但也有分别。他通过对温德尔班(Windelband)和米田庄太郎等学者的文化哲学研究的检讨,认为"文化学是一种科学,文化哲学是一种价值哲学或生命哲学,故从发生的顺序言,似应由哲学到科学,即是由文化哲学到文化学。"③他对文化哲学(文化史学)广泛地观察,最后"断定这种研究的路向,到了最后,必然地转入文化学的领域,才算是'五岳朝天','万流归海'"。④

其二,由文化人类学或民族学的研究进入文化学。黄文山认为,文化人类学或称民族学,与文化史本来是联盟的科学。文化人类学或民族学虽然同是研究文化,但它毕竟以文化的原始阶段为范围。不过,在某种意义上,"文化人类学实质就是一种'文化学',因为他们的各个派别——进化派、播化派、批评派、功能派等——都是文化的解释者"⑤。"所以文化人类学或民族学,不但可以称为文化学的联盟科学,而且亦只有经过文化人类学的大道,才能进入一般文化学的新天地。"⑥

---

① 黄文山.文化的分类[J].大陆杂志,1934,2(8):3.
② 黄文山赞成"综合文化史也是文化哲学的学问"的观点。
③ 黄文山.文化学的建立[G]//广州国立中山大学法学院.黄文山学术论丛.台北:台湾"中华书局",1977:29.
④ 黄文山.文化学的建立[G]//广州国立中山大学法学院.黄文山学术论丛.台北:台湾"中华书局",1977:33.
⑤ 黄文山.文化学的建立[G]//广州国立中山大学法学院.黄文山学术论丛.台北:台湾"中华书局",1977:35.
⑥ 黄文山.文化学的建立[G]//广州国立中山大学法学院.黄文山学术论丛.台北:台湾"中华书局",1977:38.

其三，由文化社会学的研究进入文化学。黄文山认为，文化社会学是基于社会思想史上所谓的文化决定论层创而来的。而文化社会学这门科学的兴起，当然是"社会学进步的一个指路碑"。文化社会学研究有两个立场：一是特殊的，二是综合的。这里因此发生了两种不易解决的困难：一是如果文化社会学成为一种特殊的科学，则这样的科学，实际上与文化人类学、社会人类学、民族学或文化民族学没有什么差异；二是文化社会学是根据综合立场而建立的，则这种科学与孔德、达德、斯宾塞、涂尔干的社会学体系，除却特别侧重文化人类学者的文化探究外，简直没有什么不同。不过，黄文山认为，"无论从哪一方面言，文化社会学总是一般文化学的桥梁或摆渡。"他断言："文化社会学是'承先'的科学，文化学当然可称为'启后'的科学。"①

其四，由文化科学的综合研究进入文化学。黄文山认为，近代科学所以有长足的进步，其大部分原因是由于学术"专业化"（Specialization）造成。科学以分工为原则的专业化研究当然会永久存在。文化的广博的领域，也需要一切科学家，站在自己的岗位上，作窄而深、精而确的研究也是天经地义、不容易动摇的真理。但是问题是"科学的研究，经过两种专业化以后，我们怎样重新再求统整？再求综合？"因为只进行专业化的研究，结果得到的是一些纯粹的学问，如纯粹经济学、纯粹心理学、纯粹政治学、纯粹社会学等。"如果这样下去，再也没有人从理论上把许多片段，贯串起来，成为整个的，也不会从日常具体的背景上指出这些学问的范围之相互联系。"②所以，黄文山"断定一般文化学在此时的建立，与专业化不特不相冲突，实际上这就是'专业论'与'整体观'的重新调和。"③文化学是最近文化科学上新综合主义的最高表现。

---

① 黄文山. 文化学的建立[G]//广州国立中山大学法学院. 黄文山学术论丛. 台北：台湾"中华书局"，1977：44.

② 黄文山. 文化学的建立[G]//广州国立中山大学法学院. 黄文山学术论丛. 台北：台湾"中华书局"，1977：51.

③ 黄文山. 文化学的建立[G]//广州国立中山大学法学院. 黄文山学术论丛. 台北：台湾"中华书局"，1977：52.

三、建设文化学的科学观及方法论

黄文山的学术研究有两个重要特点：一是注意科学性，二是注重方法论。讲求科学性和采用新颖的方法是黄文山建设文化学遵循的两个最重要的原则。黄文山完全把文化学当作一门科学来建构，他力图使其文化学体系概念精练而确切，命题鲜明而简洁，论据丰富而有力，论证逻辑周延而顺畅，采用的方法具体而又恰到好处。他自己也因此形成了一套较系统科学观和方法论。

（一）黄文山的文化学科学观

黄文山把文化学当作一门"科学"来进行建构，科学性是黄文山建设文化学体系的一个重要学术追求。

黄文山认为，文化学与文化哲学、文化社会学等人文学科的区别，主要就在于文化学是一门"科学"。文化哲学是从"哲学"的角度，文化社会学是从"社会学"的角度研究文化，而文化学与前二者不同，它是从"科学"的角度来研究文化自身的。他说："我以为文化学是一种科学，文化哲学是一种价值哲学或生命哲学，故从发生的顺序言，似应由哲学到科学，即是由文化哲学到文化学。"[①]

黄文山在建构他的文化学体系，特别是在具体分析文化学成立的合法性及其科学体系中的位置时，对科学理论进行了大量的介绍与阐发，形成了他自己对于科学的较系统看法。

1. 对"科学"含义的理解

黄文山在不同的地方，对"科学"的含义做了多角度的阐释：

"科学，从最简单的定义说，不过对所观察的自然现象或文化

[①] 黄文山. 文化学的建立[G]//广州国立中山大学法学院. 黄文山学术论丛. 台北：台湾"中华书局"，1977：29.

第二章 建设文化学：历程、路向、科学观和方法论

现象所获得的系统的、组织的知识。"①

"简单地，我们也可以说：科学乃是根据分析的与综合的，理性的与方法的技术，以经验的资料与知觉的关系，推绎而为概括、理论、法则、原则与概念的体系之可证明的与有组织的知识。"②

"科学是根据我们的感觉，用理论和实验的方法，精密的想象力，把宇宙间森罗万象的复杂状态，整理出它们的因果的和必然的关系，找寻得真理性得法则之学问。"③

"科学乃是人类对于'自然顺序'所得到的概念的、综合的、系统的相关体。"④

"所谓科学也者，它本身也不过就是一种概念的统一，其统一越圆满者，其科学越确实。"⑤

综上所述，黄文山对于"科学"含义的理解，可以归纳为：

科学，是对所观察的宇宙间森罗万象的自然现象或文化现象，根据分析的与综合的、理性的与方法的技术，以经验的资料与知觉的关系，推绎而为概括、理论、法则、原则与概念的体系之可证明的、有组织的、系统的知识。简言之，科学就是对研究对象，用科学的研究方法得到的可以证明的、系统化的知识。

对于以上"科学"定义，黄文山还从以下几个方面进一步理解：

第一，一种科学的建立，它一般要经过以下三个逻辑阶段："第一是对于知觉予以接受和记载；第二是对于概念从而形成，使

---

① 黄文山. 文化学体系[M]. 台北：台湾"中华书局"，1971：148. 类似的解释还有："科学，从最简单的意义说，不过是对所观察的自然现象或文化现象所获得的系统的知识。"(黄文山. 文化学及其在科学体系中的位置[M]. 广州：岭南大学西南社会经济研究所，1949：31.)

② 黄文山. 文化学及其在科学体系中的位置[M]. 广州：岭南大学西南社会经济研究所，1949：32.//黄文山. 文化学体系[M]. 台北：台湾"中华书局"，1971：149.

③ 黄文山. 文化法则论究[J]. 社会学刊，1935，4(4)：2.

④ 黄文山. 文化学体系[M]. 台北：台湾"中华书局"，1971：365.

⑤ 黄文山. 唯生论的历史观[M]. 台北：台湾"商务印书馆"，1982：11.

三、建设文化学的科学观及方法论

知觉成为统一的整体的一般的经验;第三是把概念组织成功确定的和理则的体系,使知觉的各部分互相连贯,成为一致的整体,唯有这样的知觉,才可以正确地叫做科学。"①所以,科学的发展,不只靠一系列的概念,而且要把所形成的概念,构成互相调整,互相辅翼的体系,为整部学说的依据。

第二,进行科学研究,应该注意这三个方面:"第一是怀疑的态度;第二是科学方法与事象变化的预断及控制的能力;第三是应用这种态度和方法,到特殊的研究领域,因而获得的知识之内容或体系。"②

第三,强调科学研究的系统化或体系化。他说:"文化学者在过去虽曾提出许多中心概念,但他们却不曾根据这些概念,组织成完整的体系化的文化学说。他们所提出的某一种学说,自非绝无所见,而在学术上的重要性,尤其不能否认,因为这些都是一般文化学进步的里程碑,但是直到今日,他们似乎还是局于一隅,对于文化不曾提出真正赅博的统势的解释。""我们要把文化学的概念,组织成体系的结构,入手的办法,自然把现象及其关系,作一番分析,方能使材料的范畴与思想的范畴相契合。"③

第四,强调科学的目的是对法则的找寻。"科学的目的,据我们所知,是要找寻现象的法则;法则找到以后,便可以拿它们作根据,对于现象加以种种预测和控制。""什么叫法则?法则就是现象的不变的类型之一种叙述。"④

2."概念"对于科学的意义

黄文山认为,每种科学的发展,都与它所独有的概念之发展,同其步趋。对概念之于科学的意义,黄文山反复强调说:

---

① 黄文山. 文化学体系[M]. 台北:台湾"中华书局",1971:55.
② 黄文山. 文化学体系[M]. 台北:台湾"中华书局",1971:150.
③ 黄文山. 文化学体系[M]. 台北:台湾"中华书局",1971:77.
④ 黄文山. 历史科学与民生史观[J]. 更生评论,1937,1(2):8.

"一种科学在还没有创造出明显的概念时,这种科学在体系的科学领域中,不会占领一个位置。"①

"科学如果没有概念,那就等于仅有材料而无解释,这只能叫做叙述而不能叫做'科学'。"②

"一种新的科学,如没有自己的特独概念,层创出来,这种科学是不会存在的。"③

"一种科学的历史展开,与概念学(Conceptology)之扩拓,同时并进。概念的功能,在乎把一种事物的特征,性质,特质,特殊关系,用简单的名词,概括起来。"④

关于概念在科学体系建构中的具体作用,黄文山曾做过深入的论析。他从心理学与理则学(逻辑学)出发认为,"人类对事物理解的第一阶段,全凭人心从外界,收获印象;印象收获下来,那便成功了'知觉'(Perception)或'觉象'(Percepts)。人类理解事物的第二个阶段,就是把所知觉的特殊事象之共同点,找寻出来,然后可以得到知觉的一般范畴。我们根据此种推理历程,由殊相化(particularizition)而进入'概推化',这样由殊相的'知觉',抽绎出来的概推,便叫做概念(Concepts)。……在概念之下组织起来的觉象就是知识。……理则学家说:'求知就是分类'(Knowing is classifying)。然而,假若没有概念,分类既不可能,理则学亦无法成立。归根到底,概念是思想的工具,没有工具,则新知旧识无从关系,而系统知识亦无由产生。概念在科学思想上,具有基本的意义,理由在此。"⑤

因此,要想把文化学建设成一门独立的科学,文化学"概念"

---

① 黄文山. 文化学体系[M]. 台北:台湾"中华书局",1971:48.
② 黄文山. 文化学体系[M]. 台北:台湾"中华书局",1971:48.
③ 黄文山. 文化学体系[M]. 台北:台湾"中华书局",1971:50.
④ 黄文山. 文化学体系[M]. 台北:台湾"中华书局",1971:55.
⑤ 黄文山. 文化学体系[M]. 台北:台湾"中华书局",1971:48-50.

的建设非常重要。黄文山也非常注意对文化学概念的建设。①

3."科学史"观

据黄文山考察，科学史的发展，一方面，在科学的研究上，科学家把经验的范围，不断地分成许多事实集团，由特殊的科学或科学的支系，分途专攻，所以人类的知识线越演进，分科越精密；另一方面，许多陈旧的问题，经过科学家的考验和新诂，往往演进成簇新的问题，因而旧的概念和方法，随之修正，新的概念和方法得以建立。

所以，一部科学发展史，表现两种明显的历程："其一是人类对于自然体系和文化体系的问题，跟着时代和观点的不同，反复探

---

① 黄文山的文化学概念，主要来源有社会学、民族学、文化人类学、文化社会学、历史哲学等文化社会科学。对于有的概念，黄文山直接拿来应用，而有的概念经过黄文山创造性的文化学转化，为其文化学体系建构服务。黄文山曾把从其他学科转借过来的一般的"旧"概念进行过分类，并选取了代表性的概念进行解释说明：第一，关于文化组织与文化内容者。主要有"文化特质"(Culture Trait)，"文化丛结"(Culture Complex)，"文化模式"(Culture Pattern)，"文化基础"(Culture Base)。第二，关于文化构成的状态者。主要有"社会遗业"(Social Heritage)，"文化发明"(Culture Invention)，文化假借"(Culture Borrowing)，"文化改进"(Culture Improvement)，"文化涵化"(Culture Accultration)。第三，关于文化的发展者。主要有"文化并行论"(Culture Parallellism)，"文化播化论"(Culture Diffusionism)，"文化浑融"(Culture Convergence)，"文化分歧"(Culture Divergence)，"文化延滞"(Culture Lag)，"文化猛进"(Culture Thrust)，"文化凋谢"(Culture Lapse)。第四，关于文化的方法及位置者。主要有"文化区"(Culture Area)，"文化境"(Culture Region)，"文化段落"(Culture District)，"文化中心"(Culture Center)，"文化边缘"(Culture Margin)。对于不断增加的"文化学的新概念"。黄文山经常用到的其他重要概念还有："文化累积"(Culture Accumulation)；"文化类型(Culture Type)"；"文化统形"(Culture Configuration)"文化整合"(Culture Intergration)；"文化绵延"(Culture Continuity)；"文化接殖"(Gross Fertilization Of Culture)；"文化功能"(Culture Function)；"文化行动"(Culture Action)；"文化心态"(Culture Mentality)，等等。(黄文山．文化学体系[M]．台北：台湾"中华书局"，1971：72-76．)

究永无止境。在这个历程中,旧概念既不能重述修订,新概念亦常常敷陈采纳。其二,人类经验的领域,不断分成许多事实集团,由特殊的科学从事探讨,而探讨的结果,往往不相会通,于是科学相互关系之研究以起。"①

黄文山认为"文化学之创建,完全根据此两种历程而来"。②他说:"我们今日可以看出科学的长期发展,是从天文学开始,后来次第前进,产生生物学,化学,经过达尔文主义的胜利,生物学也建立起来。心理学突起,最后可以把'心'当作'物'为之研究,社会学在所谓'发明的世纪'起来,已不断地发现了许多的'社会互动的法则'。科学的范围,因'物质'与'因果关系'的新发现,而逐渐扩大,文化学所以因文化的发现,异军突起,以找寻过去百万年并预测未来二千万年以上的发展的法则之科学自命。"③他又说:"过去百年间,史学、人类学、社会学、对于文化资料,已经堆积得不少。文化的测量当然是需要,但目前创建文化学,其最大的急务,似不在搜集资料,而在把既存的资料,予以类化,及作合理的逻辑的排列,进一步把文化学建立成体系的科学。"④

4. 科学的"分类"思想

科学性一个重要表现,是对"分类"思想的重视,不管黄文山的文化学体系多么庞大,他总是试图把要论述的问题按照一定的标准分类。这样,不仅线索明晰,也体现出严谨的科学性。黄文山主要从以下几个方面来论述他的科学的"分类"思想:

第一,特别强调分类对于科学的重要性。黄文山认为,"分类

---

① 黄文山.文化学的建立[G]//黄文山学术论丛,台北:台湾"中华书局",1977:2.
② 黄文山.文化学的建立[G]//黄文山学术论丛,台北:台湾"中华书局",1977:2.
③ 黄文山.文化学在创建中的理论之归趋[G]//黄文山学术论丛,台北:台湾"中华书局",1977:95.
④ 黄文山.文化学在创建中的理论之归趋[G]//黄文山学术论丛,台北:台湾"中华书局",1977:96.

是科学的一种最重要的技术或方法。""由于分类,我们方能给整部知识或实证科学的各种流派,做系统的排列,由是确立其定义,划分其界限,表明其相关,阐扬其已经获得的业绩,并预示其未来的途径与趋势。分类的价值和效用,显然不只给科学作百科全书的表达而止,它给人类知识进步,构成有力的工具。"①"分类是科学最重要的工具。没有分类,学术工作之统一趋势与进化情形,无法为之阐明。没有分类,一切科学的系统的顺序与互相关系,无法作清晰的表现。"②

第二,对不同学者给科学分类不尽相同的原因进行分析。他认为主要有两种因素:其一是时代环境的因素,"科学分类跟着时代不同而有显著变迁,一方适应环境,一方开拓环境,这是毫无疑问的。"其二是学者哲学观点不同,"分类的结果,一方依靠分类所用的材料,一方尤其依赖所根据的原则,所以统一时代,因为学者的基本哲学不同,或对于某种科学的地位,发生特别的兴趣,于是所得的分类,便有很大的不同。"③当然,最主要是"科学分类,因所根据的基本原则或哲学观点,各有不同,结果所以发生很大的差异。"④

黄文山还指出了他自己给科学分类所根据的原则或哲学观点,"是自然主义的唯实论与人文主义(或可称人本主义)的实际论之一种综合。"⑤

第三,科学分类首先是从现象的分类开始的。对现象的不同分类,直接影响到科学的分类,因为科学研究就是以不同的现象为对象。黄文山说:"科学是对于现象的一种解释,有某种现象才产生某类科学,所以科学分类,首先要解答的问题,即是对于现象采取

---

① 黄文山.文化学体系[M].台北:台湾"中华书局",1971:365.
② 黄文山.文化学及其在科学体系中的位置[M].广州:岭南大学西南社会经济研究所,1949:70.
③ 黄文山.文化学体系[M].台北:台湾"中华书局",1971:351.
④ 黄文山.文化学及其在科学体系中的位置[M].广州:岭南大学西南社会经济研究所,1949:143.
⑤ 黄文山.文化学体系[M].台北:台湾"中华书局",1971:388.

什么分类。"①

黄文山对科学分类思想的之所以如此强调,积极探讨,是因为他要根据科学分类思想去解决其文化学的一个基本命题:文化学在科学体系中占最高的位置。关于这个命题,本书第四章将详细探讨。

5. 黄文山重视文化学的科学性的原因

黄文山在构建文化学体系时,之所以对于科学如此重视,大概有以下三个方面的原因:

第一,受"五四"时期的"科学"文化精神的熏陶。黄文山是"五四"时期的活跃分子,深受"五四"文化精神的洗礼,因此他对"五四"新文化运动的两面大旗"科学"与"民主"理应有相当的理解。这个时期的"科学"精神,必然会深刻影响到他的学术研究。

第二,受罗素、杜威、胡适的影响。黄文山之所以从清华转到北大去,其中非常重要的原因是北大当时有一些非常著名的学者,其中更有杜威、罗素、胡适等人。黄文山在后来的学术研究中,经常提到他们,并且多有纪念他们的文章。杜威、罗素、胡适等人的学术探索,非常重视科学性与方法的运用。

第三,留学美国,受到实证哲学的影响。黄文山从翻译素罗金的著作开始,到后来的留学,黄文山对孔德等人的实证哲学有全面的接触,实证主义的精神,自然而然地渗透到他的学术研究之中。

综上几点,黄文山寻求文化学的科学建构,有其必然性。

(二)黄文山的文化学方法论

黄文山在构建他的文化学体系的时候,一方面除了非常注意其科学性之外,另一方面还非常注意对研究方法的采借与创造。他也形成了一套较系统的方法论思想。

---

① 黄文山.文化学及其在科学体系中的位置[M].广州:岭南大学西南社会经济研究所,1949:143.

三、建设文化学的科学观及方法论

1. 强调科学方法论的重要性

黄文山在建设文化学体系时,特别强调方法的重要性。他曾论述建设文化学理论时,必须注意三点,① 其中第一点就是方法问题。他强调说:"每种科学都有自己的原则、学说和方法,实则原则、学说、说明都离不开方法。"②

黄文山非常注重方法研究。他在检讨鲍亚士的时候说:"鲍亚士先生的贡献,与其说是一种解释,不如说是一种方法上的原则。"③他还通过对方法论的自然史的研究,发现:(一)任何方法之确实性的最后试验,不在方法本身,而在所获得的结果。无论什么方法,只要能获得良好的结果,实际上便是一种确当的技术,通常一种问题可以采取多种方法来解决,我们对于方法的选择,自然以最直接与最确当的方法为适宜。(二)一切方法都是尝试的。(三)从方法论演进的历程者,人类能了解和统制物质世界,皆由自然科学的方法造成。④

从方法论看文化学,黄文山认为,归根结底,"文化学是可以成为一种独立科学的,不过这种科学所采用的方法,并非自然科学的实验法所能包括。进一步讲,我们更可断定文化学的现象,有自己的'层次',有自己'法则',因此文化现象,不论在结构上或动力上,自应有自己的研究方法。"⑤

---

① 这三点是:"第一,方法上,西洋近数十年来进化派,历史派,功用派的方法,已有相当的成绩,而关于文化调查的方法,亦相当完备。吾人必须虚心采取。第二,材料上,近数十年来,社会科学上,已有无数的成绩,可供我们参考。第三,我们必须把中国与各国文化互相比较。"(黄文山. 中国文化建设的理论问题与文化学[G]//中国文化学学会. 文化学论文集,1938:158.)

② 黄文山. 文化学体系[M]. 台北:台湾"中华书局",1971:8.

③ 黄文山. 中国古代社会史研究方法论[M]. 台北:台湾"商务印书馆",1982:27-28.

④ 黄文山. 唯生论的历史观[M]. 台北:台湾"商务印书馆",1982:63-64.

⑤ 黄文山. 文化学体系[M]. 台北:台湾"中华书局",1971:174.

2. 研究文化学的基本方法

黄文山认为,"方法仅是一种工具,探究文化秘奥的工具。断然不是一种所能奏效,所以文化学的方法,当然不只是一种,也不应只采一种。"①

他在讨论具体的文化与文化学问题之前,一般总要先交代所采用的方法,并注意对历史上的各种方法作系统的探讨。如在讨论中国文化的改造问题之前,他就对所采用的方法与观点进行梳理,如历史观点、心理的观点、功能的观点等。②

黄文山经过研究认为,百年以来,社会学、民族学、心理学、文化形态学都注重"文化分析"。它们对文化研究方法之演进,主要有七种文化研究法:用古生物学的方法,确定文化演进的时间的叙列;由部族或集团的亲属关系的制度;采取比较法,建立社会进化的普遍法则;根据"灵物二元论",即"万物有生论"的概念,以说明人类宗教信仰之始源;采用播化的方法,研究文化的分播与变动;采用"历史的方法",分析文化的发展及其相互关系;"历史唯物辩证法"。这些方法,摘其大要,略如下列:

第一,侧重发生的方法。自孔德于19世纪提出实证主义,又到了达尔文的进化论为学者所接受后,斯宾塞、穆勒乃至美国的鲍亚士(Boas)等人均主张采取自然科学的方法,研究文化现象。而汤恩培(Toynbee)、素罗金、卡思勒(F. Cassirer)、何克(S. Hook)等人对于文化分析,均主张采取历史方法。格理纳(F. Craebner)、斯密特(W. Schmidt)所倡导民族学上的"文化历史法"。另外,斯宾塞、摩根(L. H. Morgan)、马克思、森纳(W. G. Summer)是侧重"社会学"的进化主义者。心理分析家弗洛伊德(S. Freud),民族学家的雷化时(W. H. Rivers)、哲学家的柏格森(H. Bergson)是侧重"生物学"的进化主义者。美国文化学者怀德(L. A. White)对于湮没已

---

① 黄文山.文化学的方法论[M].台北:台湾"中华书局",1977:100.
② 黄文山.从文化学立场所见的中国文化及其改造[G]//中国文化学学会.文化学论文集,1938:159-163.

久的文化进化论,重新整理,是侧重"文化学"的进化主义者。

第二,侧重功能的方法。如从"象征的形式"(如卡思勒(Cassirer)以人乃象征的动物,居住在自己创造的象征宇宙)解释文化。或从"文化反应"(如马凌诺威斯基(B. Malinowski)以文化的功能在满足人类有机体之需要,故其方法也在研究如何满足此种需要)解释文化。或从"心理动力历程"(如卡丁纳(A. Kardiner)以行动与物质安排,其最重要的意义与最广泛的范围,均与心理学有关)说明文化。

第三,侧重改造的方法。有"主张历史改造者",如马克思采取唯物史观与唯物辩证法,马克斯·韦伯(Max Weber)反对唯物史观,采取理想类型的方法研究文化史。有"主张采取实验法者",如杜威(J. Dewey)、拉文(k. Lewin)等。有"主张采取哲学或玄学方法者",如贝尼(D. Bidney)、费必文(J. Feibleman)、诺乐柏(F. S. C. Northrop)等。①

黄文山认为,每个科学家对于这个变动不居的世界的观念体系是不同的,因而所采取的研究共同经验的文化物象的方法,便有很大的差别。在超机的现象中,最少有四种模式的研究法是值得我们注意的:第一是自然科学的方法(Natural Science Method),第二是发生说明的方法(Genetic-Explanatory Method),第三是期成论的方法(Telic Method),第四是款式论的方法(Stylistie Method)。②

黄文山曾专门详细讨论过文化学的五种主要研究方法:历史叙述法、心理统形法、因果功能法、理则评价法、科学比较法。③

第一,历史叙述法。文化的内容,是由人类过去的遗业所构成。所谓遗业,在性质上是累积的,而累积是一种客观的、历史的现象。然则研究这种现象的方法,自然要靠历史叙述法了。这种方法,从文化学的观点看,应该包含两部分:第一部分是民族学的历

---

① 黄文山. 文化学体系[M]. 台北:台湾"中华书局",1971:8-10.
② 黄文山. 文化学体系[M]. 台北:台湾"中华书局",1971:283.
③ 黄文山. 文化学的方法论[M]. 台北:台湾"中华书局",1977:111-165.

史方法;第二部分是中国史学史,尤其是现代西洋史学史所详陈的一切方法和技术。

第二,心理统形法。文化包含两种状态,一是内部的,二是外部的。内部的领域,包括价值、观念、感觉、意义、思想等,为简单起见,也可称为文化的心态(Cultural Mentality)。文化或文化价值的内部状态的心理的解释,从方法论讲,是可能的,故研究文化体系,对于此种方法,不能不加以注意和采用。"文化心态"的观察法,本来有许多类别,而统形(Configuration)的方法,当为最值得注意的一种,总称"心理统形法"。

第三,因果功能法。因果功能的方法包括两个方面:一是"因果方法"(Causal Method)。因果方法首先在自然科学上应用,科学家相信世间一切复杂的材料与各式各样的体系,都是由简单的单位构成。假如在这种关系中,可以发现其因果的齐一方式,则这样的"齐一性"(Uniformity)必然称为一切比较复杂的现象的模型。后来,社会科学家也相信因果的统一性,无所不在,所以主张采用因果方法。二是"功能的方法和观点"(Functional Method or Viewpoint)。这种方法有时叫"功能主义"(Functionalism)。它的主要意义,在把达尔文主义对于自然科学与文化科学的影响概括起来,重新侧重"关系"与活动,而非"名词"与"本体",是"发生"与"发展",而非"固有的特性";是"转型"而非"赓续的形式"。简言之,科学的说明和解释的工具,此时已由"结构"转移到"功能"来了。所以从功能的观点看,一切科学、艺术、宗教及其他文化体系,都可还原到特殊的价值、习惯、物质、意义和活动,至于文化物象的形式与结构,则仅仅是派生的动力的关系之积叠。

因果功能的方法,在自然科学与社会科学上的最大贡献,在于把宇宙内的森罗万象,经过一番爬梳剔理的功夫之后,归纳成几种简赅的方式。文化的因果功能的方法的最大目的,在发现文化价值的丛体的构成部分间之因果功能的关系。所以,文化科学家的任务,不但是要发现这些因果关系的存在的,而且要证明它们是存在的,不但要证明它们是存在的,而且要用"齐一性"的方式,把这种关系表达出来。黄文山说,"这种方法,是文化学上最重要的技术"①。

第四,理则②评价法。黄文山赞同采取理则的方法来研究文化,但同时以为文化是一种价值的体系,而非仅仅是意义的体系,所以他采用理则与评价相结合的方法"理则的评价的方法"。理则的评价的认识的精蕴,在于把文化整体或体系的标准价值、中心意义、基本状态或根本原则,作确切的指示,唯有如此,才能把文化的完整的状态,表现出来。文化是由各种元素构合而成的整体,而整体不只是部分之和,它必有其共同的标准价值、中心意义、基本状态或根本原则。所以,应用理则评价法的最大可能的成果,在于把错综万分的文化体系的状貌,予以迅速地把握。理则评价方法是以理则学的标准为根据,而对于评价的审量,必须予以控制。

第五,科学比较法。科学的比较法,有两种特征:其一是"文化个案的研究"(Culture Case Studies);其二是"理念类型"(Ideal Type)的方法的应用。根据这种路向来建立新的比较法,与从前的"举例方法",全然异型。所以,新的比较法有新的进行的步骤,第一个步骤必须从文化个案之研究及其比较做起;第二个重要步骤,还是"理念类型"的建立。科学的比较法,是建立文化的理念类型与科学的概推或法则的有力工具。

黄文山对以上各种科学研究方法进行概括,归纳出他自己研究文化现象的程序或一般方法③:第一,当划出一个"文化区"或"年代区"为研究的范围。第二,"文化区"与"年代区"的真相的把握,即组成文化区与年代区的资料,搜集要齐备,鉴别真伪要仔

---

① 黄文山. 文化学的方法论[M]. 台北:台湾"中华书局",1977:155.
② 理则学,旧有论理学、名学、辩学、逻辑学诸种译名。"理则"就是"逻辑"的意思。
③ 钟少华说:"这些方法,今天看上去并不那么新颖,但值得注意一点即在他所介绍的综合方法中,含有自然科学的方法、遗传说明的方法、目的论的方法、风格论的方法。'笔者认为将这四种方法再综合,其实正是文化学最有特色的方法,笔者曾在拙书中起名为"百科方法"。'"(钟少华. 中国型的文化学创建者黄文山[J]. 中国文化研究,1998(2):47.)

细。第三，当注意区外的关系，文化真相的把握。从纵的方法（Perpendicular Method），注意年代区以前的事实之来历，与以后文化事象的演变，从横的方法（Horizontal Method），求此文化区与彼文化区，此文化境与彼文化境间的交互关系，迹寻其文化特质与丛结的交光互影。第四，当精研文化变动的因素，因为文化变动皆受人类环境的各种因素的影响和决定。第五，利用各种文化概念和原则为探讨的工具，研究文化类型的关系，找寻其叙列的真际。①

3. "整合"的方法

综合的、统整、"统形"（构造）（Configuration）的方法，是黄文山研究文化学采用的主要方法，是其文化学体系得出最终结论的指导方法。

黄文山认为，"新的真理，总是旧学说的一种新综合"，科学研究需要综合的方法，已经是时代学术的必然需要。比如关于社会学未来的路，黄文山与素罗金一样，"相信社会学在目前的阶段，一定会选择一条康庄的道路，重新把社会学的体系，从综合的观点建立起来。"②黄文山认为，"如果19世纪是一个科学的世纪，20世纪可以称为一个综合的世纪"。③20世纪以来一些文化思想家，斯宾格勒、汤因比、素罗金等大都企图在自然科学的方法外，建立文化因果关系的体系学说或方法学。方法论的倾向，更侧重体系的观点与体系探讨。黄文山在他们的基础上，进一步认为体系的研究讨论，可以直觉地把握着整体主义，还可以根据科学概推的原则，对于文化研究，走上整合的方法学（Integralist methodlogy）的大道。④"20世纪前半期世界社会文社科学上突起的潮流，最引人入胜者，莫过于文化学家、史学家、文化社会学家、历史哲学家对于

---

① 黄文山. 文化学体系[M]. 台北：台湾"中华书局"，1971：290.
② 黄文山. 今日社会学学说之主流及其展望[G]//黄文山. 当代文化论丛(上、下), 广州：香港珠海书院，1971：116.
③ 黄文山. 唯生论的历史观[M]. 台北：台湾"商务印书馆"，1982：15.
④ 黄文山. 文化学体系[M]. 台北：台湾"中华书局"，1971：12.

文化体系或文化法则的探究。这些研究的对象，不是社会，而是文化。学者的看法，再也不是原子主义，单元主义，而彻头彻尾是整合主义了。"①

黄文山的文化研究"站在新的'整合原则'（Integrative Principle）"。②他说："一种学问需要分析，一种制度需要研究，往往要顾到文化活动的每一个方面。科学领域严格的界限，因此打破。此时学术的倾向，一若依照辩证的历程，又由极端分化而转趋综合。集体研究的盛行，就是'专业论'与'整体观'的表面矛盾的一个调和。"③"文化的统形观，综合观的观念，于是不期然而复兴。我们可以看见，每个有思想，有觉悟的人，对于自己的民族文化，都想'统之有宗，会之有元'，获得深刻和统势的了解，再把民族的文化与其他历史的或当代的文化类型相比较，企图发现文化演变的指导原则。一个民族文化，不是孤立绝缘的，是在这全体文化中占着一个位置。旧型的历史哲学、系统社会学、文化哲学、古典人类学，早已理解文化的这种复杂性与整体性。我们不敢看轻它们在历史上的重要贡献，尤其不否认它们分类研究的权力。但据最近社会科学的趋势看，研究文化体系的实证的、归纳的、客观的、综合的一般文化学，事实上经已孕育成功。"④

黄文山从整合的观点看文化。他说："文化现象，在全体的整合论者看来，乃完全是逻辑的、理性的""文化，从整个态势看，乃是一种'统形'（Configuration），其一切主要部门的波动，只是整部文化由一种类型转变到他种类型的深刻的赅博的变动之表现。""文化的'统形'是由各种元素构合而成，每种'统形'，有其特自的'类型'。"⑤

黄文山在"整合的方法学"的基础上，还初步提出"文化创造历

---

① 黄文山．文化法则论究及其发端[G]//黄文山．当代文化论丛(上、下)．广州：香港珠海书院，1971：195．
② 黄文山．文化学体系[M]．台北：台湾"中华书局"，1971：440．
③ 黄文山．文化学的建立[M]．台北：台湾"中华书局"，1977：7．
④ 黄文山．文化学的建立[M]．台北：台湾"中华书局"，1977：8．
⑤ 黄文山．文化学体系[M]．台北：台湾"中华书局"，1971：442．

程的功能的方法学"的概念。他对这个概念进行了解释：第一是"体系"。一种体系便是一种有限的参考机构，也是整个的工作单位；它把一切有关系的价值"回归调节"，把一切思想、态度、历程，从而组织起来。第二是"组织"。组织使人类不断地倾向整合，由整合进到总体。一种体系与其他体系的关系，经过许多参考架构，成功较大的体系，总是由组织而来。第三是"综合"。由于体系的冲突，使人类意识不断扩展。一切体系必须常常浑融，形成较大的统形，这是新综合的实现。第四是"变形"(Metamorphosis)。新的综合会改变一切固定的体系，进一步形成新的动关系，永恒地回归调节，并根据中道法则，使文化体系趋向到稳定与均衡。①

他认为"这种新方法的使用，我们在'应用文化学'上，将可利用整部的世界文化知识，使得新的文化价值，向体系的文化'回归调节'，自动自律，在文化进化的阶段中，继续发展，解决从前所不能解决的问题，例如战争问题等。"②"质言之，这种方法学所建议的是要把知识能力不断扩大，使大家知道我们的体系是体系中的体系，只有利用全部世界的文化知识，乃至最新的科学与技术学的体系，方能解决人类的文化问题，方能实现新的道德之必然命令，方能使人类向进步的途径迈进，使得人与人类调和而为一个有机体。"③

黄文山这一"整合的文化学"、"统一的文化学"的方法论观点，是其提出世界文化浑融论的方法论基础。第四章将具体讨论此命题。

小　结

黄文山从1930年代起一直在进行文化学的研究，按照黄文山的人生轨迹之转换和他创立文化学的目的的变易这两条线索，可以

---

① 黄文山. 文化学体系[M]. 台北：台湾"中华书局"，1971：442.
② 黄文山. 文化学体系[M]. 台北：台湾"中华书局"，1971：442.
③ 黄文山. 文化学体系[M]. 台北：台湾"中华书局"，1971：13.

把黄文山建设文化学体系的历程分为前后两个时期。

黄文山一生轨迹最长、最深刻的一次转变，是1949年旅居美国以后，黄文山再也没有踏上中国大陆的故土。1949年，对于黄文山的前半生与后半生来说，是最显著的一个时间标志。黄文山的文化学要解决的现实文化问题，主要有两个：一是中国文化的出路与建设问题，二是人类（或世界）文化的出路与建设问题。以这两个现实的文化问题作为标准，结合其人生轨迹，黄文山建设文化学历程可以分为两个历史时期：1949年前为前期，1949年以后为后期。前期，黄文山主要需要解决的是中国文化的出路与建设问题，它是黄文山文化学的基本理论的形成期。后期，黄文山所要解决的现实文化问题从中国文化的出路问题，扩展到人类的文化出路问题，它是黄文山文化学体系的完善期，黄文山以开阔的学术视野，吸取中西学术资源的菁华，最终为其文化学体系找到他自己认为完美的结论。

黄文山的文化学在1949年前的学术资源主要是来自西方的科学知识，包括人类学、社会学、哲学、历史学、民族学等科学知识；不过，到了1949年后，黄文山开始对中国传统文化全面回归，他在美国传播中国文化的同时，更加注意吸收中国传统文化的有益资源，以滋养他的文化学体系。所以，结合黄文山自己专门论述到的建设文化学的路向，总的来看，大概有"文化人类学的路向"、"文化社会学的路向"、"文化哲学的路向"、"文化史的路向"、"中国传统文化的路向"等。

由于受到"五四"运动的"科学"思想的洗礼，以及在求学阶段罗素、胡适、鲍亚士、克鲁伯等学者的影响。黄文山的对学术研究"科学性"与"方法论"异常看重。他建设文化学完全是按照"科学"的原则。对于"文化学"这门从社会学中突创出来的新兴科学，黄文山不但论证了其作为一门科学的合法性，而且要论证了文化学不仅是一门科学，且还在科学体系中居于最高的位置。因此，黄文山在文化学研究中自然形成了他的一套科学观和方法论。在对科学史考察的基础上，他得出自己对科学的认识：科学，是对所观察的宇宙间森罗万象的自然现象或文化现象，根据分析的、综合的、理性的与方法的技术，以经验的资料与知觉的关系，推绎而为概括、理论、法则、原则与概念的体系之可证明的、有组织的、系统的知识。简言之，科学就是对研究对象，用科学的研究方法得到的可以证明的系统化的知识。黄文山尤其对科学的分类思想津津乐道，并且用其解决了文化学建设中碰到的不少难题。

黄文山在构建他的文化学体系的时候，还非常注意对研究方法的采借与创造。他也形成了一套较系统的方法论思想。他曾专门详细讨论过文化学的五种主要研究方法：历史叙述法、心理统形法、因果功能法、理则评价法、科学比较法。他认为方法仅是一种工具，探究文化奥秘的工具，断然不是一种所能奏效，所以文化学的方法，当然不只是一种，也不应只采一种。黄文山在方法论上的理想，是综合的、统整、"统形"（构造）（Configuration）的方法，这是他的文化学体系得出最终结论的指导方法。

第三章 文化学体系（上）：范畴

黄文山极其强调学术研究的科学性，他严格按照"科学"的原则，完全把文化学当做一门"科学"来进行体系建构。他在论述有关文化学的具体问题时，非常具有逻辑性，力求条理清晰，断语明确。尽管如此，黄文山的大著，特别是其《文化学体系》，有些地方仍让人觉得不是很顺畅。要一下子把握黄文山庞大的文化学体系，客观上来说应该是有些难度的。这其中可能至少有以下几点困难或障碍：

其一，黄文山建设文化学的时间跨度前后三十多年，尽管他的文化学思想有一以贯之的理念，前后思想基本上是一致的。但是，由于时间的模糊，造成了不少观点与论述的反复，有的地方稍显繁琐。

其二，黄文山有时可能太过于注重科学的实证精神，力求证据充足，故而大量地引用材料，虽然可谓旁征博引，但有时丰富的材料反而淹没了他自己的观点。这时，读者如果没有耐心，就很难注意到他在大量引用材料后的精彩点评和归纳所得到的精粹结论。

其三，黄文山是在对文化学做开创性的研究，不少说法是他自己的创见。并且在最初倡导与着手建设文化学时，他有他自己的翻译系统，他的文化学的一般术语基本上从外著翻译而来。再加上黄文山与我们此时代有一定年限，他所用的许多术语与现在有一定的距离，这些造成了我们对他的文化学体系中的一些概念有一定的生疏感。故其有些文化学概念让人比较费解。

为了较好地把握黄文山宏大而精深的文化学思想，从本章开始，笔者试图用两章的篇幅来讨论黄文山的文化体系的架构及主要内容。

黄文山认为他建设文化学的动机，主要有两点："其一，说明文化学为研究文化现象之科学，本身不但应成为独立之科学，而且应在科学体系中占最高之位置。其二，文化学之任务，在说明文化体系之类型，结构与动力，形成一般文化学说和原则，并企图根据文化学说和原则，求文化问题之解答。"①黄文山在建设文化学体系时，的确真正是严格地按照科学的精神和原则来进行的，而且，其间有着强烈的现实情怀。因此，要诠释黄文山庞大而驳杂的文化学体系，把握其架构，可以沿两条路径来进行：

其一，既然黄文山完全把文化学当做一门科学来进行建构，那么就按照黄文山尤好的科学精神原则，按照科学体系的要素，如概念、范畴、命题、规律等，进行梳理。这样是很有好处的，不仅线索明晰，条理清楚，而且也符合黄文山的学术追求。

其二，文化学可以分为理论文化学和应用文化学②，可以根据这一分类原则来梳理黄文山博杂的文化学体系。黄文山的文化学体系，按照他自己的意思，的确想分为理论部分和应用部分；前为理论部分，后为理论的应用部分；前为文化学基本理论的建构，后为现实文化问题的文化学具体解答。只是黄文山的应用文化学并没有建设成熟。

下面的具体分析，就是结合以上这两条路径来进行的。要把握黄文山庞杂的文化学体系，必须抓住一定的线索，理清其架构：其一，基本范畴。黄文山的整个文化学理论的基本范畴由"文化"、"文化学"和"文化体系"这三个重要范畴组成的主线贯串。只要清晰而全面地认识这三个范畴，那么对其文化学的其他概念与范畴的把握就不再困难了。其二，重要命题。黄文山文化学的命题，可以从理论与实践两个层面把握，黄文山的文化理论建设，最终是要为解决现实文化问题的，不过，两者一般是融合在一起的。故在进行具体的分析时，并没有严格地分开。

---

① 黄文山.文化学体系[M].台北：台湾"中华书局"，1971：1.

② 阎焕文曾在《文化学》中说："我们把讨论文化应用等实际问题类的文化学的一部分，叫做应用文化学(Pracisal Culturology)。把我们前五篇所讨论的文化学的一部分，和应用文化学相对待，叫做理论文化学(Thloretical Culturology)"(阎焕文.文化学[G]//中国文化学学会.文化学论文集，1938：131.)

一、范畴一:"文化"

(一)"文化"的定义及其哲学基础

1."文化"定义

"文化"的英法文名是 Culture,德文名是 Kultur。

对"文化"含义的认识,"一人一议,十人十议","仁者见仁,智者见智"。文化学建设之难,首先就表现在对文化学的核心范畴"文化"下一个恰当的定义之不易。黄文山对此深有感触,他说:"我们现在应该如何给'文化'下一个适当的定义,这是一个难题。"①

学术史也表明,对"文化"下一个可让一般人都认同的确切定义,确实是非常困难的。除了泰勒下的定义②,常为一些研究文化的人引用外,不少学者也对文化下了个性化的定义,克鲁伯等人于1952年做过统计,当时"文化"的定义已达160多种③,现在就更难以计数了。而经得起推敲的定义,则是少之又少,不是大而无当,就是偏于一隅。④ 尽管文化定义难下,但黄文山在建设文化学

---

① 黄文山.文化学体系[M].台北:台湾"中华书局",1971:87.
② 泰勒认为:"从广义的人种论的意义上说,文化或文明是一个复杂的整体,包括知识、信仰、艺术、道德、法律、风俗以及作为社会成员的人所具有的其他一切能力和习惯。"(泰勒.原始文化[M].蔡江浓,编译.杭州:浙江人民出版社,1988:1.)
③ 克鲁伯(A. L. Kroeber)和克罗孔(Clyde Kluckhohn)在《文化,关于概念和定义的检讨》(Culture, A Critical Review of Concepts and Definitions,1952)中罗列了从1871年到1951年80年间关于文化的定义至少164种之多,分别按照"记述的"、"历史的"、"规范性的"、"心理的"、"结构的"、"发生的"等不同角度,把文化的定义分为不同的类别进行描述。
④ 阎焕文曾经把国内学者对文化所下的定义,分成广狭二派:广义派,如杨东莼之说,"文化即生活",却把文化发生的极限忘却;狭义派,如梁任公、梁漱溟等,或看哲学为文化的主流或太重视心能,把物质环境忘却。(阎焕文.文化学[G]//中国文化学学会.文化学论文集,1938:5-6.)

体系时，从科学性出发，他还是首先给"文化"下了一个明确的定义。

对如何给"文化"下一个具有普遍意义的定义，黄文山认为，"文化的真正概念之获得，不是由于不同的观点之排斥，而是由对他们的承认与调和。文化是一种复杂的材料，一切太简单与特殊化的解释，在社会科学上，已不合时宜了。我们所以主张文化学者不但应该在若干新的概念之下，联合起来，实则他们在实质上，已经调和起来了。"①

黄文山通过研究发现，"文化"历来的定义，可分为两派：（一）唯心派。此派认为文化是一种丛体，包括知识、信仰、艺术、道德、法律、风俗，以及任何人在社会上所可获得的才干和习惯，或直截了当承认文化就是心能创造出来的共业。（二）唯物派。此派认为文化是人类由劳动创造出来的一切事物之总和，与无需人的劳动、由自然给予我们的一切对立，或又简直相信物质文化是精神的基础。②

黄文山既不偏于唯心派，也不偏于唯物派，而是从"文化的科学的立场"，整合以往学者对文化的定义，在多处给文化下了言简意赅的定义，典型的有两个：

第一个定义③："文化是人类为生存的需求，在交互作用中，

---

① 黄文山. 文化学体系[M]. 台北：台湾"中华书局"，1971：89.
② 黄文山. 文化学体系[M]. 台北：台湾"中华书局"，1971：9-10.
③ 黄文山类似的最早的定义是："文化是人类生存的要求，在交互的作用中，根据某种物质环境，由动作、思想和创造产生出来的伟大的社会丛体。"（黄文山. 文化学的建筑线[J]. 新社会科学季刊，1934，1(2)：7.）1935年黄文山又下了个定义："文化就是人类为生存的要求，在交互作用中，根据社会经济的基础，由动作和思想产生出来的'丛体'（Complex）或'实有'（Reality）。文化'丛体'或'实有'包括人类一切的活动，及其活动的结果。"（黄文山. 文化法则论究[J]. 社会学刊，1935，4(1)：1.）这个定义与上个的定义比较，主要不同在前者"社会丛体"在后者中变成了"丛体或实有"，这显然是一个巨大的发展，而在《文化学体系》中变成了"丛体或体系"，这说明了后两者已经把"文化"与"社会"两个概念进行了明确的区分，并强化了"文化"的体系特征。

根据某种物质环境，由动作、思想和创造产生出来的伟大的丛体或体系。"②

对以上简洁的文化定义，黄文山作了具体的解释：

其一，关于"生存需求"。他认为，人类为生存而活动，也因活动而生存，生存的方式为互助合作，互助合作所依靠的工具就是文化。人类非活动的事项，例如天象、地质等，属于自然界的现象，都不是文化体系的领域。反之，凡活动的事项，即人类由动作情感理智的产品，都是文化系的领域。文化系领域内的一切事物，无一不是人类为着生存的需要而产生的。文化是为了直接或间接满足人类生存需要而存在，这本来是功能学派发现的新概念，而与民生论的文化观若合符节。孙中山说的"人类在历史上一切的努力都是为着求生存"，正是此意。

其二，关于"交互作用"。他认为，集团不是一个生物有机体，而是人间的交互作用的形式；换句话说，集团是人类的相互关联的行动或个人的行为的结晶。文化就是集团存在的一种"功能"，假使没有这种交互作用，一切文化的发展绝无可能。

其三，关于"物质环境"。他认为，人类的差别，缘于两种形相，一是体质的不同，二是文化或社会遗业的各异。人类为什么要创造文化，是因为"生存乃是人生的第一法则，求生存的改善才是第二法则"。人类因为求生存，所以要满足民生日用的需要，又因为要满足民生需要，所以不断创造环境，调试环境以改造环境。

其四，关于"动作思想和创造"。他认为，文化一面是人类动作所产生的总体，一面又是思想创造的结晶，所以把文化看作单是心能所开辟出来的共业，或只是劳动所创造的环境，有失偏颇。文化

（接上注）阎焕文认为黄文山《文化学的建筑线》这个定义比已有的文化定义完善了许多，但缺少历史性和有机性，他因此在黄文山的文化定义的基础上，加上他自己的意见，提出新的文化定义："文化是人类的生命力受自然环境的影响，社会的交流，历史的传授，发扬所产生的有生命的东西。"（阎焕文．文化学［G］//中国文化学学会．文化学论文集，1938：7．）显然，阎焕文从生命哲学出发的定义，并没有黄文山的定义明确。

② 黄文山．文化学体系［M］．台北：台湾"中华书局"，1971：10．

就是人类过去和现在由动作、思想和创造所产生的总绩。

其五,关于"伟大的丛体或体系"。他认为,任何部族、种族、民族都有一种共同的或普遍的文化结构——他们具有交通和运输的模式,乃至家庭和住宅、衣食、产业、政府和战争、艺术、神话和知识、宗教、娱乐和游戏模式——一切这些模式,便构成了伟大的丛体或体系。①

后来,黄文山又进一步给"文化"下了一个新定义:"文化是人类为着满足生存的需要,凭借语言系统,技术发明,社会组织与习惯,累世承袭创建出来的有价值的'工具实在'(Instrumental Reality)。"简单一点,亦可以说:"文化是人类为满足生存需要,创建出来的工具。"②

在这个新定义中,黄文山从功能主义的观点出发,更加突出了文化的"工具性"。这样一来,黄文山的"文化"定义的内涵更加确切。其文化定义的哲学基础是"生存论"哲学。

2. "文化"定义的哲学基础

对"文化"下一个什么样的定义,与所依据的哲学基础有重要关系。用黄文山的话来说就是:"文化定义的分歧,实在由于学者个人的思想体系不同,所产生的结果。"③黄文山就是从"生存论"哲学出发来解释"文化"的。他认为,"每种文化质素、文化丛体、文化模型的成立,统由于人类求生存的冲动造成,其目的则在:(一)维持生存,(二)充实生存,(三)延续生存,(四)保养生存。"④

黄文山在给"文化"下定义的时候,"以一个最高的原则做依

---

① 黄文山. 文化学体系[M]. 台北:台湾"中华书局",1971:10-12.
② 黄文山. 文化学体系[M]. 台北:台湾"中华书局",1971:89.
③ 黄文山. 文化学体系[M]. 台北:台湾"中华书局",1971:87.
④ 黄文山. 唯生论的历史观[M]. 台北:台湾"商务印书馆",1982:50.

据",这个依据就是"文化的功能观或民生观①",就是孙中山的三民主义中的"民生主义"。黄文山认为,文化与生存关系的解释,在欧美虽有李博德(Lippert),孙末楠(Sumner),威廉(Willian)的理论存在,"但这种综合的观点之产生,实在到了孙中山先生方才变成结晶化"。② 孙中山的"生存论"的"民生观"是黄文山"文化"理论的重要哲学基础。

黄文山对孙中山的"民生主义"中的"生存论"思想,曾进行过集中的研究,他把孙中山有关"生存"的重要论述,进行了归纳:

"古今一切人类之所以要努力,就是因为要求生存,人类因为要有不间断的生存,所以社会才有不断止的进化。所以社会进化的定律,是人类求生存,人类求生存,才是社会进化的原因。"

"人类求生存才是社会进化的定律,才是历史的重心。人类生存是什么问题呢?就是民生问题,所以民生问题才可以说是社会进化的原动力。"

"民生是社会进化的重心,社会进化又是历史的重心,归结到历史的重心是民生,不是物质。"

"人类要能够生存,就须有两件最大的事,第一件是保,第二件是养。保和养两件大事,就是人类天天要做的。保就是自卫,无论是个人或团体或国家,要有自卫的能力,才能够生存。养就是觅食。这自卫和觅食,便是维持生存的两件大事。"

黄文山认为,那些主张"离却生存的需要,没有文化的发生,离却衣食住行育乐的民生享受,没有文化的本体"的论调,"似乎有点偏重的嫌疑,然而这实足以发挥文化的功能观民生观的原则之真义"。③

---

① 黄文山认为:"文化是为了直接或间接满足人类生存需要而存在,这本来是功能学派发现的新概念,而与民生论的文化观若合符节。"(黄文山. 文化学体系[M]. 台北:台湾"中华书局",1971:93.)
② 黄文山. 文化学体系[M]. 台北:台湾"中华书局",1971:89.
③ 黄文山. 文化学体系[M]. 台北:台湾"中华书局",1971:91.

(二)"文化"的分类、性质与特征

1."文化"的分类

黄文山说文化是"人类为生存的需求,在交互作用中,根据某种物质环境,由动作、思想和创造产生出来的伟大的丛体和体系"。而所谓"伟大的丛体或体系",是任何部族、种族、民族都有一种共同的或普遍的文化结构,具有交通和运输的模式,乃至家庭和住宅、衣食、产业、政府和战争、艺术、神话和知识、宗教、娱乐和游戏模式。

这种种的文化现象非常复杂,若想对文化加以适当的分析,必须从分类入手。黄文山对文化的分类"多杂引众说,甚少分析"①。他根据行为主义的观点和功能学派的理论,将"文化"看做一种客观的动的历程,提出如下分类:

其一,构成"物质社会环境"的一切"物质文化的物象"。包括住宅、道路等一切物质工具。

其二,构成"生物社会环境"的"显现的文化行为"。如动物饲养,政治训练等。

其三,构成"心理社会环境"的象征行为,或言语反应。如语言文字。

其四,象征的文化物象。如偶像和庙宇等。

2."文化"的性质

从以上"文化"定义出发,黄文山分四点阐释文化的性质:第一,文化是生存需要的工具;第二,文化是人类特有的现象;第三,文化顺序的突创;第四,普遍文化模式的成立。具体包括以下八个方面:

第一,文化以生存为重心。黄文山认为,"文化本质是一种

---

① 韦正通.文化学体系概述[G]//张益弘.黄文山文化学体系研究集.台北:台湾"中华书局",1976:40.

'工具的实在',其开积、绵延和演变,皆由于满足人类生存的需要。"①"文化所以能够发展,延续,基本条件在于人类生存的需要,获得满足。"②离开人类生存,则无所谓文化的创造,故文化实以生存为重心。像语言、知识、魔术(巫术)、宗教、艺术,这些一切具体文化的普遍模式的重要成分,以及平常所谓物质文化或技术体系,都是生存需要的必须工具。科学的真、道德的善、艺术的美,都是文化的最高表现,而为人生最后目的之所在。文化作为"工具的实在",文化之所以成为工具的必需,而能满足人类机体的生存需要,"其意义在此,其功能在此,其价值在此。"③

第二,文化乃人类特有的现象。人的卓越的标志,不是他的形而上的或体质的性质,而是他的行动体系——文化。文化是人类特有的现象,非低级动物所共有。黄文山认为,一个集团,无论其生物社会的生活如何复杂,但假如没有"智力、语言、社会生活、习惯形成的能力、发明"五个因素或五种机构,则文化绝无理由产生,文化顺序也绝无理由存在,而文化体系更无从构成。这五种因素或机构,乃人类行为由有机体的层次,递升到超机层次的基础。此间没有哪种动物的生活,能够包含一切这些因素,或建立在这些机构之上的,它们也许表示相同的"智力"和"习惯形成的能力",也许有"社会的生活",或简单的"发明",但没有哪一种具有语言及其派生的文字。这些因素的一种或两三种,均不足以说明文化的产生,这些因素的并存,才能满足人类生存的需要,产生衣、食、住、行、育、乐的工具,因此,黄文山断定,文化是人类特有的现象。④

第三,文化是习得的,不是天赋的,在性质上是习惯的而非本能的。只有人类才有文化学,文化学是人类行为的一种模式,文化

---

① 黄文山.文化学体系[M].台北:台湾"中华书局",1971:106.
② 黄文山.文化学体系[M].台北:台湾"中华书局",1971:97.
③ 黄文山.文化学体系[M].台北:台湾"中华书局",1971:107.
④ 黄文山,崔锦铃.文化学与中国文化研究[G]//张益弘.黄文山文化学体系研究集.台北:台湾"中华书局",1976:197.

的传达不是靠身体遗传,而是通过教育和符号来传达的。

第四,文化内容与社会内容有异。文化与社会,虽为同一事象之两面,但其产生有先后,其相互间的联系亦不一致。这二者表现不同型的事象:其一,文化的内容,包括泰勒所罗列的物质或精神文化和语言、文学、艺术、宗教、哲学、科学、礼制、道德、法律、政府及其他制度,他方亦包括人类全体的物质文明,如工具、器械、衣服、住宅、机器等。其二,社会的内容,则指人类的交互作用或社会历程,如冲突、调试、竞争、互助、分工、服从、建设、破坏、控制、寄生等而言。

第五,文化属于超机层次。文化是突创进化的,它属于超机的层次或领域,与无机或有机属于不同的顺序。文化顺序不再是以传统的渐进和绵延观念为依据,而是承认可以跳跃或全新突创。

第六,文化是超个人的。超机现象的文化同时是"超个人"的,这是说文化本由人创造出来,但既经创造以后,人也成为文化之流,自成一类的现象。

第七,社会不足以说明文化,要说明文化,人类的智力、语言、发明、习惯形成的能力,都非常重要。这些因素与社会生活结合,才能把人类行为由有机的递进而为超机的。

第八,文化、社会、人格三者有交互的关系。人格(Personality)乃受文化所决定;但"文化"、"社会"、"人格"三者互相关系是无可否认的。

3. "文化"的特征

黄文山认为文化有这些特征:第一,文化的周遍性。主要是指文化在空间上不是孤立的,而是普遍联系的。一个部族或一个民族的文化一方面自成体系,另一方面由于文化的接触与交流,各种文化又有"普遍的文化模式"。第二,文化的累积性。新的文化总是在旧的文化基础之上形成,一点一滴地增进,由简单到复杂,不断扩大,不断积累。第三,文化的赓续性。文化在空间上有周遍性,在时间上便有赓续性。文化是人类全体或大多数的共业所构成,文化是社会的、超个人的,它总是一代往下一代,永远传递下去。第四,文化的移动性。文化不可能是静守一地的,文化有强固的移动性。而且文化从一地移植到另一地之后,时常会在异地开花结果,获得更大的发展。第五,文化的类化性。文化虽有移动性,但是不会整个的移动,文化输入新区域之后,原有的质素会跟着环境改变,会被"类化"或"涵化",即同化。第六,文化的功用性。文化是一种"功能的动力单位",其构成的部分,都是相互依倚的。每种文化不是孤立地发生作用,尤其不会离开各种质素而可以单独存在。第七,文化的物观性。文化的质素既有功能的关系,所以某种质素的变动,往往引起其他质素的变动。人类为生存而创造生产的技术,生产技术的变迁,自然引起物质生活的变迁,物质生活的变迁又引起其他文化质素的变迁。①

(三)"文化"与"社会"

"文化"与"社会"是黄文山文化学体系中的最重要的一对范畴之一。黄文山认为文化学是从社会学中层创而来,而"文化"和"社会"分别是文化学与社会学的核心范畴。所以,对其范畴的理解,直接影响对于文化体系与社会体系之分,文化科学与社会科学之别的理解,进而影响到文化学建立的合法性问题。

黄文山认为"文化"现象与"社会"现象是有区别的,这种区别"在学术史上,却有极深长的意义,而我们认为文化学之可以脱离社会学,建立独立的科学,其原因也就在这里。"②"文化"现象与"社会"现象固然是相互关联的,但黄文山"以为文化学的建立之不可能性,虽不必由于两种现象的证同,但文化(按:疑遗漏'学')建立之可能性,却由于两种现象的判别。"③

在黄文山以前,很多学者常常误认"社会学"就是"文化学",

---

① 黄文山.文化学体系[M].台北:台湾"中华书局",1971:7-9.
② 黄文山.文化学的建立[G]//广州国立中山大学法学院.黄文山学术论丛.台北:台湾"中华书局",1977:16.
③ 黄文山.文化学的建立[G]//广州国立中山大学法学院.黄文山学术论丛.台北:台湾"中华书局",1977:9.

其中一个重要原因是误认为"社会"与"文化"没有差别。黄文山认为文化学是从社会学中独立发展出来，超越社会学的一门学科，因此，他首先就要区别"社会"与"文化"这两个社会学与文化学的核心范畴。黄文山认为，"社会"与"文化"虽然有相关性，但还是两个不同意义的概念。他更相信"文化"与"社会"可以分别进行研究。

学术界对于这两个概念的认识也有一个过程的。黄文山认为，文化现象，最为复杂，其范围之广阔，几与人生相等，所以数千年来，不少学者，殚思竭虑，要"穷造化之姿态，极生灵之辽广"，"然而卒因为社会条件，历史背景，学术方法之限制，迟至十八世纪，迄未有系统的表象。"①孔德，斯宾塞，穆勒，泰勒，摩尔根，李博德，冯德，涂尔干等先后辈出，"对于文化形式的复杂性，已逐渐有所认识，然而他们对于'社会'与'文化'的概念之区别，仍无正确的了解。"②20世纪的学者韦伯，斯宾格勒，汤因比，素罗金，南尼格，尤其是鲍亚士，马林诺斯基，毛而铎，林顿等人，"脱前人之羁勒，各思独创，以自张其军，方才把'社会'与'文化'的区别，划分清楚。"③

据黄文山的探究，文化与社会两个概念，不特全然不同，其意义亦有很大的区别：其一，社会生活与文化生活截然不同，前者发生在先，后者发生较晚。人类的社会行为，所以并非由文化现象造成，反过来看，社会生活却为文化发展和传播的必要条件。文化的特质一旦成立，便有其独自的历程和因果关系，与创造和传续文化的个人或集团分离。其二，特殊的文化质素，并不是永远与同样的社会行为相关。当一种质素分播以后，其外形虽或保存，及其一旦成为不同的社会的刺激时，其原来的意义就变了。其三，文化社会学者常假定人类的生理禀赋，如"基本的需求"，"基本的本能、冲

---

① 黄文山. 文化学的建立[G]//广州国立中山大学法学院. 台北：黄文山学术论丛. 台北：台湾"中华书局"，1977：2.
② 黄文山. 文化学的建立[G]//广州国立中山大学法学院. 黄文山学术论丛. 台北：台湾"中华书局"，1977：3.
③ 黄文山. 文化学的建立[G]//广州国立中山大学法学院. 黄文山学术论丛. 台北：台湾"中华书局"，1977：3.

动","倾向"等为文化的始因。①

所以,黄文山认为,既然"文化"与"社会"这两种现象可以分开研究,那么"文化学和社会学今后分道扬镳,殊途同归,也就不成问题了"。②

(四)"文化"与"文明"

人类科学与社会科学在过去几个世纪里,虽然有惊人的进步,但这些科学对于"文化"与"文明"两个术语的使用,却仍没有共同承认的定义。"本来这两个术语,在意义上没有什么区别,但德国学者一向喜用'文化'(cultur),法国学者一向喜用'文明'(civilisation),因此学者对于二者的区分,随之而起。"③

黄文山认为中国学者对文化的研究,到了朱谦之于1935年发表《文化哲学》时,在内容上才有了长足的进步。朱谦之把文化的本质类型分为两种:知识生活上为宗教、哲学、科学、艺术;社会生活上为政治、法律、经济、教育。而以前者为"文化",后者为"文明",前者为"文化哲学"研究的范围,后者为"文化社会学"研究的范围。但黄文山不赞成这种说法,"因为文化或文明,如没有物质生活——人类生活最重的工具——还能成其为文化?"④

黄文山认为,纵观前人对于文化与文明的种种判别,尽管"千红万紫",盛极一时,但他们并没有给我们更深彻、更系统的提示,尤其缺乏贯串的共同源泉。他个人同意人类科学的看法:"这两个名词是同义的,不过在实际上,二者可以分用。'文化'可以专指社会的共业,'文明'则可视为比较进步的文化之特殊方面的标志。"他认为,"这样我们可以省却名词上的哲学争论,而以后可以集中于文化的科学的概念之分析了"。⑤

---

① 黄文山.文化学体系[M].台北:台湾"中华书局",1971:33-34.
② 黄文山.文化学的建立[G]//广州国立中山大学法学院.黄文山学术论丛.台北:台湾"中华书局",1977:27.
③ 黄文山.文化学体系[M].台北:台湾"中华书局",1971:60.
④ 黄文山.文化学体系[M].台北:台湾"中华书局",1971:69.
⑤ 黄文山.文化学体系[M].台北:台湾"中华书局",1971:69.

(五)"文化"与"自然"

"文化"与"自然"是黄文山文化学的又一对重要范畴。对这对范畴的理解,直接影响对于文化体系与自然体系之分,文化科学与自然科学之别的理解。

黄文山认为,文化学上所谓"文化"的科学概念,到了19世纪下半期才产生,但它的涵义,实在可以回溯于古代的思想史。中国古代知识文化的一个特点,就是把文化与自然对照来看。黄文山对先秦思想史进行考察,大略归纳为这四种看法:第一种是文化一元论,以为文化是模仿自然而来,如《易·系辞传》中"以制器者尚其象"的观象制器论。第二种看法,是崇尚自然而反对文化,痛恶文化。如老庄等的有关思想。第三种看法,是主张控制自然的极端文化主义论。如荀子的有关思想。第四种看法以为文化出于自然,对于文化的功能亦有深刻的了解,其代表人为墨子。墨子注重宗教的制裁,一切决于"天志"。①

据黄文山考察,在西洋,希腊"智者"早就有这样的认识——凡是渊源于自然的事物,与人类习俗的一切产品,截然不同。然而希腊人与罗马人所谓的"自然",涵盖甚广,既指物质的物象与历程,也指任何文化秩序的基础。② 近代地理学和人类学的发现,给自然和文化的区别赋予新的特征。它们以为原始民族生活在自然状态中,是为野蛮人与"文明的"或"文化的"民族,相映成趣。③

总的看来,黄文山认为,"宇宙现象本来可以分为自然与文化两系"④。"文化"与"自然"的区别在于:其一,文化是人为了满足生存的需要而对自然环境的进行作用,创造出来的业绩。这与马克思主义"文化即人化"的文化观是异曲同工的。文化是"自然的人化"。而"自然"就是没有经过人的直接作用,天然的环境和状态。

---

① 黄文山. 文化学体系[M]. 台北:台湾"中华书局",1971:56-58.
② 黄文山. 文化学体系[M]. 台北:台湾"中华书局",1971:58.
③ 黄文山. 文化学体系[M]. 台北:台湾"中华书局",1971:59.
④ 黄文山. 社会法则论[J]. 社会科学季刊,1934,1(3):233.

其二,文化一旦形成,就成为了作用自然的工具。而自然只是自发地在起作用。文化是主动的,而自然是被动的。其三,文化现象由文化科学来研究,而自然现象由自然科学来研究。

二、范畴二:"文化学"

(一)"文化学"的定义

"文化学"的英文名是 Culturology 或 Science of Culture 等,德文名是(Culturologie)或 Kulturwissenschaft。

文化学是20世纪以后才正式出现的科学,对这门科学下明确的定义,在学术界并不多见。按照惯常的学科定义方法,可以认为"文化学是研究文化现象或体系的科学",但这太笼统。黄文山一生在为建立自成体系的独立的"文化学"而努力,对什么是文化学,黄文山曾经专门下了一个明确的定义①:

"文化学是以文化现象或文化体系为其所研究的对象,而企图发现其产生的原因,说明其演进的历程,求得其变动的因素,形成一般的法则,据以预测和统制其将来的趋势与变迁之科学。"②

黄文山在进一步解释这个定义之前,先作了两点说明:其一,文化的对象,未曾经过任何社会科学或文化科学,作系统的研究,换言之,文化学研究文化现象所采取的观点,与任何社会科学或文化科学绝不相同。其二,文化学所研究的文化现象或文化体系所采取的观点,不仅在逻辑上为一致,在科学上也很重要。③

---

① 黄文山对"文化学"下的较早的定义是:"文化学应该是一种综合的科学——要以文化为研究的对象,企图发现其产生的原因,求得其变动的因子,形成一般的法则,据以预测和统制其将来的趋势的科学。"(黄文山.文化的分类[J].大陆杂志,1934(2)8:3.)这与后来《文化学体系》中的定义最大的不同是文化学研究对象的变化,前者笼统说是"文化",后者则具体说"文化现象或文化体系",这显出一个不断完善与深入的过程。

② 黄文山.文化学体系[M].台北:台湾"中华书局",1971:28.

③ 黄文山.文化学体系[M].台北:台湾"中华书局",1971:28.

第三章 文化学体系(上):范畴

鉴于文化学的特殊性,黄文山还从三个方面进一步地分析了文化学的科学性质。他认为,文化学是一种科学,但它不是像化学、物理学一样,可以成为一种实验的科学,也不能像天文学一样,成为一种直接观察的科学。文化学,"是一种文化的科学,一种经验的科学,一种规范的科学。"①

第一,文化学是"一种文化的科学",因其所研究的文化体系,是由道(价值体系)、器(物质体系)和人的动因(行的体系)所结合而成,它照顾到的是人类的精神反应和文化心态,所以也是一种"目的的科学",并非实验的自然科学。黄文山认为,文化学是一种"文化的科学"(Cultural Science),而不是"自然的科学"(Natural Science)。所谓文化的科学,完全有它所研究的文化体系。这种研究与自然科学那种探讨自然体系,可以离开人类的价值与目的,而仅求其物象的因果关系的研究,纯然有别。文化学因为要照顾到人类的精神、文化的心态,所以,它也是一种"目的的科学"(Teleological Science),一种"理解的科学"(understanding Science)。②

第二,文化学是"一种经验的科学"。黄文山认为,文化学是一种经验的科学(Empirical Science),而不是一种"臆测的科学"。它的研究,不以"感官的知觉"(Sense Perception)为限,而同时要采取观察与经验。但文化学上的经验,并不与自然科学上所采取的绝对一致。自然科学上所谓经验,实在等于实验,文化学因为它所研究的现象的"抽象性"与"非确定性",而使它不能完全利用实验的方法,然而这不是等于说文化学不是经验科学……文化学当然不是神学,尤其非玄学,而是经验的科学。它与自然科学一样,也要找寻或建立法则。至于数学和自然科学,在某种限度以内,虽然可供文化学者所采用,但其可能性,却有一定的限度。

第三,文化学是"一种规范的科学",文化学永远要注意价值问题,注意人本主义的影响。黄文山认为,社会文化科学,因为不

---

① 黄文山.文化学体系[M].台北:台湾"中华书局",1971:174.
② 黄文山.文化学体系[M].台北:台湾"中华书局",1971:174.

能没有价值判断,所以就不能脱离规范的特征。文化学,在很远的未来,也许可以发现文化变动的正确的法则,有如自然法则同样的正确性,但因文化体系的构成与自然体系的构成不同,故研究文化体系的文化学,在较近的将来,不能离开它的规范性,这是客观的事实。①

(二)"文化学"的对象、任务与研究模式

1. "文化学"的对象

从"文化学"的定义出发,关于文化学的对象,黄文山认为有三类:其一,演进文化起源、发展、变动,而求其法则性,以推断其未来变动。其二,研究各文化现象存在的相互关系。其三,为研究各民族文化发展的特殊性、类似性、共同性。②

2. "文化学"的任务

黄文山认为,文化学者第一件任务就是要规定文化学的性质,看文化学究竟个体的科学抑或是概推的科学(或法则科学)?"我们如果不先把这个问题解决了,文化学的一个清晰的一致的概念,就没有达到的可能。并且,这种决定,实际上也是支配着文化学的一切主要质素。"③黄文山又说:"文化学的任务,在于研究文化体系,而不是研究社会体系,所以在研究的发端,必须了解文化学是一种独立的经验科学。这是说,文化学的学说,唯一的最后的根据,是经验的文化体体系或资料,只有对于文化体系或资料,作精密的深刻的研究,才能建立文化学的真理,否则,时间精力,不但浪费,而且会引起误会。"④

---

① 黄文山. 文化学体系[M]. 台北:台湾"中华书局",1971:181.
② 黄文山. 文化学论文集[M]. 中国文化学学会,1938:4.
③ 黄文山. 文化学体系[M]. 台北:台湾"中华书局",1971:29.
④ 黄文山. 文化学的方法论[G]//广州国立中山大学法学院. 黄文山学术论丛. 台北:台湾"中华书局",1977:111.

3. 文化学研究的模式

黄文山认为，文化学研究的模式，尚难划分，但约而言之，大概有下列几种：第一，文化"类型关系"（Type-Relation）的研究。第二，是"文化叙列"（Cultural Sequences）的找寻。这种研究在于推论文化演进的时间的叙列，审知其发展的情形。第三，是文化变动的探讨。文化的系统的叙述，固可以表现文化的特征，然而文化的静的类型的分析，决不足以说明其动的状态的发展，故文化变动的研究，殆属文化学上最重要的部分。文化变动，盖指物象经过一系列的阶段而言。第四，以文化变动当作相互关系的变动的一种函数来研究。所谓关系的观念，并非单指过去与将来（时间叙列）而言，也指事象与事象的关系来说。文化变动盖由许多因素造成，如心理的、地理的、生物的、经济的，等等皆是。①

4. 文化学的分类

黄文山认为，文化学体系似可分为两方面：第一，普通的文化结构学。第二，普通的文化动力学。还有特殊的文化学，宗教文化学、知识文化学、艺术文化学，等等。②

（三）"文化学"与"社会学"

黄文山是从社会学里拓展出文化学的。因此对于文化学与社会学的区别，对文化学的建立有至关重要的意义。它们之间的界限一定要区分清楚。

黄文山认为，文化学与社会学之不同主要在于研究的内容的不同③，他说文化学与"研究社会行为、社会历程、社会关系、社会

---

① 黄文山. 文化学体系[M]. 台北：台湾"中华书局"，1971：40-42.
② 黄文山. 文化学在创建中的理论之归趋[G]//广州国立中山大学法学院. 黄文山学术论丛. 台北：台湾"中华书局"，1977：97.
③ 韦正通却认为"文化学和社会学的区分，盖只是一方法学上的问题，如要把二者的内容截然分开，显然不可能。"（韦正通. 文化学体系概述[G]//张益弘. 黄文山文化学体系研究集. 台北：台湾"中华书局"，1976：40.）

组织的社会学截然不同",文化学"乃是研究文化现象或体系及其演进、结构、动力及法则的科学。"①他又说:"文化学是由社会学层创而来,最大的原因,就是因为文化体系的构成与社会体系的构成不同。"②他基于社会现象与文化现象的区分,"认为社会学的研究对象,是'社会体系',而文化学研究的对象,是由具体的文化生活中所表现的'文化体系'。"③

黄文山通过对学术史发展的研究,发现"现在社会学者企图把社会学的领域缩小,注重同性质的题材,使社会学成为一种自治和专门的科学"。④而"社会学如果要成功一种特殊的社会科学,它决不能采取综合的观点兼收并蓄,无所不究。至于研探文化现象与文化法则的科学,当然要让给新兴的文化学去担负才对了。"⑤所以新兴的文化学,应该建立起来,成为研究文化的一般的科学。他认为,现在最好遵守学术进化的通则,把社会学的地位提高,完成其特殊科学的地位,至于"综合社会学"所侧重的文化进化的一般问题,以及文化生活的根本方向与法则的研究,今后应让给文化学去探讨。黄文山还"觉得文化人类学与文化社会学的界限,非常混淆,现在既有自称为'文化学者'的,以研究'文化的科学'(The Science of Culture)为己任,则我们又何妨进一步,把这类的研究叫做'文化学'(Culturology)"。⑥

总而言之,黄文山认为,"文化乃是'自成一类'的现象。文化人类学与文化社会学近来互相接殖,文化的研究已骎骎然由附庸的科学蔚成独立的科学,这是学术上一件确切不可复掩的事实;这并不是文化学有篡夺社会学的阴谋,反之,社会学亦无拒绝文化的研

---

① 黄文山. 文化学体系[M]. 台北:台湾"中华书局",1971:34-35.
② 黄文山. 文化学体系[M]. 台北:台湾"中华书局",1971:222.
③ 黄文山. 文化学的建立[G]//广州国立中山大学法学院. 黄文山学术论丛. 台北:台湾"中华书局",1977:52.
④ 黄文山. 文化学体系[M]. 台北:台湾"中华书局",1971:35.
⑤ 黄文山. 文化学体系[M]. 台北:台湾"中华书局",1971:32-33.
⑥ 黄文山. 文化学体系[M]. 台北:台湾"中华书局",1971:35.

究,不许它成为独立科学的权利。"①他认为,"这个基本点建立以后,文化学与特殊的社会科学或文化科学的关系,便容易明白了。"②那些像"经济条件与文化之关系"、"气候与文化的演进"、"环境与文明之交互影响"等所谓的"学际问题",从前本属于社会学的领域,现在因为社会学已经成为特殊的独立的科学,那么这些现象,从逻辑上讲,自然要落在文化学的领域。

(四)"文化学"发展的阶段

人类对于文化的反思经历了一个从自发到自觉的过程。黄文山说:"人类生存于文化当中,生存于文化环境当中,但很少对文化做一般的研究。这情形,等于西方人在未发现地动说,认为地球是不动的,只是太阳动罢了。"③希腊人在公元前四五世纪时,本来是一个高度发展的民族,但并无"文化"这个字。

黄文山认为,西方人到了18世纪,黑格尔创"文化科学"一词,然后讲到文化。法国人于18世纪用Civilization一字表示文化。文化这个概念,在科学上的用途,直到19世纪中叶才开始。"'文化学'这个名词,可以说是由德国开始的。19世纪以来,德人便有'文化科学'和'文化学'这两个名词。后来英人泰勒的《原始文化》第一章是文化科学,对'文化'一词予以正确的定义,这可说是英文用'文化学'一词的开始。"④

既然"文化学是从社会学层创而来",所以黄文山倾向文化学的科学发展是从孔德开始的。他说:"关于文化或文明的科学研究,我们从西方思想史看来,和社会的研究差不多一样,有同样的

---

① 黄文山.文化学体系[M].台北:台湾"中华书局",1971:37.
② 黄文山.文化学体系[M].台北:台湾"中华书局",1971:38.
③ 黄文山,崔锦铃.文化学与中国文化研究[G]//张益弘.黄文山文化学体系研究集.台北:台湾"中华书局",1976:194.
④ 黄文山,崔锦铃.文化学与中国文化研究[G]//张益弘.黄文山文化学体系研究集.台北:台湾"中华书局",1976:194.

一百多年的历史(从孔德的时代开始)。"①"孔德并不是忽视文化的现象,他所创建的知识进步的三阶段法则,即是由神学进步到玄学再进而到科学的法则,严格说来,并不是社会的法则,而是文化的法则。不过那时的社会包括文化,因此遂使后来许多人以为社会进化与文化进化无别,其实他所讲的知识进化,是属于文化的,不是属于社会的。"②黄文山还说:"文化形态学的研究,其在德国,当19世纪中期以后,殆与法国社会学,英国人类学分途并进,有异曲同工之妙。但直到20世纪30年代,文化的研究,可以成为独立的科学,始为学术界所逐渐认识。"③

总的来说,黄文山认为,文化学的发展可以分为三个阶段:

第一个阶段是文化学的孕育时期。在这个阶段里,文化学的涉及的基本结构,也就是,关于这门科学的概念、方法和法则,大约早经社会学、民族学、文化形态学由19世纪中叶以至20世纪早期孕育了出来,已经得到概略的讨论和较清晰的分析。文化学者不过把它们加以接受、消留或涵化罢了。每种科学的发生与形成必有时代背景、文化背景和学术背景。文化学建基于社会学、民族学(或文化人类学)、文化形态学之上,其所用的方法一方面是科学的、分析的,一方面也是哲学的、综合的。其中如孔德和泰勒等学者为文化学的建基作出了大量的贡献。

第二个阶段是建设时期。由20世纪初期直到黄文山等建设综合的文化学,中国和欧美的一些研究者与学者都在企图说明文化的科学的概念及文化学建立的原则和路线。中国的梁漱溟、黄文山、阎焕文、陈序经、钱穆和余英时等,西方的阿斯华德、克鲁伯和怀德等,为文化学的理论建构作出重要贡献。不过,这门科学的总体发展和界定其边界仍然是文化学者在第三阶段文化研究的任务。

---

① 黄文山. 今日社会学学说之主流及其展望[G]//黄文山. 当代文化论丛(上、下),广州:香港珠海书院,1971:109.

② 黄文山. 今日社会学学说之主流及其展望[G]//黄文山. 当代文化论丛(上、下),广州:香港珠海书院,1971:110.

③ 黄文山. 文化学体系[M]. 台北:台湾"中华书局",1971:4-5.

第三个阶段应该是综合的。这个阶段主要是黄文山自己参考各方对于文化学的批评和研究,以及他个人思考的结果,提出的关于未来文化应坚守的一些建议。这些新见解,既志在折中,又志在综合。黄文山认为,已经有迹象表明,东西方的社会学者、人类学者、文化形态学者的著作,正在理性而成功地进行文化科学、文化学的建设。他感觉如果有一门与社会学、心理学区别开来的独立的文化科学,必须能把社会学的问题、方法、理论和解释与文化科学的区分开来。一方面,综合一些社会学家曾经使用的有效的概念,另一方面,在这个阶段,必须提出文化学的整体理论,能够代表文化学时代的理论。

黄文山自己的看法有:(一)文化学的综合,今后应采取文化主义(Culturalism)的立场,调和自然主义与人文主义,把心与物视为一元,这才是文化学未来的出路。人类文化史正确地昭示我们:人类创造文化,到底离不开文化法则与自然法则之谐和。(二)文化体系与社会体系有具体的分别,同时亦可视作两种逻辑的秩序,加以分类,从事研究。文化学应与社会学分离,它本身能成为独立的科学。(三)自然体系没有价值性、意义性、规范性,文化体系则有价值性、意义性、规范性。所以文化学不是自然科学而是一种文化科学。文化学所研究的文化体系是由"道"(价值体系)"器"(物质体系)与"人的动因"(行的体系的)所结合而成。至于文化学的研究方法,他赞同采取直觉法、理性法(包括历史法等)、试验法,不纯然是物理学的外在观察法,而也包括一部分文化形态学者的文化内观法。(四)"文化体系"(Cultural System)与"文化堆积"(Cultural Congeries)不同。前者是因果性、意义性的统一体(体系),后者是没有因果性的一种"堆积"。(五)文化体系的结构和动力以及其生命的途程,应当作为统一的、意义的、因果的整体来说明。(六)文化学有其"能学"的基础,这种"能"不只是"物理能"(Physical Energy)而也包含"文化能"(Cultural Energy)——"物能"与"心能"(Psychic Energy)的综合。文化的整合的法则,应该是:理(象)×能(物能与心能)×技术→文化。(七)"文化实在"包括"历程"(Process)与"模式"(Pattern),为双方本体的综合,文化的整合概念，应是形式与功能之逻辑的调和。（八）文化体系不能单凭历史传统而了解，也不能单靠现在的组织功能而洞达。适切的文化知识，应该是对历史背景，文化制度与所取向的目的及其交互关系；作经验的研究的一种综合。（九）站在"重整论"的观点，认为文化历程，由"既济"到"未济"。人类的创造、发明与觉醒，生生不已，日新又新，所以文化体系是赓续的、演进的、重整的、复兴的。（十）文化的基本类型，根据文化的两极概念（Polar Concept），实可分为阴阳两型，阴型是唯心主义的文化（冥观文化），如印度文化。阳型是唯物主义的文化（实感文化），如西方现代文化。由于阴阳辩证的"互济"的综合，乃有"中庸文化"的建立，它承认心物的两极而求得其均衡，这是第三型的整合的文化，中国文化属之。文化体系的统整，应注意两极价值之动的均衡，这是目的底功能的整合，同时也是文化的规范的整合。世界未来的文化必为冥观文化、实感文化、中庸文化的混融的体系，成为统整的"会通文化"。但"会通文化"必须以文化的最高法则——中道——为基点，才能建立出一个和谐的大同文化。所以，文化学者必须通古今东西之变，寻求出文化的根本法则，使人类可以建立更伟大的文化秩序，由是以解决文化危机，向文化的崇高目的——人类生存——迈进，这才是文化学综合时期的目标和任务。①

三、范畴三："文化体系"

（一）"文化体系"的涵义

"文化体系"是黄文山具体建构文化学体系的最重要的范畴，与它相关的内容构成了黄文山文化学体系的主体。"文化体系"决定"文化"概念外延的范围，决定了"文化学"研究的对象的确定，而文化体系的类型又决定了黄文山文化学结论的最终得出。

---

① 黄文山．文化学体系［M］．台北：台湾"中华书局"，1971：1018-1047．//黄文山．文化学导论［M］．香港：南天书业公司，1980：18-25．

这里应该首先说明的是，黄文山所说"文化体系"与"文化学体系"是两个不同的概念。"文化学体系"是用文化学概念、范畴、方法与命题来研究文化现象或文化体系而得到的体系化的知识系统。黄文山认为，文化学体系似可分为两方面：普通的文化结构学与普通的文化动力学。① 另外还有特殊的文化学，宗教文化学、知识文化学、艺术文化学，等等。

"文化体系"，就是对文化的整体把握所得到的具有一定系统特点的基本形态或模式。黄文山说："从整体主义来看文化，斯宾格勒叫他的对象，为'高级文化'，汤恩培则认为是'文明'或'史学的明智领域'，素罗金说是'浩大的文化体系和上层体系'，贝也夫叫它做'伟大文化'，诺乐柏称之为'文化体系'或'世界文化'，克鲁伯则认为是'高级价值文化模式'，笔者尝简称之为'文化体系'。"②

黄文山认为，文化体系可以分为纯粹的和经验的两种：前者仅是理论，在经验的文化领域上，还不曾建立起来，所以称为纯粹的文化体系，后者恰恰相反，所以称为经验的文化体系。经验文化体系是因果和价值混合的体系，在这种混合的交互依倚中，黄文山认为，文化体系的组织成分，最少有三种：（一）是"道"（价值体系），这里所说的"道"，一方面可以说是属于"形而上"的东西，一方面也可以说是人道的道。（二）"器"（物质体系）。这里所谓"器"，也不必一定指"形而下"的。如果没有"器"，则我们所谓的"道"，殆无从客观化与社会化。（三）是"人物"（个人的动因（Human Agent））。③ 黄文山认为，经验的文化体系既是因果的价值的混合体系，而不是文化的堆积，则这样的体系本身，自然有联系性。所谓联系，就是指在整个的体系当中，其任何部分发生变动

---

① 黄文山．文化学在创建中的理论之归趋[G]//广州国立中山大学法学院．黄文山学术论丛，台北：台湾"中华书局"，1977：96.

② 黄文山．文化法则论究及其发端[G]//黄文山．当代文化论丛(上、下)[M]．广州：香港珠海书院，1971：195.

③ 黄文山．文化学体系[M]．台北：台湾"中华书局"，1971：641.

时,即会影响到一切其他部分或整体。由"道"、"器"与"人物"所构成的文化体系,如果缺乏这样的联系性,则其结合,只是文化的堆积(Covgeries),算不得是"体系"。

黄文山对文化体系的认识,主要是就文化的"精神"与"价值"层面来讲的,他对文化的价值与意义的特质极其注意。

(二)"文化体系"与"自然体系"

黄文山认为"文化体系"与"自然体系"类型有很大的差别。他从文化概念的定义出发来区别这两个基本概念,认为离开人类生存的需要,没有文化的产生;离开衣、食、住、行、育、乐的民生本体,没有文化的存在,生存或民生是文化的重心,他认为,"文化体系与自然体系在类型上的差别,全在于此。"①

文化体系的组合和结构,与自然体系不同,两者所得以维系的元素和力量,在特质上亦不一致。"自然体系离开人类的经验和活动,有本身独立的存在。太阳系的运行、地质的构成、化学的结合、动植物的生长,与人类意识毫无关系,换句话说,自然体系的元素之主要特征,及其所靠以维系的力量与人类的经验及活动,无任何影响。反之,文化体系的性质,与此迥然不同。文化是自成一类的现象。举凡一切语言、文学、艺术、宗教、科学、经济、工业技术的研究者,莫不知道文化体系是不能离开空间、时间而独存。尤不能离开特殊民族或集团的经验和活动之领域,而有其自己的生命。"②

从价值与意义的角度分析,自然体系没有价值性、意义性、规范性,文化体系则有价值性、意义性、规范性。"自然体系的构成元素为物体,而文化体系的构成元素,离不开价值意义。物体只有

---

① 黄文山.文化学的建立[G]//广州国立中山大学法学院.黄文山学术论丛.台北:台湾"中华书局",1977:4.
② 黄文山.文化学的建立[G]//广州国立中山大学法学院.黄文山学术论丛.台北:台湾"中华书局",1977:4.

内容，而无意义。意义是由历史传演而来。"①所以文化学不是自然科学，而是一种文化科学。"文化学是一种'文化的科学'（Cultural Science），而不是一种'自然的科学'（Natural Science）。所谓文化的科学，完全因为它所研究的文化体系，是由'道'（价值体系）、'器'（物质体系）与'人的动因'（行的体系）所结合而成。这种研究与自然科学之探讨自然体系，可以离开的价值与目的而仅求其物象之因果关系者，纯然有别。"②所以，黄文山"认定研究文化的适当科学，不是史学，不是人类学，也不是社会学，而是文化学。"③

（三）"文化体系"与"社会体系"

黄文山认为，"文化学是由社会学层创而来，最大的原因就是因文化体系的构成与社会体系的构成不同。"④但是，多数的社会学者对于文化体系与社会体系往往不加分别，混合起来给予分类。黄文山说："社会体系的组合，不只是一个方法学的问题，而也是一个实证的分类与叙述的问题。然而当代多数的社会学者对于文化体系与社会体系往往是混合起来，给予分类。换句话说，他们假定文化体系与社会体系是同一的契合的，结果这样的分类，不但不会成功，而且创造出许多虚伪的分类。"⑤

对于"文化体系"与"社会体系"的关系的认识，黄文山认为学术史上有一个演变的过程：第一、由孔德开始，实证派的社会学者，均把文化现象看成社会现象。第二、自从人类学者斯滕（Stern）、林顿（Linton）把"文化"与"社会"两个概念作清晰的区分，

---

① 黄文山. 文化学的建立[G]//广州国立中山大学法学院. 黄文山学术论丛. 台北：台湾"中华书局"，1977：5.
② 黄文山. 文化学体系[M]. 台北：台湾"中华书局"，1971：174-175.
③ 黄文山. 文化学的建立[G]//广州国立中山大学法学院. 黄文山学术论丛. 台北：台湾"中华书局"，1977：6.
④ 黄文山. 文化体系与社会体系[G]. //广州国立中山大学法学院. 黄文山学术论丛(1959年1版). 台北：台湾"中华书局"，1977：171.
⑤ 黄文山. 文化体系与社会体系[G]. //广州国立中山大学法学院. 黄文山学术论丛(1959年1版). 台北：台湾"中华书局"，1977：211.

三、范畴三："文化体系"

"文化现象"与"社会现象"的分别已极明显。第三、南尼格(Znaniecki)则认为社会体系与文化体系，不但截然不同，而且可以分别为之研究。这种观点，已经比前人进步；而素罗金(Sorokin)更从方法上指出"文化"与"社会"虽为一时之两面，但在研究上，却无妨把它们分开。这尤其证明了当代社会学者的见解，与孔德、涂尔干时代，全然异样。①

黄文山把文化体系分成语言、宗教、艺术、伦理、哲学、科学、法律、经济、政治、技术十类；把社会体系分成家庭、区域、民族、经济、宗教、科学、艺术、伦理、教育等十个集团。根据这些分类，黄文山进一步对文化体系和社会体系予以区分。他认为，"文化体系与社会体系不同，前者是内容，而后者是形式。社会体系是文化体系的继承者或代理人，而非创造者，前者为人间交互动作之体系，而后者乃是价值体系。文化在自然现象的层次上是超有机的，同时也必然是超社会的，超心理的(意指在社会学及心理学层次之上)。它本身具有实在的生存状态。"②

由此展开来看，"文化体系"与"社会体系"的差别主要表现在以下几个方面：

第一、文化体系是内容，社会体系是形式。文化体系的内容由价值与意义所构成，社会体系只是组织的形式。

第二、社会体系是文化体系的持续者而不是其创造者。社会体系或集团乃是一切文化体系的持续者或动因，虽然可以在逻辑上把文化体系联系起来，但本身不曾创造或增加任何新的文化体系。

第三、作为文化体系的秉持者之社会体系的类型的区分。第一种类型是文化价值(宗教或哲学等)的特殊种类的秉持者，如宗教集团或哲学集团等；第二种类型是文化价值兼容并包式的秉持者，例如家庭或国家本身包含的一切基本的文化体系以及许多派生的下

---

① 黄文山. 文化学的建立[G]//广州国立中山大学法学院. 黄文山学术论丛. 台北：台湾"中华书局"，1977：9-10.
② 宋元. 访黄文山教授谈新兴"文化学"[G]//张益弘. 黄文山文化体系研究集. 台北：台湾"中华书局"，1976：28.

层体系。

第四、社会体系与文化体系的性质不是同一的或契合的。文化体系,开章明义,就是价值的体系,而社会体系却是由人类交互作用与交互依存的关系所产生的体系。①

黄文山认为"社会体系"是社会学的研究对象,而"文化体系"是文化学研究的对象。

对文化体系与社会体系给予区分,也就是把社会体系同文化体系加以分类。由这种分类就引起"巨视社会学"(Macro-Sociology)的研究。在文化体系方面,由俄国的丹尼列夫斯基(Danilevsky)开始,以及德国的斯宾格勒(Spengler)、英国的汤培恩。美国的索罗金、怀德,乃至黄文山自己对于"文化学体系"的探讨,都是偏向文化体系或"文明"方面的巨视研究,进而演成"文化形态学"(Cultural Morphology)或"文化学"(Culturology)的表达。另一方面,美国的柏生思(Parsons)、列维(Levy)等人则偏向社会体系的研究,对于社会行动,有精深的分析,而法国有葛维思(Goerge Gurvitch)则建立了"辩证社会学",著有《辩证社会学》(*Dialectical Sociology*)一书。②

(四)"文化体系"的"基本类型"

黄文山利用类型学的方法,对文化体系的类型进行了分类。黄文山对"文化体系"类型的分类,是从两个方面进行的:第一是"基本类型",第二是"上层类型"。

黄文山提出四种原则:(一)文化为人类生存必需的工具,既不偏于精神,亦不偏于物质,而为精神与物质的整合。(二)按照索罗金的区分,把无限的文化体系与社会体系,还原到几种主要的文化体系和社会体系。(三)体系从属的原则,为分析文化的主要路线之一。最广博的体系可以包含次体系,每种次体系又包含次次体系。(四)体系并位的原则,亦为控御体系的无限性补充的方法

---

① 黄文山. 文化学体系[M]. 台北:台湾"中华书局",1971:250.
② 黄文山. 今日社会学学说之主流及其展望[G]//黄文山. 当代文化论丛(上、下). 广州:香港珠海书院,1971:105.

之一种。根据这四种原则,他把文化体系分为十个基本类型:(一)语言体系;(二)宗教体系;(三)艺术体系;(四)伦理体系;(五)哲学体系;(六)科学体系;(七)法律体系;(八)经济体系;(九)政治体系;(十)技术体系。

黄文山认为,虽然不能把一切文化体系都很正确地区分出来,但对于任何文化区域与任何组织的集团以内的整部文化,当可发现以上的基本的文化体系。文化体系的主要类别,大抵以上述十种为最重要。在这十种基本体系之外,其他多数体系,差不多都是由它们的元素结合而成的混合体系。一切混合的体系以及其下层体系,由两种至五六种,在理论上,就可造成无数的结合,但它们都是混合和派生的体系。①

黄文山从"统形论"出发,认为文化的形态是统形的,它包括哲学、宗教、伦理、艺术、政治、经济、法律等体系。这一切体系,都是交关互涉,互相缭绕,所以就整个看来,当然可说是文化,但若剖分起来,则有哲学、科学、宗教、伦理的种种方面及其体系。

黄文山曾经介绍其《当代文化论丛》说:"就内容言,余向认为文化科学具有统一性、整合性、体系性、组织性,故凡所讨论,往往跨越哲学、社会学、历史学、人类学、民族学、文化学、政治学、经济学之范围,而不以一科为限。"②这说明,黄文山对于"文化"概念的理解,其外延是相当广泛的,几乎包括了人类知识与科学体系的绝大部分。

如上所述,黄文山所理解的文化体系的"基本类型",包括的范围非常广。这些不同类型的文化体系都是文化学研究的对象。所以,这里不免会出现一个许多人容易质问的疑问:文化学是否能守

---

① 黄文山. 今日社会学学说之主流及其展望[G]//黄文山. 当代文化论丛(上、下). 广州:香港珠海书院,1971:222-249.

② 黄文山. 当代文化论丛·著者导言[G]//黄文山. 当代文化论丛(上、下). 广州:香港珠海书院,1971:2.

住自己的研究的合理边界？这也可能是黄文山文化学面临的一个挑战。不过，现在很多文化学者，在介绍文化类型时，就是采用了类似以上黄文山的分法①。

(五)"文化体系"的"上层类型"

黄文山在论述了文化体系的"基本类型"之后，觉得"应进一步追向在基本的文化体系之上，有没有更博大的体系，把一切基本的文化体系及派生体系，包括起来，形成文化体系的主要类型？换句话说，一区域甚至世界的整部文化，能不能统整而为几种博大的体系，使我们从空间和时间的交错上，或甚至从超空间超时间的形相上，把握文化的上层体系的真相？"②黄文山认为，文化体系的"上层类型"，是文化学上需要解决的一个重要问题。

黄文山认真考察了社会文化科学上对于上述问题的解答情况，并将之归纳为以下四类值得注意的学说(如表 3-1 所示)。

黄文山从"整合"的观念出发，认为"新的真理，总是旧学说的一种新综合……关于文化体系类型的正确观念，不是任何上述的学说所能全部代表。"③他通过研究，认为文化体系的"上层体系"可以分为"冥观的""实感的"与"中庸的"三种文化类型。每种类型有自己的主要特征，"皆有其真理的或知识的体系。而在不同的文化体系类型中，其真理的题材与论证的方法，全然不同。"④

---

① 如张岱年、方克立主编的《中国文化概论》(北京：北京师范大学出版社，1994年版)的"中编"共九章内容，就分为"中国语言文字和典籍"、"中国古代科学技术"、"中国古代教育"、"中国古代文学"、"中国古代艺术"、"中国古代史学"、"中国传统伦理道德"、"中国古代宗教"、"中国古代哲学"。

② 黄文山.文化学体系[M].台北：台湾"中华书局"，1971：415.

③ 黄文山.文化学体系[M].台北：台湾"中华书局"，1971：416.

④ 黄文山.文化学体系[M].台北：台湾"中华书局"，1971：445.

三、范畴三:"文化体系"

表 3-1 　　　　　　　　　文化体系的分类①

第一类学说——文化元子论	第二类学说——全体性的文化整体论	第三类学说——文化对分论	第四类学说——文化构造论
这类学说,假定文化现象没有齐一性和类型性,所以对于文化现象采取,主张元子化(Atomistic)或孤立化的方法来从事研究。	这类学说,假定文化现象的整体,构成一种上层体系或有机体。"全体性的整体论"(totalitarian integralists)以及"文化的有机论者"的主张,都是这一类学说的代表。	这类学说,假定文化现象可分为两种主要的上层体系,例如"物质的"与"非物质的","文明的"与"文化的","技术学的"与"观念学的"及其他。	这类学说,假定文化现象的配置与构造,有"体系"(system)与"堆积"(congeres)之别;但在"主要的文化体系"和"派生的文化体系"之上,仍有三种"上层体系",统摄一切。

对"冥观的""实感的"与"中庸的"三种文化类型的主要特征、题材与证明的方法,黄文山列出了两个表进行了比较(如表 3-2 与表 3-3 所示):

表 3-2 　　　　　　　　　三种文化类型的主要特征②

文化类型	主要特征
冥观的	中心原则以"信仰"的真理为依据。其题材偏重巫术、宗教、默示与神秘经验。以超经验的、超感觉的、超理性的或上帝的默示,甚至其他超感觉超理性的材料做依据。
中庸的	中心原则以"心物合一"的真理为依据。其题材偏重理性的体系,而这样的体系,是以精神或心态的法则做根据。凡是默示的真理(冥观的)或感觉的真理(唯物的),如果与人类理性相调和,则亦为这样的体系所采纳。这种整合的、持中的类型,所以成为信仰的、感觉的类型之一致的和谐的糅合。

---

① 黄文山.文化学体系[M].台北:台湾"中华书局",1971:416.
② 黄文山.文化学体系[M].台北:台湾"中华书局",1971:444.

续表

文化类型	主要特征
实感的	中心原则以"科学"的真理为依据。注重经验和实感,一切知识,皆以感觉器官的证明做依据。(利用望远镜、显微镜及其他工具,作为感觉接收器的扩大)

表 3-3　　三种文化类型的题材与证明方法[①]

文化类型	题材	证明的方法
冥观体系类型——信仰的真理	材料实在是超感觉,超理性的。例如:上帝、鬼神、灵魂、神不灭论、罪恶、拯救、涅槃、复生、天国、地狱皆是。在这种真理体系中,最高的训练,就是把神学当做超感觉的实在的科学。真理的表达采取训诫式和象征式。	以"圣经""古典"为权威。一种新的真理,必要以"古"或"神"或"圣"为依据。对纯粹逻辑的推理和感觉器官的证件,认为只有辅助的价值。一切理论,如与"神言"和"圣言"违背,便是"非神"、"非圣",为"离经叛道"、"异端邪说"。
中庸体系类型——理性的真理	一部分属于超感觉的,超理性的,一部分属于感觉经验的;但把由感觉得来的知识,置于超感觉的实在之下。知识的整个体系,通常包括在唯理派的理性哲学形式内(经院哲学,宋明理学之类)。最后的实在,认为可由思想来认识。真理的表达采取辩证和演绎的形式。	介乎冥观体系与实感体系的方法之间。采用辩证推理的方法。但在这种方法中,相信直觉法、理性法、实验法可以并用不悖。

[①] 黄文山. 文化学体系[M]. 台北:台湾"中华书局",1971:445.

续表

文化类型	题材	证明的方法
实感体系类型——感觉的真理	包括大部分存在于感觉的知识界，如自然科学所研究的现象。在心理、文化和价值领域内的现象，似乎不易化约到物质的形式。科学所以集中到感觉方面，企图从可感觉到的外部现象的形式，从事量度。客观主义、行为主义、机械主义、定量主义的倾向，由此而起。超感觉的实在，认为不存在或不可知（批判论、不可知论、实证论）。自然科学被公认为最完善的，最正确的科学。哲学、宗教，亦以建立科学的哲学，科学的宗教自居。真理表达所采的形式，是归纳的，特别是实验的。	以感觉器官的证明为依据（常靠望远镜、显微镜等工具，作知觉的扩大），而以逻辑的推理，尤其是数学的形式，作为辅助。特别侧重实验法。

黄文山将世界文化体系的"上层类型"分为"冥观的""实感的"和"中庸的"三大类型说，这是他解决具体文化问题的一个有力的理论工具。如对中国文化史的认识，黄文山认为，中国文化的演进，数千年来，均为中庸文化占优势；但详细来分：殷商以前是冥观型，周秦时代是中庸型，汉唐时代佛教盛行，故偏于冥观型。宋、元、明三朝是道学盛行，道学的体系以儒家的中庸文化为主体，吸收道、佛两家的重要因素融会而成。清代因西方文化的输入，曾一度有趋向实感型的倾向，而未能贯彻。至于将来，中国文化极可能与西方实感文化融会，成为世界"会通文化"。

甄鼎钦在研究中国绘画史的时候，也采用黄文山的文化体系的"上层体系"三类型说的文化学观点，注重绘画的内在精神的变迁，把中国绘画史划分为四个时期。（一）初生时期：上古至周（注重绘画的装饰作用）。（二）中庸文化时期：周至汉（注重绘画的实用价值）。（三）冥观文化影响期：三国至清（注重绘画的抒情作用）；

(A)前期(冥观文化输入期,三国至中唐。新艺术思潮的奠基);(B)后期(中庸、冥观文化融会期,晚唐至清末。禅宗的影响,山水画、文人画兴盛)。(四)实感文化影响期:由清末起(抒情与实用并重):(A)前期(实感文化输入期。由清末起,对西洋画技法的吸收);(B)后期(世界文化的会通。时间不详,中庸、冥观文化融会期的绘画思潮与西洋画法的融会)。① 他认为,采用这一观点"划分中国绘画史,可收画龙点睛之效"。②

(六)"文化体系"的结构与心态

黄文山对"文化体系"的"上层体系"的三类型的划分,在其文化学体系中有重要地位。黄文山对其他许多文化理论问题论述都是以此为出发点。他对文化体系的结构与心态类型的讨论,就是以此为中心的。

黄文山认为,研究文化体系的结构,探究其真相,可以按照一些不同的方向:第一,从客观的文化产物,如技术的、经济的、艺术的、科学的种类,说明各种文化体系在类型上的不同。第二,从各种习俗、道德、法律和国家的区别,显证文化体系在类型上的差异。第三,按照血统、阶级、职业、年龄的区分,分析其构成的人格型,以便揭露文化体系的内涵及其分际。

从以上三个方面探讨文化体系的结构虽然都很重要,但黄文山认为还不够,他更加注重文化体系的"文化心态"问题的把握。他"认为每种文化体系类型,有自己的真理和知识体系,有自己的哲学和世界观,有自己的宗教和人生观,有自己的文学和艺术形式,有自己的道德体系和政治体系,有自己的社会经济关系的形式,特别是自己的根本精神和自己的心理状态。从综合的观点看,任何文化体系,必然融合这许多方面,形成有秩序有意义的整体或'统

---

① 甄鼎钦.从文化学观点论中国绘画史之分期问题[G]//张益弘.黄文山文化学体系研究集.台北:台湾"中华书局",1976:368.
② 甄鼎钦.从文化学观点论中国绘画史之分期问题[G]//张益弘.黄文山文化学体系研究集.台北:台湾"中华书局",1976:376.

三、范畴三:"文化体系"

形'(Gestalt)。所以对于文化体系类型的探究,似乎不能不注意'文化的心态'(Culture Mentality)。"①

所谓"文化心态",文化人类学家也称为"心理模式"(Mental Pattern),依他们的看法,各个文化具有独特的心理模式。黄文山为简便考虑,认为"心理模式亦可叫做'心态'。每种文化体系,照此推论,自应有其独特的心态。"②黄文山认为研究文化的心态,应该把握着三个方面的前提:第一、每种文化体系的秉持者,就是当时的贤明之士对于"本体"的性质,采取什么观点或态度?第二、对于生存需要和人生欲望采取什么态度?第三、对于时间的范畴,有什么不同的态度?③ 从以上前提出发,黄文山对文化体系的"上层体系"的冥观文化体系、实感文化体系、中庸文化体系的特征进行了详细的比较论述(如表3-4所示):

表3-4 **文化体系的心态特征**④

主要前提	文化体系的心态特征		
	冥观文化体系	实感文化体系	中庸文化体系
1. 本体观	精神的、唯心的、超越的、不朽的	经验的、唯物的、感觉的、非超越的	生生不已的、无定体的、心物一元的
2. 生存需要及人生欲望	精神的、绝欲的、或禁欲的	物质的(占优势)、次为精神的、享乐的	精神和物质的、节欲的、全体生存的
3. 时间范畴观	缺乏历史进化观念,复古主义	历史进化的观念,现在主义(占优势)、未来主义	持中的观念

---

① 黄文山.文化学体系[M].台北:台湾"中华书局",1971:459.
② 黄文山.文化学体系[M].台北:台湾"中华书局",1971:459.
③ 黄文山.文化学体系[M].台北:台湾"中华书局",1971:465.
④ 黄文山.文化学体系[M].台北:台湾"中华书局",1971:601-602.

续表

主要前提	文化体系的心态特征		
	冥观文化体系	实感文化体系	中庸文化体系
4. 世界观	存在(Sien, Being)不朽的价值, 静的观点	变动(Werden, Becoming), 暂时的价值, 感觉论, 动力论, 进化论	持中, 唯侧重存在与不朽
5. 权力和支配的对象	自我支配, 对于肉体和"自我"的压抑	客观的实在之支配	持中, 唯侧重自我支配
6. 活动	内向的(Introvert)	外向的(Extrovert)	持中的, 二者兼而有之
7. 自我	高度整体的, 精神融化在最后的实在, 深知肉感及物质主义之空虚	高度整体的、实感、融化在物质的实在, 物质主义、肉感主义	持中的, 二者兼而有之
8. 知识	精神的心理的现象之认识, 对于人的内部生活的注意	自然科学和技术之发明, 对于自然环境的注意	持中的, 精神与物质并重
9. 真理及其范畴, 标准的方法	以内部经验做根据, 集中冥观、内观、直觉、默示、预言	以感觉器官的经验做根据, 对于外部现象加以观察, 量度实验, 归纳的理则学	持中的, 侧重内观方法, 理性方法与实验方法
10. 道德的价值和体系	绝对的、超越的、范畴的、命令的、不朽的、不变的	快乐主义的、幸福主义的、乐利主义的、相对主义的、革命主义的、个人主义的、(或社会主义的)	持中的、综合的, 二者兼而有之

续表

主要前提	文化体系的心态特征		
	冥观文化体系	实感文化体系	中庸文化体系
11. 美学的价值	观念主义的、宗教的、非感觉的、内部价值的	实感的、世俗的、现实生活的	持中的,二者兼而有之
12. 社会的和实际的价值	轻视财富和权力,着重不朽及今后的实在	重视财富、权力、威望、逸乐,正确的自私主义	持中的,二者兼顾

小 结

黄文山在建设文化学时,有两点是他特别注意的:一是他把文化学当作一门科学来建构,时刻注意这门科学的科学性;二是他特别注意新颖而恰当的文化学方法论的应用。黄文山就是用他这一套科学的方法论对文化学进行体系建构。本章主要讨论了黄文山文化学体系架构的三个基本范畴:"文化"、"文化学"、"文化体系"。

文化学建设的难点,首先在对于"文化"这个基本范畴的理解。对"文化"的定义,黄文山从其"生存论"哲学与文化功能主义的立场出发,进行简明的表述与详细的解释。他认为,"文化"是人类为生存的需求,在交互作用中,根据某种物质环境,由动作、思想和创造产生出来的伟大的丛体和体系;是人类为着满足生存的需要,凭借语言系统、技术发明、社会组织与习惯,累世承袭创建出来的有价值的"工具实在"(Instrumental Reality)。从"文化"的以上定义出发,黄文山还多角度地、反复地对其进行了论述,如对文化的分类、性质与特征,以及文化与社会、文化与自然、文化与文明等多对范畴进行了专门的辨析,从而更加深化对"文化"的认识。

文化学作为从"社会学中层创出来"的"最年轻的"一门科学,黄文山对"文化学"这个基本范畴进行了解释。他认为,"文化学"

是以文化现象或文化体系为其所研究的对象,而企图发现其产生的原因,说明其演进的历程,求得其变动的因素,从而形成一般的法则,并据以预测和统制其将来的趋势与变迁的科学。从"文化学"的上述定义出发,黄文山还对文化学的对象、任务与研究模式,"文化学"与"社会学"的联系与区别,以及"文化学"科学的发展的阶段等问题进行了详细的论述,从而使我们对"文化学"有了更具体和清晰的认识。

  文化学作为一门科学,首先要确立其研究对象。黄文山认为文化学的研究对象是"文化现象"或"文化体系"。"文化体系",就是对文化进行整体把握所得到的、具有一定系统特点的文化基本形态或模式。为了对"文化体系"这个文化学对象有一个全面而明晰的认识,黄文山对"文化体系"与"自然体系"、"文化体系"与"社会体系"等对范畴进行了辨析,还对"文化体系"的十种基本类型:语言体系、宗教体系、艺术体系、伦理体系、哲学体系、科学体系、法律体系、经济体系、政治体系、技术体系;以及"文化体系"的三种上层类型:"冥观型的文化体系"、"实感型的文化体系"与"中庸型的文化体系"进行了介绍。他还从"文化体系"的上层类型观出发,对"文化体系"的结构与心态进行了深入的剖析。

第四章 文化学体系(下)：命题

黄文山通过运用科学的方法论，对文化学的概念与范畴进行组织与整合，为其文化学体系设立了诸多命题，并且"找求证据，作几近的、尝试的或临时的答复"。黄文山曾把他三十余年来对文化学的探索，归纳为对于以下命题或假说的解答或证明过程①：

命题一：文化自成体系，有自己的历程，成为一类的实在，受本身的法则所决定，应成为科学体系中最高的科学。

命题二：文化与社会为不同的秩序，各有各的类别和逻辑层面。文化体系与社会体系的相互关系，自然非常密切，但从方法学的观点论，它们仍可分开来研究。

命题三：文化固然是客观的"实在"，同时也可以看作是"行为的抽象"。它不是无机体或有机体，而是"超有机体"。这种现象，自可当作与"有机体"独立，而单独从事研讨。

命题四：人的卓越的标志，不是他的形而上的或体质的性质，而是他的行动体系——文化。文化决定人类活动的范畴。

命题五："文化决定论"说明人类行为的形式与内容受到文化决定，但人是一个"动势力"，对于文化有改变，消留，增加，联系与综合的力量，所以，一方面人的行为由文化模式所决定；另一方面，人是文化的持续者、价值的变革者。决定论(Determinism)不是与目的论(Teleology)反对，而是与非目的论反对。

命题六：文化体系可以分成三种基本类型，即是"冥观的"、"实感的"、"中庸的"。依据文化的"两极概念"看，前两者一则偏于精神主义，一则偏于物质主义，唯中庸文化以中道法则做根据，

---

① 黄文山. 文化学体系[M]. 台北：台湾"中华书局"，1971：3-4.

故能综合二者之所长,成为整合的文化。故"中道"实为达到文化均衡与内部稳定的基本法则。

命题七:世界文化的主要体系,向来分为东、西两种。西方会制造工具的技巧,由科学方法的发明,进而到技术体系的创建。东方的文化以价值关系做基础,侧重伦理与宗教。两种文化体系,再研再练,必能由综合浑融,相得益彰。

命题八:世界文化经由复杂的演进,辅以采借和涵化,进而到"现代化"的今日,可能蜕变而为"会通文化"。"天下一致而百虑,同归而殊途",也许不是或然的命题。

命题九:科学的长期发展,由天文学到物理学、化学、生物学、心理学、社会学、最后乃为文化学。文化学在科学体系中占最高位置,绝非看轻心理学、社会学、人类学、民族学或其他科学。文化、人格与社会之"三度的"相互关系是不可否认的。

命题十:在人类知识的现阶段,希望对于复杂万端的文化现象,找出其法则,完成一种"文化的法则科学",当然不是一件容易的事情,但文化永远向固有的目标前进,当可预断。

上面所列出的命题,有些在前面较详细地谈过了,如"命题二"、"命题四"、"命题五"等,在上一章分析黄文山文化学的基本范畴时候,曾在"文化与社会","文化体系与社会体系","文化的性质"中,已经附带论述过。本章根据上面的十个命题,稍作补充,提炼出以下命题作重点介绍与分析:

第一类:理论文化学方面的命题。主要包括两方面,"其一,说明文化学之产生,虽导源于19世纪,其中如阿斯华德之所谓'文化学'(Kulturology),泰勒(Tylor)之所谓'文化的科学'(Science of Culture),皆其著者,然而文化学之成为独立科学,实在是20世纪社会学与文化人类学进入新的综合阶段应有的产物,而决非任何个人思想所能创造的东西。其二,检讨过去学术界对于科学分类的得失,重新指出文化学在科学体系中应占的最高位置。"① 即包括如下命题:文化学是一门自成体系的独立科学;文化学在科学体系中

---

① 黄文山.文化学及其在科学体系中的位置[M].广州:岭南大学西南社会经济研究所,1949:1.

占最高位置。

第二类：应用文化学方面的命题。此类命题就是应用有关文化学理论以解决实际的文化问题。主要包括三个方面：其一、中国文化的出路：文化体系的动力法则与中国文化的复兴；其二、文化选择：东西(中西)文化的比较观；其三、人类文化的出路：世界文化浑融论。即包括如下命题：文化体系不仅会生长与没落，而且还可以"复兴"或"再生"；西方文化的基本精神是经济伦理，中国文化的根本精神是家族伦理；理想的文化类型是"中庸型"文化体系，世界文化的未来是"会通文化"。

一、命题一：文化学是一门自成体系的独立科学

一门科学的创生，其是否有独立的可能，是否能自成体系，是首先要解决的基础性理论问题。黄文山认为，文化学的独立研究，是整个时代学术思潮的反映，是学术发展的必然。不过，要使文化学成为科学的、系统的科学，我们仍须解答某些疑问，如文化学究竟属于哪一种性质的科学？文化学如果是一种科学，在知识组织与科学体系中所占的位置是什么？"只有对于这些问题获得圆满的解答，文化学之为系统的科学，方才呈现出清晰的轮廓。"[1]这里先谈第一个问题。

黄文山认为，文化学是一门科学，是一门不增不减、恰如其分的科学。但是，要论证好这个命题，绝非易事。对于文化学是否算得上一门科学，人们如果纯从自然科学的角度来审视，很容易会碰到以下疑问与难题：

"第一、文化的资料，是不确实的，难于决定的；第二、文化事实，有如历史现象一样，没有直接观察的可能；第三、任何试验方法，施诸文化事象，均不适用；第四、文化事象，是非物质的，而是一次过的，非重演的；第五、文化现象，很难给予正确的分类；第六、文化法则不易发现及形成；第七、文化资料有无限的复

---

[1] 黄文山. 文化学体系[M]. 台北：台湾"中华书局"，1971：212.

杂性，有时非物理科学上的片面因果法则所能统御；第八、各种文化资料的重要性，因为没有称量的可能，学者不易达到契合的意见；第九、文化上的偶然，使科学的估量和预断，失却效用；第十、人格，自由意志，或目的性在文化体系上的呈现，使文化学者要把这种科学建立在机械论，决定论的科学的基础上的努力，均告失败。"如果根据这些理由，就必然会"认为文化学，乃至史学，社会学，政治学等研究，都不能算是严正的科学。"①

上面给出的理由，基本上都是自然科学的标准。但是，文化学作为一门社会文化科学，它与自然科学有很大的区别。黄文山认为，文化学作为一门科学并不同于自然科学，文化学有它自己的特性。

黄文山说，如果依阿顿(Lorod Acton)的观点②，文化学与其他社会学一样，在最短期间内，决不会获得与自然法则一样正确的文化法则，所以在今日还不能说是科学。但是，他辩解道："据我们所知，气象学(Meteorology)对于气候变化的法则，迄今亦没有正确的发现，所以它不能对于气候的变动，有准确的预测，但科学家一样公认它是科学。照此说法，文化学自然可以称为科学，因为科学家如赫胥黎(T. H. Huxley)说的：'我理解的科学，就是一切建立在证据与推理之上的知识'；皮尔逊说：'科学的功能，在乎对事实的分类，及其系叙与相对的意义的认识'；特革德(F. J. Teggart)也给科学界定为：'现象中所呈现的历程之系统的探究。'这都是文化学在文化研究上的科学任务，所以，我们说文化学是一种不增不减、恰如其分的科学。"③

---

① 黄文山. 文化学及其在科学体系中的位置[M]. 广州：岭南大学西南社会经济研究所，1949：30-31.

② 阿顿认为，科学是把大堆相类似的事实，联合而成概括、原则、或法则的统一体，只要按照原则或法则，对于相类的事象在某种条件之下的覆演能够提出预料，这种预料便具有正确性。

③ 黄文山. 文化学及其在科学体系中的位置[M]. 广州：岭南大学西南社会经济研究所，1949：30.

一、命题一：文化学是一门自成体系的独立科学

其实，按照黄文山以对科学的定义①来看，"一切知识的研究，无论其为物理学的、技术学的、经济学的、社会学的、历史学的、文化学的、伦理学的、或甚至哲学的，都可以说是属于科学研究的范围，只要它们的题材是可以用科学方法为之研究，而其结果可以证明的，组织的和系统化的。"②因此，文化学可以成为一门科学。

文化学不仅是一门科学，而且还是一门自成体系的独立的科学。

对于文化学的研究对象——"文化"现象，黄文山分析说："文化是一种独特的现象，它包括工具、器物、语言、风俗、制度、礼俗、信仰、情绪与态度，本身有自己的规律性、自治性，有自己的风格与模式，有自己的法则。"③他还说："文化体系，或文化历程有自己的生命，自成一类的实在，受本身的法则所决定，故文化研究，必然成为独立的科学，有自己的目标、方法、层位、范围与法则，学者可以就此作彻底的忠实的搜讨。"④他又说，"文化乃自成一类的现象"⑤，本身不但具有独特之历程，变动的机构，而特质上亦有互相关系。所以，黄文山主张"文化"这种现象，要由文化学来研究。他"觉得综合文化人类学、文化社会学、文化形态学的科学来建立'文化学'，用以窥探文化现象的发生、历程、机构、结构、变动和法则，在学术界上似有急迫的要求。"⑥

总之，黄文山认为，文化学不仅是一门与自然科学不同的、不

---

① 参见第二章中，黄文山对"科学"的定义。
② 黄文山．文化学及其在科学体系中的位置[M]．广州：岭南大学西南社会经济研究所，1949：25．
③ 黄文山．文化演进的基本法则试探——"物能说"与"爱能说"之新综合[G]//张益弘．黄文山文化学体系研究集．台北：台湾"中华书局"，1976：222．
④ 黄文山．文化学在创建中的理论之归趋[G]//广州国立中山大学法学院．黄文山学术论丛．台北：台湾"中华书局"，197：93．
⑤ 黄文山．文化学的建立[G]//广州国立中山大学法学院．黄文山学术论丛．台北：台湾"中华书局"，1977：4．
⑥ 黄文山．文化学体系[M]．台北：台湾"中华书局"，1971：2．

折不扣的文化科学,而且它有自己的研究对象、范围与内容,有自己的范畴与命题,它是一门自成体系的独立的文化科学。

二、命题二:文化学在科学体系中占最高位置

黄文山不仅认为文化学是一门自成体系的独立的科学,而且还认为它在科学体系中占有最高的位置。他说:"文化学为最晚出的科学,当然是最年轻的一种。……在文化历程不断开积,发展,进步的当中,作为研究文化体系与文化历程的文化学不但必然产生,而且必然是占着科学阶层的最高位置。"①

黄文山得出这一结论,是基于对科学发展史的逻辑的分析。他把近世中西各家的科学分类,予以综合,然后提出了科学的新分类,主要是把心理学的科学、社会学的科学和文化学的科学三者的关系加以厘清,以显示文化学在科学体系中的位置。

黄文山检讨百多年来的科学分类史,认为大概可分为四个类型:第一种类型包括孔德,斯宾塞诸人的分类,其所侧重者为社会学,而对于具体与抽象的科学的区分,特别详细。第二种类型包括现代的交错分类与概念体系,对于第一类型既是引申,又是补充。第三种类型包括概念的、心理的、主观的体系,以冯德为代表,特别重视心理学在科学中的位置。第四种类型注重人类学,而尤其是新兴的文化学。阿斯华德、克鲁伯、怀德、陈序经均在这方面建立了簇新的基础。②

以上的四个类型,以第一种与第四种为最重要。黄文山自己的主张也属于第四类型。

在第一类型中,孔德采取的实证主义立场,并根据自然顺序的观点,提出"科学的阶层观",给基本科学建立一种顺序。他的分类序列如下:

---

① 黄文山.文化学在创建中的理论之归趋[G]//广州国立中山大学法学院.黄文山学术论丛.台北:台湾"中华书局",1977:95.
② 黄文山.文化学体系[M].台北:台湾"中华书局",1971:353.

二、命题二：文化学在科学体系中占最高位置

数学 → 天文学 → 物理学 → 化学 → 生物学 → 社会物理学（社会学）。

黄文山认为，孔德"首先给社会学在科学体系中排列一个新位置，此种眼光，实属伟大；自此以后，科学分类方才开始表现一个簇新的阶段，而一切知识组织，也便完全为之改观"。① 但是，"他的科学分类是由数学、天文学、物理学、化学、生物学而至社会学。社会学达到科学分类的顶点，社会学是最高和最复杂的科学。以今日的眼光来看，这种分类法当然是错误的，因为社会不包括文化。社会是人与人的交互关系。文化是包括知识、科学、艺术、宗教、经济、政治及人类在社会中所获得的习惯。社会是文化的一个形式，所以社会学之上还有一种科学，就是文化学。"②

斯宾塞接受孔德的实证主义与社会学的学名，同时也采取"从属观念"，把原来所提的分类，略为修改，列成如下序列：

理则学 → 数学 → 力学 → 物理学 → 化学 → 天文学 → 地质学 → 生物学 → 心理学 → 社会学。

但是，孔德和斯宾塞，与当时的许多学者一样，都"不曾透视出'社会'与'文化'的分别"，③ 而以为文化的研究仅属于社会的一面，所以一直等到文化学者如德国的阿斯华德，美国的克鲁伯、怀德及中国的黄文山与陈序经等人的科学分类问世后，才把文化学放在社会学之后，列为基本的科学，而科学分类的新体系方法方才告成。

对现象的不同分类④，直接影响到科学的分类，因为科学研究就是以不同的现象为对象。孔德对于现象分为"无机"与"有机"两

---

① 黄文山. 文化学体系[M]. 台北：台湾"中华书局"，1971：358.
② 黄文山，崔锦铃. 文化学与中国文化研究[G]//张益弘. 黄文山文化学体系研究集. 台北：台湾"中华书局"，1976：196.
③ 黄文山. 文化学体系[M]. 台北：台湾"中华书局"，1971：358.
④ 从宇宙现象分类来说，人类学家将其分为三类：一是无机界。物质的能力，例如化学、物理等。二是有机界。生命的行为，例如生物学、生理学、社会学。三是超机界。文化学，以及意识形态、理念及思想。对超有机现象的研究，是应该成立为一门新科学，这就是文化学。

大类，斯宾塞则把现象分为"无机"、"有机"与"超机"三大类，克鲁伯看到的现象则是四个类别即"无机的"、"有机的"或"生命的"、"有机的"或"生理的"、"超有机"或"超心理的"（社会生活或文化的）。陈序经则把克鲁伯所说的第四类别中社会或文化的超有机现象分析分开，所以形成了"无机的"、"有机的"、"心理的"、"社会的"与"文化的"五种类别。

黄文山认为陈序经的现象分类观点，与他的"主张虽约略相同"。① 但他又特别指出："社会现象应属于心理的顺序，只有文化的现象才真正是'超有机的'或'超心理的'。同时'社会的'与'文化的'现象是有很大的区别，所以我们也采取现象的五种分类法，认为它们有同等的实在，但最后的观点与克鲁伯和陈序经的亦有分别。"②

黄文山对科学分类所根据的观点，"是自然主义的唯实论与人文主义（或可称人本主义）的实际论之一种综合"，他相信"相信科学的观点与人文主义的观点，在最后，是可以融通为一的"。③ 他从自然主义的立场看，"自然哲学的体系与科学体系是一致的；而自然体系与科学顺序，亦由此联合起来。"④

所以，黄文山认为，现象的"无机的"、"有机的"、"心理的"、"社会的"与"文化的"五种类别与自然顺序乃至科学顺序是互相投合的。黄文山通过研究，认为科学的生长是依照如下的层次：

解剖学 → 生理学 → 生理学的心理学 → 心理学 → 个人心理学 → 社会心理学与社会学 → 文化学。⑤

因此，黄文山认为，文化学在科学体系中占最高的位置，它"不是随便构成，它是现代学术进步的归趋与必然"。⑥在这个意义

---

① 黄文山. 文化学体系[M]. 台北：台湾"中华书局"，1971：389.
② 黄文山. 文化学体系[M]. 台北：台湾"中华书局"，1971：388-389.
③ 黄文山. 文化学体系[M]. 台北：台湾"中华书局"，1971：388.
④ 黄文山. 文化学体系[M]. 台北：台湾"中华书局"，1971：398.
⑤ 黄文山. 文化学体系[M]. 台北：台湾"中华书局"，1971：398.
⑥ 黄文山. 文化学体系[M]. 台北：台湾"中华书局"，1971：398.

上,文化学在一定程度上取代了科学大规模分科研究之前的哲学的综合性与整合性学科地位,而以新的综合性与整合性的特点,居于科学的最高位置。

三、命题三:文化体系不仅会生长与没落,而且还可"复兴"

关于文化法则的探寻,是黄文山对文化学科学建构的最高目标之一。他说:"研究文化法则,为文化学的主要任务之一。"①他又说:"如果文化学是要成功为一种独立的科学,是要蓬蓬勃勃地发荣滋长,则百尺竿头更进一步,自然以法则的建立,概推的讲求,为当前的急务。"②但是,纵观黄文山所求的文化法则,其实不算很成功,只有对文化学动力法则的探求比较有价值。他认为,文化体系不仅会生长与没落,而且还可以"复兴"或"再生",这个观点超过了他之前的大多数文化学者。这是他想解决中国文化出路问题,而重点阐释的命题。

(一)文化法则之探求

黄文山认为,文化法则的寻求,是多年来社会学和文化学者追求的一个理想,但到目前为止,这个努力迄未成功。过去百余年间,社会学、人类学、民族学、史学、心理学、文化形态学或文化学都曾不断注意文化法则的探究,认为这是科学世界的最重要问题。黄文山在其学术生涯里,特别注意文化法则的探讨。1928年由美国归国不久,他即发表《史则研究发端》,其后又写过《民生史观与历史法则》与《文化法则》等文,翻译过哈尔的《社会法则》,而在《文化学体系》一书中,则提出《文化上的中道法则》,还写有《文化演进的基本法则试探——"物能说"与"爱能说"之新综合》等。

---

① 黄文山.文化学体系[M].台北:台湾"中华书局",1971:300.
② 黄文山.文化学的方法论[G]//广州国立中山大学法学院.黄文山学术论丛.台北:台湾"中华书局",1977:112.

什么叫法则？黄文山认为，一条确当的科学法则，可以定义为"对于现象的不变的类型之一种叙述"①，同时这种叙述可以用一种公认的学说为之说明，而这种学说又可以用适当的假设为之阐释，如此然后，现象的概念的统一，才告完成。黄文山承认，"在人类知识的现阶段，希望对复杂万端的文化体系之主要类型的齐一性，予以概推化，并建立这种体系的发生、功能、变迁、没落、转型或新生之类型的方式或法则，当然不是容易的事情。"②

所以，黄文山认为"作为法则科学之文化学之产生，自然不是容易的事情"③。文化学作为文化社会科学，它与自然科学不同，文化法则与自然法则有显著的差异："第一，文化科学的对象常常不能离开价值的关系，反之，自然科学却不顾什么评价问题，故能得到不问时空如何而有普遍妥当之因果法则，文化科学则不能。第二，文化法则与社会法则一样，往往含有'心理质素'，自然法则却绝对不含心理的成分，所以文化法则多少离不开心理法则的意味，心理法则不能达到普遍妥当的因果法则，则其所求者，也许是倾向法则，或叫做'客观的可能之盖然法则'。第三，在文化科学上，原因结果间不必一致继起的关系。第四，自然法则不问时空，不加条件而有必然的妥当性，至文化法则必以一定历史的背景为其限制之条件。"④

由于文化法则有价值评价与心理把握的主观的因素存在，所以文化法则并不像自然法则那样鲜明，探寻起来，也比较困难。经过多年的探索，黄文山先检讨过去对这个问题的见解，回顾过去，他认为学者们所提出的大部分所谓"法则学说"（Nomothetic Theories）大多公认各种社会的、历史的、心理的与文化的历程，均表现显著的"倾向"、"循环"、"节奏"与"轮化"的态势。然后他根据这些见

---

① 黄文山. 历史科学与民生史观[J]. 更生评论，1937(1)，2：8.
② 黄文山. 文化学在创建中的理论之归趋[G]//广州国立中山大学法学院. 黄文山学术论丛. 台北：台湾"中华书局"，1977：96.
③ 黄文山. 文化学体系[M]. 台北：台湾"中华书局"，1971：6.
④ 黄文山. 文化法则论究[J]. 社会学刊，1935(4)，1：4-5.

三、命题三：文化体系不仅会生长与没落，而且还可"复兴"

解推衍总结出三条文化法则：一是发展的法则：发明和采借乃是文化发展历程的两方面。二是接触的法则：两种文化相接触，当发生交互采借时，优者强者胜利，劣者弱者被淘汰或类化优者而创成新型的综合文化。三是幅度增进法则：文化基础的幅度增进，与所吸收的文化质素之多寡为比例。① 后来，黄文山在以上文化法则的基础上，又提出以下三种文化法则：（一）世界文化的演进法则。（二）文化整合（Culture Integration）的法则。（三）文化重整的法则。②

黄文山还试图从具体的文化事象中归纳出一些共有的文化法则。他曾通过读石涛之《唐代政教史》后，由唐代文化变迁，归纳出几种文化法则：（一）一个民族的文化，在文化领域上的创造活动，从数千年的历史观察，绝不止一次，反过来看，却可达到二次、三次以上。（二）一切伟大的文明，其创造成果，不只显见于一个特殊领域……而可显见于多方领域。（三）然而一个民族在文化上的创造，当然不会无所不包，无所不能。（四）文化的创造力不会是永恒的，而必然是变动不居。（五）整个文化体系的绵延，必比次文化体系的绵延长得多。（六）文化变迁及创造，绝不如马克思派所设想——物质文化（技术、经济、生产工具）的创变，必比非物质文化早。（七）由唐代文化的发达，可证明物质文化与非物质文化皆为累积的，而一种新的文化价值，经本民族或集团创造以后，往往可以分播到其他民族或集团，所谓一波才起万波随。（八）文化现象在各该领域上的创造，例如政治、法律、教育、艺术、哲学、宗教、文学、戏剧、伦理等，皆互相联系，凝成整个的、统合的、匀称的文化体系。③ 显然，这些所谓的"文化法则"，既不太简略，也不太明了。

---

① 黄文山. 文化法则论究[J]. 社会学刊, 1935年(4), 1: 25-26.
② 黄文山, 崔锦铃. 文化学与中国文化研究[G]//张益弘. 黄文山文化学体系研究集. 台北：台湾"中华书局", 1976: 197.
③ 黄文山. 刘伯骥唐代政教史序[G]//广州国立中山大学法学院. 黄文山学术论丛. 台北：台湾"中华书局", 1977: 325-326.

(二)文化动力法则：文化体系不仅会生长与没落，而且还可"复兴"

黄文山在探讨文化法则时，对文化体系的动力法则研究最为周详与深刻。黄文山之所以对文化动力学特别关注，很大原因在于他试图对世界文化的出路，尤其是中国文化出路寻找理论依据。中国传统文化在近代以来，被证明有诸多的弊病，并且，经过"五四"文化运动以后，它受到全面的批判，在很大程度上被否定了，应该说中国传统文化已渐没落。在此文化境遇中，中国文化到底有没有"再生"的可能，到底能不能"复兴"？这是具有浓厚中国本位文化情结的黄文山所遇到的实际文化问题。

与诸多文化学者一样，黄文山认为，文化体系的结构有一个生长的过程。而黄文山与大多的文化学者不同的是，他特别强调文化体系不仅会生长与没落，而且还可以"复兴"或"再生"。可以从下面几个方面来具体把握黄文山的这一命题：

第一，对先前文化学者的文化演进观的批判。斯宾格勒认为，所有的文化是精神的活体，所有的文明只是文化的僵尸，所有的文化有幼年期、青年期、壮年期、老年期。他把文化分为春、夏、秋、冬四季。在春季，是农村的、直觉的、新的、觉悟的，心灵之伟大的创觉。在夏季是意识的成熟，最早的城市与批评的动作。在秋季为城市的智慧，严格的理智创造的顶点。在冬季为伟大文明的曙光，精神创造力的消减。生命本身成为问题，伦理与实际的倾向是一种非宗教的非玄学的宇宙主义。黄文山对其批判说："诚然，文化体系的任何意义上看，绝不是一种生活的有机体。虽然构成文化体系的成分之个人，本身是一个有机体，但我们不能由他们的交互作用中，特别给它构成一种空想上的伟大的有机体。人类个人的能力，乃是一个社会或一种文化所由运用的生命力，但谁也不能命令似地决定这一切动因的特质与交互作用是什么，尤其不能预知究竟某些人物在某特殊的戏幕中，由始至终是否出现。所以斯宾格勒武断地宣称每种文化有前定的时间距离（一千年），或与时间之春夏秋冬相仿佛，其愚蠢的程度，差不多等于说举凡一切著作和产出

三、命题三：文化体系不仅会生长与没落，而且还可"复兴"

的剧本，必然包括八十幕，或说我们制出的演片，必是八十尺，正复相同。"①

第二，对文化生长形式的理解。黄文山认为，文化是有生长的现象的。但这种生长与动物之出自孕育，植物之出自种子，均不相同。文化体系的生长或出生的历程，实际包括三种变象：其一，思想综合化——事物不能由无而生有，文化亦然，两种以上的文化价值，从前是各自独立的，后来经过心理上的一番综合作用，乃成簇新的价值、簇新的物象、簇新的体系。……其二，思想经验化——个人的思想或一群人的思想，如果只是纯粹的思想，这绝不是真正的经验的文化体系。……其三，思想的社会化——一个思想或观念或技术，经过以上两个阶段，如果能为社会所接受，这种体系便在社会生了根，便有了生命。……由以上三个变象看来，文化体系的生长，显然与动植物的生长，不是同样的事情。② 黄文山还用"量"、"质"、"势"三个范畴，把文化体系生长的形式，进行了叙述及说明。

第三，文化体系没落的条件。黄文山认为，文化体系没落的条件：其一，当文化体系的功能消失时，它本身必然趋于没落（或死亡）。——文化本来是人类求生存创造出来的工具，每种工具都须满足人类需要而有其特殊的功能。其二，当文化体系失去活力时，它本身也必然趋于崩解或没落。其三，当文化体系的内容在矛盾达到极点时，其本身也必然趋于崩解或没落。其四，当文化体系的统整性或同一性成非统整的，或失却同一性时，它本身也必然趋于崩解或没落。其五，当文化体系所构成的元素，完全失掉，而又没有新兴的元素起而代替时，这也是崩溃或没落的一个途径。③

第四，文化体系的复兴的路径。黄文山认为，文化体系的复兴，可能由三个路径表现：其一，文化的接触，产生浑融的历程，使原来的文化面目为之一新。其二，文化复兴，也有循革命的途径

---

① 黄文山. 文化学体系[M]. 台北：台湾"中华书局"，1971：774-775.
② 黄文山. 文化学体系[M]. 台北：台湾"中华书局"，1971：776-777.
③ 黄文山. 文化学体系[M]. 台北：台湾"中华书局"，1971：790-795.

而趋进者。其三，文化复兴的可能的方法，为"计划文化"的实行。①

黄文山的"文化体系不仅会生长与没落，而且还可'复兴'或'再生'"这一理论，显然有非常强的现实意义。如前所述，黄文山建立文化学的一个重要目的就是寻找中国文化的出路，坚持中国本位文化观的他，一直期待着中国文化的伟大复兴。黄文山通过复兴中华文化建设本位的文化系统以解决中国文化出路的方案，显然得到了上述理论强有力的支持。黄文山的上述理论，也是他后面解决世界文化的转型与重整问题的一个有力的理论武器。

四、命题四：西方文化的基本精神是经济伦理，中国文化的根本精神是家族伦理

中西文化的差异，东西文化的差异，是引起黄文山文化学思考的重要因素。对东西文化的比较，黄文山很早就感兴趣，他曾经回忆说："民国十年，为好奇心所驱使，有过苏俄的旅行，在经过西伯利亚的乌拉山时，目击欧罗巴和亚细亚分界线的碑记，对于东西文化的根本区别，在心影上便留着一个不可磨灭的印痕，即至今日，还活跃如新。十一年春归国，准备作新大陆之游，记得在平津车上，遇着梁先生，对于这个问题，曾有所请益。其后在纽约得读到其大著《东西文化及其哲学》，很感兴味。"②

其实，近代以来，随着中国文化遇到空前的困境，东西文化问题引起了中国学者的广泛注意，然而，黄文山认为，学者们对于东西文化的性质的不同，直到1917年至1918年间才开始积极反思，也作过多方面的讨论。这时胡适之、梁漱溟、陈仲甫、屠孝宾、李守常等各家的论调，最惹人注目。1916年起，学者虽然注重东西文化的根本差异的探讨，但只有梁漱溟先生在1921年秋出版的《东

---

① 黄文山．文化学体系[M]．台北：台湾"中华书局"，1971：795-800.
② 黄文山．文化学体系[M]．台北：台湾"中华书局"，1971：1.

四、命题四：西方文化的基本精神是经济伦理，中国文化的根本精神是家族伦理

西文化及其哲学》，"方才算得上是一部空前的文化哲学著作。"①那时讨论东西文化的人虽多，而对于文化这个东西，有根本了解的却很少。

黄文山一贯重视科学研究之方法论的重要性，他首先从方法论来谈东西文化比较。黄文山认为梁漱溟的《东西文化及其哲学》与张君劢的《明日之中国文化》，于文化哲学上，均卓然有所建立，自无问题，但黄文山"以为东西文化的比较，其关键点不是文化史料的列举，而是比较法的适当的采用。他们两位似乎没有注意到文化比较在方法论引起的一切问题之重要性。"②黄文山认为，进行文化比较，应该注意对以下四个范畴的把握：时间的关系；"实在"的定义；证据的引用；概推的形成。

黄文山对东西文化的比较有不少精彩的观点，其中之一是他从伦理学的角度对中西文化的根本精神的比较：西方文化的基本精神是经济伦理，中国文化的根本精神是家族伦理。

第一，西方文化的基本（根本）精神就是经济伦理。黄文山认为，近代西洋文化，乃是机器文化，由机器文化方创出资本主义，引起社会主义，至于机器文化的产生，则又由西洋人的生活态度造成，而此生活态度，即是"经济伦理"。经济伦理的理想相信时间是真实的，故主张宝贵光阴；相信劳动是真实的，故主张努力工作；相信金钱是真实的，故主张勤俭生活；相信空间是真实的，故主张征服自然；相信物质是真实的，故主张一分一寸地加以量度。此种精神表现为理性主义、功利主义、实验主义，其否定者为因袭主义，缺乏效能，懒惰，迷信。这是西方文化动力所在。

第二，中国文化的根本精神则为家族伦理。黄文山认为，"家族伦理"是中国数千年文化一贯的根本精神。伦理关系始于家庭，进而更推广于社会生活与国家生活，其弊病不止一端，在家族里，生活上养成懒惰、萎靡、零乱、浪漫、不振作、不独立、不守纪律、没有条理的习惯；在经济上，因遗产世袭，养成不喜劳动的心

---

① 黄文山.文化学体系[M].台北：台湾"中华书局"，1971：67.
② 黄文山.文化学体系[M].台北：台湾"中华书局"，1971：880.

理;在社会上,注重阀阅门第,造成不平等的意识;在道德上,注重因袭,故偏于笃旧、迷信、自私自利,没有互相合作的社会精神,缺乏变的意志和动的力量。至于整个社会的意识形态,亦以"知足不辱"、"安贫乐道"、"不为天下先""不住于相"、"空一切相"的思想所笼罩。这就是中国文化的动力、性质不同于西洋文化之所在。①

不过,虽然中国文化的家族伦理表现上述诸多弊病,但是,"我们民族文化比不上西方文化者,只是近三百年间事,此三数百年,在人类全史看来,实已短促不足道。我国文化产生于大平原,民族气度,刚健中正。一切学说,兼容并包,所谓并育不相害,并行不相悖。我民族又富于适应性,能巧于运用,故外来之文物,能以民族本位为前提,调和之,陶冶之。"②所以,黄文山深信,"我们民族必能以民族利益为本位,继续发挥过去文化之伟业,而建设新出于硎之第三种文化"。③

应该说,黄文山对于中西文化的根本精神的概括是非常深刻的。梁漱溟曾经在《中国文化的要义》中对黄文山关于中国文化的家族伦理文化的观点有所评介:"黄文山先生在其《从文化学立场所见的中国文化及其改造》一文中,就郑重地说:'我深信中国的家族伦理,实在是使我们停留在农业生产,不能迅速地进入资本主义生产之唯一关键',照黄先生的话,则中国所以没有产业革命不能生产社会化者,正在此。那就是说:中国家族制度实在决定了中国社会经济的命运,乃至中国整个文化的命运!"尽管梁先生认为

---

① 黄文山. 抗战建国与复兴民族[M]. 广州:更生评论社,1938:9.
② 印度系文化(佛教以及印度的艺术、医药等)加入中国系文化成了中古文化,然而中国文化与学术自有其固有的系统。中国能够吸收世界各种文化而融会贯通,就是以固有的系统为中心的。中国能够以这个固有的系统为中心,融会贯通各种的文化,所以外来的文化移植于中国,即成为中国文化的一部分。(黄文山. 文化学体系[M]. 台北:台湾"中华书局",1971:120.)
③ 黄文山. 抗战建国与复兴民族[M]. 广州:更生评论社,1938:37.

"这话是否足为定论,今且不谈"①,但是,他还是很认同黄文山的以上观点。

基于中西文化根本精神的认识,黄文山认为,研究中国文化及其改造问题,要依据他所谓的文化学的立场,应得注意或采取这三个观点:历史的观点、心理的观点、功能的观点。黄文山认为,"东西文化精神既然不同,而双方的生活方式亦全然各异,一则注重经济伦理,一则注重家族伦理。然而中国这家族伦理的精神文化,已不能适合于时代和环境的习性",所以要"使中国文化形态转变,成一适合于现代世界的文化——经济的伦理文化"。②

黄文山这种对中国文化出路的解决方案,是在抗日战争前后提出来的,有其特定的历史时代特点。那时候,文化救国的落实,还是要在文化的物质层次上有所作为,当时中国就是于物质、科技、经济方面十分落后,在此背景下,中国首先要做的是先赶上西方,向西方学习,学习西方先进的东西,"以西方制西方"。但是,黄文山在后期对于中国文化的出路与改造问题,又有不同的看法。这时,基于对世界文化体系类型的观点以及本位与体用问题的看法,他认为,要在中国建立起"中庸型文化体系"。下面将会具体讨论。

五、命题五:世界文化的未来是浑融的"会通文化"③

黄文山试图解答的文化问题,涉及中、西、新、旧的多个方面。他在《文化学体系》一书的《自序》中说:"有如钱宾四(穆)先生所说,'一切问题由文化问题产生,一切问题由文化问题解决'。我们如何才能复兴中国文化?如何才可以解决人类所遭遇的空前的文化危机,拯人类于深渊,均为当前最重要的急务。一个新的文明

---

① 梁漱溟.中国文化要义[M].上海:上海人民出版社,2005:36-37.
② 黄文山.从文化学立场所见的中国文化及其改造[G]//中国文化学学会.文化学论文集,1938:183.
③ 在黄文山文化学体系里,"会通文化",也就是"中庸型文化"、"大同文化"。

第四章 文化学体系（下）：命题

之综合与转型是什么？世界文化的远景是什么？我们说到文化学的综合观察，对此不能无所交代。"①

总的来说，黄文山文化学体系的最高命题，是要解决世界文化或人类文化的前途或出路问题，黄文山后期的文化学建设就是以此为中心。《文化学体系》一书用力最大的部分，在于文化体系的新类型学说，《文化学体系》下册主要内容，就是对这一命题的阐释，此书用了四章的篇幅来介绍和论述，集中体现了黄文山后期的文化观。钟少华也认为，"黄文山在全书最后几章，尤其是关于'西方文化体系的转型与重整'、'东西文化的比较与浑融'、'世界文化的变迁与会通'各章，显得功力十足，针对世界文化现状，详细分析研究之，对于中国式的中庸型文化在现实世界中的作用，多所论述。"②

黄文山在他所构建的文化学体系的结论部分，阐释了"世界文化浑融"的命题。他认为，"文化体系"的上层体系可以分为"冥观的"、"实感的"和"中庸的"三种类型，理想的文化体系是以中国传统的智慧——"中庸"（或中道）——为法则，对"冥观型的"、"实感型的"文化体系进行整合，建立起新的"中庸型文化体系"，即"大同的文化体系"。而世界文化的出路，就在于中西文化互相借鉴，互相发明，互相帮助，建立浑融的"会通文化"，即"大同文化"。

未来的世界文化必将浑融为统一的"会通文化"，是黄文山整个文化学体系要得出的最终的结论，它集中反映了黄文山的文化思想。对这个命题的把握可分三个层次：对西方实感文化现状的批判；以"中庸"为法则，整合"冥观"与"实感"文化，形成"会通文化"；"会通文化"的形成与中西文化的前途。

---

① 黄文山．文化学体系[M]．台北：台湾"中华书局"，1971：2.
② 钟少华．中国型的文化学创建者黄文山[J]．中国文化研究，1998年(2)：48.

五、命题五：世界文化的未来是浑融的"会通文化"

(一)西方文化现状之批判

黄文山说："所谓当代文化者，实指近四五百年来，在世界上独占优势的实感文化，也就是所谓西方现代文化者是。"①"在实感型文化最发达的19世纪和20世纪，实感型的哲学，例如唯物论、机械论、经验论、实证论、功利论、相对论、物理论、和实验论等当然'飞黄腾达，目空千古'。"②黄文山一方面肯定西方实感文化体系的伟大建树，如新科学、新技术、新经济、新交通与新的世界统一观，但另一方面又指出其存在诸多病象与危机。

按照文化体系的"上层体系"的三类型说，黄文山认为西方当代的文化，大多已脱离冥观的文化而转变到实感型了。黄文山在文化学体系建设的后期，对西方的"实感文化"屡次进行深刻的批判：

他说："这些(按：实感)文化关于实体和价值的最后原理，系以感官作根据，除开我们能靠视、听、触、味所能直接感觉之外，绝无所谓真正的价值。实感文化的整个体系之基本原理，不论在科学、哲学、宗教、法律、伦理、经济、政治和艺术都是'唯物化'的。实感文化所以要靠人类的感官来作分析真伪的标准。其结果，在实感型的社会里，超感官的宗教和神学日趋没落，而科学和技术的发明，则如日中天，蒸蒸日上。它看重的是唯物论、经验论、实证论和其他实感的哲学，看轻的是唯心论、神秘论和哲学上的玄学体系。它虽然在表面上也尊重精神价值，但事实上，却侧重财富、健康、安逸、快乐、权力、名誉的实感价值。在这面，它侧重的艺术和伦理，在性格上是功利主义和享乐主义的。这类型的文化，在西方本来渊源于12世纪末叶，15世纪以后，它已经逐渐被支配7世纪至13世纪的中古的冥观型文化取而代之。到了19世纪以迄

---

① 黄文山.当代文化论丛(上、下)[M].广州：香港珠海书院，1971：3.

② 黄文山.西方哲学、科学、宗教与论理学的趋势[G]//黄文山.当代文化论丛(上、下).广州：香港珠海书院，1971：187.

20世纪的今日，实感文化开花结子，辉煌灿烂，可算'登峰而造极'了。"①

他又说："西方人四百年以来，特别在最近的百年，生活在实感文化体系中，诚然相信技术文明可以创造出一个和谐的、均衡的、快乐的、圆满的社会，一切生产，消费，以乐利的商业意识形态做根据，其最大的'善'，就是生活的安逸。其理念型的文化，如不是资本主义的瑞士，便是社会主义的瑞典。然而谁也未有预料到，最高度的西方技术社会，会骤然陷入战争漩涡，几乎无以自救，由此可见技术的意义不是'安逸'而是'权力'。人类的新宗教生活既受技术所支配，人的本能与精神的生活，当然也莫之能外，于是技术社会之架构，不啻成为人类共同的集中营。人类既被囚禁在牢笼以内，任何一个人要企图自由与创造，然其思想与行动，殆都不能脱出技术的范围，昂首天外。这是实感文化体系下的技术文明之轮廓。"②

他还说："结果实感文化心态对于人、文化、社会的说明，纯粹是物理化学的、生物学的、发射学的、内分泌学的、行为主义的、经济主义的、精神分析的、机械主义的、物质主义的。这样的认识，只有把价值相对化、原子化，对于真理既缺乏普遍的标准，而对于伦理亦遂认为只是相对的。这样一来，真和伪，是和非，美和丑，正和负之价值界线被打破，结果只有引致精神、道德、美学、社会，成为一片混乱。演变所至，一切文化走向色情化、物质化、卑下化；把神圣的，绝对的真、善、美视为无足轻重；进一步当然走进破坏的而非建设的，独裁的而非自由的道路。举世所谓明达之士，大多侧重'权力'（Power），而以此为一切价值的仲裁者。'力量变成正义'，独裁代替民主政治，而以战争、革命、暴动、残虐为习惯，人与人竞争，阶级与阶级斗争，国家与国家抗衡，种

---

① 黄文山.西方哲学、科学、宗教与论理学的趋势[G]//黄文山.广州市当代文化论丛（上、下）.广州：香港珠海书院，1971：186.
② 黄文山.文化学体系[M].台北：台湾"中华书局"，1971：849.

五、命题五:世界文化的未来是浑融的"会通文化"

族与种族对抗,主义与主义敌视。少数拥有权力的或集中资本的,夷多数人为奴隶。所谓'最大多数的自由'到此变成了神话。所谓'不可争的人权',亦为之湮灭殆尽。创造的思想如不为庸俗的风格所代替,便凋零谢落,溃不成军,道德范畴偏向乐利的、自私的。博爱主义只成为宗教家的'口头禅'。伟大的宗教、基督教、道教、佛教、回教等都分崩离析,为片段的社会哲学所代替。建设性的技术发明为破坏性的所代替。而在知识方面,一切的产品、操作、技术,都是以量代质,以情报代真理,以欺骗代真诚。整个文化走向技术一途。科学便成了技术的奴隶;人类到了这个时候,已为命定论所笼罩,无复以'文化来化成天下'的意志。"①

他还说:"当代超级国家,不论是共产主义的,抑或资本主义的,皆以'战国文化形态'为取向,其'战戏排影'之升级,日趋复杂,有进无退。"②"现代'实感型文化',充满所谓'浮士德精神',两极化的超级集团,最后仍恐不免火拼,欲以此造成世界的'大一统'。这条路,如果真是命定地要走的话,谁敢保证它不是现代文化没落的路?"③对于以上乱象,"目前整个学术界,几为悲观主义的文化逻辑所笼罩。许多科学家以为文化管制人类,人类不能管制文化,因而断定人类的命运是悲剧性的。"④

面对当前与未来的世局,黄文山认为,"虚无主义,悲观主义的观点,绝不会拯救人类于水火"。他"一贯地主张今后应根据中道法则,综合前二种两极文化的类型(即冥观的与实感的),使成整合的'会通文化'或世界文化。"⑤并以此来解决当代文化的出路。

---

① 黄文山.世界文化的危机与大学的责任[G]//黄文山.当代文化论丛(上、下).广州:香港珠海书院,1971:260.
② 黄文山.当代文化论丛[M].广州:香港珠海书院,1971:4.
③ 黄文山.当代文化论丛[M].广州:香港珠海书院,1971:5.
④ 黄文山.文化学体系[M].台北:台湾"中华书局",1971:14.
⑤ 黄文山.当代文化论丛[M].广州:香港珠海书院,1971:3.

(二) 以"中庸"为法则，整合"冥观"与"实感"文化，形成"会通文化"

1. 中国的"中庸"文化与"会通文化"的形成

黄文山高度赞美了中国的"中庸"文化对世界文化的贡献。他认为，世界文化之前途，在于中庸（中道）法则之复兴，"中道法则"之精微处在此，他说："梁漱溟先生说过，'中国文化之前途在中国文化的复兴'。我窃愿再进一语，世界文化之前途，在中国文化之复兴，而中国文化之复兴，在中道法则之复兴。"①

虽然，"中道"的观念很早已产生，埃及在六七千年已注重中庸的道德；希腊人亚里士多德也言及中道。但是，没有一个像中国，对中庸思想进行一贯的发扬与阐释，形成中庸的文化体系，"中庸"之道是中国文化的一个代表性智慧。

黄文山认为，整合的"中庸型文化"，"在中国有长久的历史，目前则又在新生，其万丈光芒，已因中国文化的复兴运动，有如太阳之出东海，逐渐照射到整个的人寰。"②黄文山对中庸文化的歌颂，有"中学救西"说的影子，也有其早年中国本位文化的思想的鲜明印记。

中国文化应该如何走呢？在世界文化危机的今日，文化又该如何重振与复兴呢？黄文山认为，文化体系，如不为核子大战所毁灭，则世界未来的文化，必以"中庸"为法则，整合"冥观"与"实感"文化，形成混融的、统整的"会通文化"。

2. 建立"整合的文化学"与"会通文化"的形成

建立"统一的文化学"，或"统整的文化学"，或"整合的文化学"，是黄文山建立文化学的最后目的或归宿，也是其文化学得出最终的结论"世界文化必将整合、浑融为'会通文化'"的理论依据。

---

① 黄文山. 文化学体系[M]. 台北：台湾"中华书局"，1971：923.
② 黄文山. 文化学体系[M]. 台北：台湾"中华书局"，1971：450-451.

五、命题五：世界文化的未来是浑融的"会通文化"

黄文山认为，自孔德以后，西方学者研究社会文化的传统方法，是把社会文化科学分裂后进行分工研究，其结果，不期然而自然地走向断片化，割裂化，而对于整个文化问题，无法见其全貌。而且，西方学者把自然科学的方法与模式，移用到文化科学，其结果是"忽视人类对于文化秩序，有依照新的模式，有复兴与重整的自由"。黄文山由此提出文化研究的"整合"概念或"统整"概念。他认为，文化现象不是孤立的，其题材不是各自独立的，"文化的'整合概念'（Concept of Integration），实可以作为搜讨资料一个的统整原则。"①

科学的统整和整合研究，"最后也许还能由此产生一种'统一的文化学'（Unified Culturology），把文化领域的各种专门化的研究，统整起来，使我们对于文化宇宙，有更深的了解。""统一文化学"，是文化研究的"人类化"，这样的一种统整的文化学才是促进真正的科学的人文主义，它在最后的目的上，是以乐观主义的态度，利用知识，为改造文化的工具。它"相信人类可以应用新的方法学，去解决人类的生存问题，去解决一切文化问题"②

黄文山认为，文化虽然是"超有机的现象"，但它的生命与有机体一样，免不了如佛家所谓的"生"、"住"、"异"、"灭"的阶段。"实感型的"文化体系，支配着现代西方或世界已经五百年，到现在它已进入"异"和"灭"的阶段。在目前，它既经与东方的冥观型文化结合，如果西方民族从今以后仍然能够继续它的创造的历史的生命，则它必然被更新的"整合的文化体系"所代替。③

3. 以"中庸"为法则，整合"冥观"与"实感"文化，形成"会通文化"

黄文山曾指明这个时代的世界文化的三种伟大的可能趋势：其

---

① 黄文山.文化学体系[M].台北：台湾"中华书局"，1971：13.
② 黄文山.文化学体系[M].台北：台湾"中华书局"，1971：14.
③ 黄文山.东西文化混融论[G]//黄文山.当代文化论丛（上、下），广州：香港珠海书院，1971：218.

一，过去五百年是世界文化的领导权，集中在西欧。现在已逐步向太平洋，大西洋，印度洋的广大区域，特别是亚洲，美洲，非洲转移。其二，实感文化及其价值体系有重整的可能，但其继续的没落，亦是当前的事实。其三，新的中庸文化(或称整合文化)与价值体系方在兴起与成长中，它已经并且会摄取实感文化和冥观文化的一切精华，向世界性的"会通文化"而趋进。①

黄文山认为，实感文化的精华，经过三百年的演进，已经内竭，而新兴的整合文化，无论在社会领域或文化领域，甚至在每个人的内在的生活当中，正在迈进。这种新兴的社会文化秩序，当然会把宗教、哲学、科学、伦理、美术，建置在真、善、美的统整的体系之上，而自动地统一起来。虽然，东西文化的全部复兴，固无可能，但是各个民族到底是有创造力的，故东西文化的全部解体或停顿，甚至向后倒退，也为历史事实所不许。因此，其未来的倾向，只要三次世界大战不会爆发，必然走向东西文化混融的大道，形成新型的"会通文化"，亦可称为"大同文化"。

黄文山认为，"会通文化"的建立，当然以东西文化背景为基础。东方具有的是伟大的伦理和宗教，西方民族"根据整合与中庸的原则，吸收东方文化，特别是儒家、佛家、道家、苏菲教、吠檀多教等的中心思想，从而融会贯通，渐进而为会通的世界文化。"②西方具有的是卓越的科学和技术学，"当西方数理物理学的构造的思想及其技术学与现代自由民主的规范的契约法正在转变东方人的信仰和风俗(文化)时，西方关于经验的实在之概念以及人神的意识也受到佛家易家老子的思想之深刻影响。循此以往，倘人类文化不致为第三次世界大战所毁灭，则西方的'科学人'与东方'人文主义规范的，道德的，法理的，美学的，宗教人'，终有殊途同归之一日。"③

总之，东西文化的汇合和混融已成必然的趋势，但会通文化，

---

① 黄文山.文化学体系[M].台北：台湾"中华书局"，1971：925.
② 黄文山.文化学体系[M].台北：台湾"中华书局"，1971：873.
③ 黄文山.文化学体系[M].台北：台湾"中华书局"，1971：873.

必须以文化最高的法则——中庸——为基点,方能建立出一个和谐的大同文化。这不仅是中国文化复兴的指标,也是世界文化复兴的道路。

(三)"会通文化"与中西文化的改造

基于"会通文化"观,黄文山认为中(东)西文化都需要进一步的改造,他说:"依照文化演进的史迹来看,不论西方文化抑或东方文化,我们要希望它们各个全部复兴,在理则上,在事实上,绝无可能。未来的'会通文化',在风格上,又决非面面与过去东西文化完全契合。我们最多只能说,在东方,会通文化的建造,离不开东方风格,而在西方,会通文化的建造,也离不开西方风格……在西方,它必要经过内在的改造,一方扬弃实感的(或唯物的)世界观的一部分,进而采入冥观和中庸文化的一部分真理。而在东方,它要一方要扬弃冥观的(唯心的或宗教的)世界观的一部分,把物质生活的标准改进,方能迎合世界潮流。"①

1. 中国文化及东方文化的改造

黄文山认为,关于文化的体用问题之争,从张之洞的"中体西用"起,直至《中国本位的文化建设宣言》(十教授《一十宣言》),主张创造独立自主的中国民族文化止,一直在进行。黄文山站在本位观的立场上对体用问题的理解是:"本位不是本体,本位是指中国民族而言,建设以中国民族为立场的民族文化,所以'此时此地的需要是中国本位的基础。'根据民族需要的标准,重新创造新的类型文化,自然努力开拓新道路、新境界,这新道路、新境界必须要有新的文化结构与新的文化功用,与之相应,方是'源头活水,一泻千里'。"所以,"我们如果要由冥观或中庸的文化体系类型吸收实感文化体系类型的一部分质素,那么,自然不要讳言中国文化的体或结构,有改造的必要,唯有体的改变,然后功用的改变才能

---

① 黄文山. 东西文化混融论[G]//黄文山. 当代文化论丛(上、下),广州:香港珠海书院,1971:219.

跟着起来。所以我们采取西洋文化，不但是要采取西洋的机器文化，而对他们所产生机器文化的原理、原则、方法、技术，乃至态度与习惯，亦要选择地加以采纳，这种采纳的历程，文化人类学者叫做'涵化'（Acculuration 或译'育化'）。"①

基于对于"本位"与"体用"问题的看法，黄文山又认为，"我们以为今后要建立起混融的中庸体系的类型文化（把冥观文化与实感文化）。第一是要改革文化的结构（体），第二是改革文化的功用（用），为要达到这些目标，便须同时实施两种计划，其一是'结构设计'（Structural Planning），其二是'功能设计'（Function Planning）。前者的目的在乎革新文化的结构（体），创造新型的文化秩序（在另一方面亦可称为'现代化'，其手段或'行'）"②

黄文山认为，"冥观文化在印度支配着整个人类数千年，而在中国早与中庸文化相结合，而成为东方文化体系。这种体系支配着中国、日本、韩国、越南、泰国等民族，越二千年或千年。然而这种体系在西方科学技术文明的撞击下，一部分传统的信仰习为和制度，确实已经解体，殆到了'异'和'灭'的阶段，则虽有智慧，莫能挽救。因此，东方民族，当前最急迫的任务，还在吸收和融合西方的基本文化质素，由是以创造出东方型的实感的秩序，最后则还是走上'会通文化'或'整合文化'的大道。"③

黄文山认为，当代世界文化的两个主要体系互相碰头的今日，东方民族向西方采借的两种重要质素，第一是它的技术学，第二是它的契约学。"在今日，东方民族为着文化生存计，也非急速步其后尘不可，否则整个传统文化不难崩溃下去，无法保持。除技术学外，西方的契约法对东方文化发生的影响，也具有同样的重要性，然关于这方面，世人认识者少，所以大家还不十分注意。其实契约法不仅能转变工具的价值，而也改变宗教政治的理想，甚至一个民

---

① 黄文山. 文化学体系[M]. 台北：台湾"中华书局"，1971：673.
② 黄文山. 文化学体系[M]. 台北：台湾"中华书局"，1971：674.
③ 黄文山. 东西文化混融论[G]//黄文山. 当代文化论丛（上、下）. 广州：香港珠海书院，1971：219.

族的规范的社会风俗,举不能脱离其范围。"①"总而言之,东西文化碰头,东方一方固然采取西方的自然科学以及关于说明'那是什么'的摹述的理论,一方在西方文化中有关规定'应该是什么'的规范,如人文或文化科学中之法律学,政治学,经济学,社会学等科也乐意采取和学习。"②

2. 西方文化体系的转型与重整

现代西方文化或文明的模式,不论是哲学、科学、宗教、伦理、艺术、文学、音乐,均在崩解当中,因此当代学者,如斯宾格拉、汤恩培、素罗金等,都认为西方整个现代文明已面临终结的时期。当然他们对于这个时期终结期限,无法作确定的预料,但对其终结或没落,则认为总是不可能避免的。然而,黄文山认为,从另一方面看,西方文化倘能避免新的自杀战争的兴起或毁灭,也许可能经过重整的时期,突进到一个新的文化秩序——把冥观文化与实感文化统整起来,建立中庸的上层文化体系。

黄文山说:"德国文化哲学家斯宾格勒,英国史家汤恩培均认为文化为有机体,对于文化变迁,亦喜以少、壮、老、死四期相比附。文化生命的流转,是否必循此轨,文化人类学者克鲁伯、社会学者索罗金,同致怀疑,谓为非成定论。然而作者认为现代西方'实感型文化体系',经六百年来酝酿培灌的结果,内容既经完满充实,……此正西方现代文化由'生'而'住',由'幼'达'壮'的时期。……今后且将由满度于趋于过渡时期,过此以后,恐将蜕变,由'异'而'灭',由'老'而'死',走向僵化没落,或幸而经过一番努力,回到复兴与'重整'(Reconstruction)的一途,非绝无可能……"③ 总之,文化虽然是"超有机的现象",但它的生命与有机体

---

① 黄文山. 东西文化混融论[G]//黄文山. 当代文化论丛(上、下). 广州:香港珠海书院,1971:212.
② 黄文山. 东西文化混融论[G]//黄文山. 当代文化论丛(上、下). 广州:香港珠海书院,1971:213.
③ 黄文山. 文化学体系[M]. 台北:台湾"中华书局",1971:831.

一样，免不了如佛家所谓"生"、"住"、"异"、"灭"的阶段。实感型的文化体系，支配着现代西方或世界已经五百年，到现在它已进入"异"和"灭"的阶段。如果西方民族从今以后仍然能够继续它的创造的历史的生命，则它必然由更新的"整合的文化体系"为之代替，① 即"会通文化"。

基于"会通文化"观，黄文山还专门对显赫的美国文化的出路进行指导，并对美国在文化上可能作为寄予了厚望。他说，"易说：'穷则变，变则通，通则久'。今日美国文化体系所急需者当然就是'变'。然而这种'变'，也许不需要走过所谓民族解放的'内战'的旧道路，因为美国人教育水平既高，而又富于创造能力，一旦觉悟到'昨非今是'，只要今后能避免热核大战，自然不难以刚健中正，自强不息的姿态，毅然由本身的社会、文化、人格革新做起，独自首先完成簇新的'世界革命'，为'世界政府'铺前路，为文化大同作前驱。"②

小　　结

本章接着对黄文山文化学体系的架构进行剖析，着重对文化学体系的重要命题进行了阐释。

黄文山首先要解答的命题是，文化学不仅是一门科学，而且是一门独立的、自成体系的科学。他认为文化乃自成一类的现象，本身不但具有独特的历程、变动的机构，而特质上亦有互相关系，故主张这种现象要由文化学来研究。他论证了文化与社会为不同的秩序，各有各的类别和逻辑层面。文化体系与社会体系的相互关系，自然非常密切，但从方法学的观点论来看，它们仍可分别为之研究。文化不是无机体或有机体，而是"超有机体"，这种现象自然

---

① 黄文山. 东西文化混融论[G]//黄文山. 当代文化论丛(上、下). 广州：香港珠海书院，1971：218-219.
② 黄文山. 当代文化论丛(上、下)[M]. 广州：香港珠海书院，1971：4.

可以当作与"有机体"独立，而单独从事研讨。

黄文山认为文化学不仅是一门独立的、自成体系的科学，而且还在科学体系中占有最高的位置。黄文山得出这一结论，是基于科学发展史的逻辑的分析。他把近世中西各家的科学分类，予以综合，然后提出了科学的新分类。他从现象的分类入手，认为现象可以分为"无机的"、"有机的"、"心理的"、"社会的"与"文化的"五种类别，科学的发展也是随对这五类现象的研究依次演进。他认为科学的生长是依照解剖学→生理学→生理学的心理学→心理学→个人心理学→社会心理学与社会学→文化学的层次进行。所以他认为文化学位于科学体系金字塔的塔顶。

黄文山建立科学的文化学的一个主要目标是想发现可以验证的普遍的文化法则。这也是文化学科学性的一个重要指标。但是文化学不像自然科学，它作为人文社会科学，严格意义上普遍的法则是很难求得的。总的来说，黄文山对文化法则的探求不是很成功。不过，他对文化体系发展的动力法则论述很有新意。他除了肯定文化体系有生长与没落的规律之外，还特意强调文化还可以"复兴"或"再生"。这很重要，这是他解决中国传统文化价值的现代转换，以及世界文化的转型与重整问题的一个有力的理论武器。

黄文山建立文化学的目的在于解决实际的文化问题，从大的方面来说，是中国文化的出路与改造，以及世界文化的出路与改造问题。他早期基于中西文化的比较，认为西方文化的基本精神是经济伦理，而中国文化的根本精神是家族伦理。所以他认为解决中国文化出路的一个重要方案是学习西方的经济伦理。

黄文山解决中西文化出路的最后方案，是他的"世界文化浑融论"。世界文化浑融论，是黄文山整个文化学体系要得出的最终的结论，它集中反映了黄文山的文化思想，黄文山后期的文化学建设就是以此为中心的。

黄文山强调以中庸（中道）法则做根据，综合"冥观的文化"与"实感的文化"二者之所长，成为整合的新型的"中庸的文化"，建立统一的新的"中庸型文化体系",即"大同的文化体系"。他认为世界文化的主要体系,向来分为东西两种。西方习会制造工具的技巧,由科学方法的发明,进而到技术体系的创建。东方的文化以价值关系做基础,侧重伦理与宗教。两种文化体系,再研再练,必能由综合浑融,相得益彰。世界文化经由复杂的演进,辅以采借和涵化,进到"现代化"的今日,"天下一致而百虑,同归而殊途"成为必然。而世界文化的出路,就在于中西文化互相借鉴,互相发明,文化共存于文化互助,建立浑融的"会通文化",即大同文化。

第五章 黄文山文化学思想的学术史地位

黄文山对文化学长期的艰苦探索，取得了显著的成就。从客观的事实出发，毋庸讳言，黄文山不仅是中国文化学建设的先驱之一，也是世界现代文化学建设的先驱之一。① 尤其是就对文化学体

---

① 学术界对黄文山的文化学的学术定位，主要分两个方面：第一，在中国学术界。钟少华认为他是"中国型的文化学创建者"。（钟少华. 中国型的文化学创建者黄文山[J]. 中国文化研究，1998.）蒋志华认为，黄文山是"中国文化学学科最早的倡导者"，"黄文山长期追踪西方文化学研究进程，毕生致力于中国文化学理论体系的建设，堪称中国文化学学科理论研究的第一大家"。（蒋志华. 广东文化学研究一瞥[J]. 广东社会科学，1997，3：134.）第二，在国际学术界。克伦博士认为，"从思想史的进展看，文化学乃是一种新科学，也许是最年轻的科学；诚然，它在题材和方法上乃是最富于挑战性的科学。在这种发展中，黄文山是一个先驱者。"（黄文山. 文化学体系[M]. 台北：台湾"中华书局"，1971：6-7.）何联奎认为，黄文山"创见之发表，早于美国人类学者怀德教授主张建立文化学之前十余年，而其思想之深粹，不让怀德专美于当世。"（何联奎. 何联奎文集[M]. 台北：台湾"中华书局"，1980//赵立彬. 黄文山文化学与文化观述论[J]. 暨南学报（人文科学与社会科学版），2004（6）：117.）龙冠海认为，"在素罗金的《今日社会学学说》中，中国人的学说获得论列者仅黄教授之文化学说，足见其在国际学术上的地位，同时为国家争了光。"（素罗金. 今日社会学学说（上册）[M]. 台北：台湾"商务印书馆"，1971.）康永年说黄文山"尤其能自成一家，创立'文化学'……当代社会学、人类学，文化学及哲学大师素罗金（P. A. Sorokin），怀德（Leslie A. White），克伦（M. A. Kallen）等一致加以赞扬，实在是难得的一种荣誉"。（康永年. 黄文山先生的'书'与'人'[G]//黄文山. 当代文化论丛（上、下），广州：香港珠海书院，1971：1116-1117.）赵立彬认为，"文化学在西方出现也较晚，发育不充分，黄文山思想的某些方面甚至超前于西方学术界，对海外学界文化学的发展，亦有正面影响。"（赵立彬. 黄文山文化学与文

系的整体思考而言，黄文山是他同时代学者中的佼佼者。从对文化学独立科学的建设的学术贡献来看，在黄文山所在的时代，只有怀德和陈序经等少数的文化学者，能与之相提并论。

本章将具体讨论黄文山在文化学思想史上的学术地位。采取的方法是点、线、面、体结合，把黄文山这个"点"放在中国文化学学术史和世界文化学学术史的"线"上，在中西时空构成的立体坐标中，来确定黄文山的文化学思想的学术史地位。

为了更具体地凸显黄文山的文化学贡献与特色，本章还特意将黄文山的文化学建设，与他同时代的其他著名的文化学者——中国的陈序经和美国的怀德——的文化学建设情况进行重点比较。之所以选取陈序经、怀德与黄文山进行比较，理由有三点：其一，他们都是现代文化学学科的自觉倡导者和积极建设者，其二，他们都形成了比较系统的文化学观点，其三，他们所处的时代基本相同，并且都是那个时代文化学的代表人物。

黄文山的文化学体系建设，给我们留下了一些宝贵的经验，也存在一些不足。为了更深入地评价黄文山的文化学体系建设，并考察其实践意义，本章还重点地把黄文山的文化学建设的经验与教训，与近30年来中国大陆的文化学建设所取得的成就与不足，进行比较，以资中国未来文化学体系的建设。

（接上注）化观述论[J]．暨南学报（人文科学与社会科学版），2004（6）：117．）何高亿认为，"我们试一翻阅社会学及文化人类学的世界新书，已随处见到文化学Culturology的学名，为国际学术界所引用，谓非黄教授直接间接作始之功，其可得乎？黄教授的成就，实在是中华文化之光。"（何高亿．黄文山教授创立"文化学"的经过[G]//张益弘．黄文山文化学体系研究集．台北：台湾"中华书局"，1976：26．）韦政通认为，"克鲁伯在生前预料未来的科学，将集中在'文化探究'，则黄文山氏，将是促成这一派学术趋势的先驱之一，为中国在世界文化研究史上，争得一席之地。"（韦正通．文化学体系概述[G]//张益弘．黄文山文化学体系研究集．台北：台湾"中华书局"，1976：39．）

以上详见"附录三 黄文山及其文化学研究综述"有关内容。

一、黄文山在中国文化学领域中的地位

(一) 文化学在中国的发展阶段

黄文山曾在 The Development of Culturology in China (《文化学在中国的发展》)①中，全面讨论了中国文化学者对文化学的贡献。书中除了详细介绍他自己对于文化学的贡献之外，还列举了其他几位文化学者及其文化学重要著作：阎焕文的《文化学》(1935)；陈序经《文化学概观》(四册)(1947)；钱穆的《文化学大义》②(1959)；殷海光的《现代中国文化变化的重新估价》(1966)。

结合黄文山的有关论述，按照时间的顺序，可以把文化学在中国的发展大概分为四个阶段③：

第一个阶段：1930年之前，主要集中在1909年至1929年。这是中国文化学的孕育期。近代以来，西方资本主义文化对封建的中国的冲击，引起一些人对于中西文化问题，进而对东西文化问题的关注。不过，人们对于文化问题的争论大多只是停留在"意见"、"感想"等情绪化的观念层面。对中西文化、东西文化的理论思考，直到梁启超、李大钊、胡适、陈独秀、梁漱溟的东西文化论争等以后才较深入地进行。然而，他们对于"文化"本身的思考不够，文化理论对于他们的东西文化观的支持不够。他们对于"文化"的定义也是相当的宽泛。

第二个阶段：1929年至1949年。这是中国文化学的创建期。而开始对"文化本身"进行深入和有系统的思考，是到了20世纪30年代"中国本位文化建设"派和"全盘西化派"与"盲目复古派"关于

---

① 黄文山.文化学导论[M].香港：南天书业公司，1980：54.
② 钱穆的《文化学大义》(台北正中书局，1952初版)由1950年12月钱穆在到台北省立师范学院作讲演的讲词整理而成。此为钱先生继抗日战争时期《中国文化史导论》一书后，又一次对文化学作系统的讨论。
③ 也可以分为早期、中期与近期三期，早期指第一、二阶段，中期为第二阶段，近期为第四阶段。

文化建设的论战的时候。当时有一批学者开始从反思"文化本身"切入,进行文化理论建设,其中的代表人物为黄文山、陈序经、朱谦之、阎焕文等文化学者。

第三个阶段:1949年至1979年。这是中国文化学的守望期。这段时间,由于中国的出路问题暂时得到了解决,文化问题的纷争最后归于马克思主义的一统,中国大陆的学术焦点为马克思主义理论,文化的理论研究与其他许多学术一样处于边缘化,成为马克思主义的附庸。因此,较少出现文化学方面专门的理论著作。但是,一些旅居中国香港、台湾地区,以及美国等地学者还在继续解决他们所谓的中国的出路问题、中国文化的出路问题,甚而世界文化的出路问题,并继续寻求文化理论的支持。因此,他们的文化学理论研究还在持续的进行,其中的代表人物有钱穆、黄文山、殷海光等。

第四个阶段:1979年以来,特别是1989年以后。这是中国文化学的全面建设期。中国在20世纪80年代经历一次文化热,而20世纪90年代对80年代的文化问题的理论反思过程中,出现了不少的文化学方面的著作。其中的代表人物有郭齐勇、许苏民、李荣善等。这时期的文化学建设,有两个路向:其一是马克思主义路向,其二是文化哲学路向。但是,这时期的文化学理论建设除了有马克思主义特色之外,其建树有待进一步拓展,对现实所提出的文化问题的解答能力,也有待进一步提高。

从文化学理论建设的科学性、系统性、原创性与理论的深刻性来看,上述第二个阶段对文化学建设的贡献最大。黄文山是那个时期的文化学的领军人物之一,是他吹响了建设文化学的号角。

(二)黄文山与中国早期文化学建设

众多学者对中国早期的文化学建设做出他们自己独特的贡献,这些学者主要有梁启超、梁漱溟、张申府、黄文山、陈序经、阎焕文、朱谦之、陈高傭,等等。在探索文化学时,这些文化学者与黄文山大多有过或深或浅的联系。他们或者是黄文山文化学建设的理论来源之一,或者是黄文山建设文化学时重要的评论对象,或者是

一、黄文山在中国文化学领域中的地位

黄文山文化学建设的响应者，或者是相互切磋文化学的益友。

总的来说，在中国早期的文化学建设的过程中，梁启超、梁漱溟①等作了一定的文化理论铺垫；张申府初步提出建立文化学学科的设想②；黄文山正式提出和积极倡导建立独立的文化学学科后，阎焕文、陈高傭、朱谦之、陈序经、钱穆③等继起响应。

关于中国早期的文化学建设情况，黄文山曾在不同的地方多次谈到过。在1938年的《中国文化建设的理论问题与文化学》中，他说："我自从提出这种主张（建设文化学）后，已经得着一部分人的同感与共鸣了。在北方有阎焕文先生，他居然在一个短时期内，写成一部《文化学》，把稿件寄给我，曾在《新社会学季刊》分期发表了出来。上海方面，陈高傭先生在《文化建设月刊》，曾著论赞成我的主张，吾友朱谦之先生，在广州亦于此时写成《文化哲学》一书。顷得其来书，谓已交商务印书馆印刷，且行将初版矣，这不是

---

① 梁漱溟是黄文山的老师，他是影响黄文山的文化学兴趣的重要人物。黄文山对东西文化问题的理论思考，多受到梁漱溟的引导，而梁漱溟对东西文化问题的反思，更为黄文山文化学的建立做了重要铺垫。如梁漱溟的《东西文化及其哲学》一书谓西方文化的特征为"向前进取"、印度的为"向后倒退"、中国的"调和持中"三种类型的文化理论，对黄文山的文化体系的上层体系三类型的划分有一定的启示作用。

② 张申府在1926年就说："为取以往各种文化之陈迹而研究之，或设立一种'文化学'，定不会白费工夫，这也是今日瞩照宏远的社会学者一桩特别的责任。"（张申府．文化或文明［G］//张申府学术论文集，济南：齐鲁书社，1985：13.）据黄文山的考察，国内学者首先提到"文化学"这个名词的，"恐怕以张申府为最早"，"然张氏仅提到这个名词而止"。（黄文山．文化学体系［M］．台北：台湾"中华书局"，1971：199.）

③ 钱穆与黄文山的交往，在罗香林主持香港中文大学新亚学院，请黄文山前来讲授文化学，任文学院院长之时。1969年秋，黄文山应香港中文大学之聘任新亚学院任客座教授，与唐君毅会晤。此二十年前，钱穆致书在美国的黄文山，邀约返港任社会学系主任，唐君毅不久到美过访，也以此事相商，但当时因其他事务，黄文山没有答应。后黄文山继任珠海书院文学院院长。这时罗香林嘱黄文山把近年在美所写有关政治、社会、经济、学术等文字，编写《当代文化论丛》，由亚洲协会补助，分上下集，由该院出版部出版。

文化界的空谷足音是什么?"①

在1948年的《文化学的建立》中,他说:"自从作者十年前首先提出文化学的概念,并指出建立文化学的必要以后,国内学者颇多表示同感。我国社会学者胡鉴民就是其中的一个。"②

在1968年的《文化学体系》中,他说:"自从作者提出文化研究应该建立为科学的系统的文化学之后,虽引起少数学者的批评,也获得时贤许多的献议。其中最足注意者,当推阎焕文,陈高佣,朱谦之诸家的见解(补:按我此种主张在战前的中国提出,战后陈序经氏有《文化学概观》(商务),钱穆氏有《文化学大义》(正中)之发表。而美国怀德(Leslie White)亦有《文化学》(*The Science of Culture*)一书行世,但当本文写作时,以上诸书均为出版,恕未提及)。"③

在1971年的《今日社会学学说之主流及其展望》中,黄文山谈到最初他倡导创建文化学的情况时,说:"我三十多年前(1932—1936)在中央大学教书的时候,也发表许多文章提倡文化学之建立。不过当时社会学者方面对此不甚注意,有些则简直认为是不可能的。因为文化的研究,已由社会学、民族学、文化人类学、历史学分别研究到了。为什么还能创造出一种'文化学'?然而当时及以后,在国内已有许多学人如阎焕文、陈高佣、陈序经、钱穆④等起来响应。"⑤

---

① 黄文山.中国文化建设的理论问题与文化学[G]//中国文化学学会.文化学论文集,1938:157.
② 黄文山.文化学的建立[G]//广州国立中山大学法学院.黄文山学术论丛.台北:台湾"中华书局",1977:8.
③ 黄文山.文化学体系[M].台北:台湾"中华书局",1971:200.
④ 黄文山说钱穆对文化学的思考是受到了他的影响。但在钱穆的著作中,很少提到黄文山。尽管黄文山与钱穆也有交情。黄文山到新亚书院任教也是钱穆最早邀请的,并且在新亚一次去见李约瑟时候,钱穆特意叫上黄文山。反而,黄文山在建设文化学的时候,多次提到钱穆的有关文化思想。
⑤ 黄文山.今日社会学学说之主流及其展望[G]//香港珠海书院丛书.当代文化论丛(上、下),1971:111.

一、黄文山在中国文化学领域中的地位

上面的征引多有重复,但还是一一罗列了出来,这样做的目的无非主要是想强调——黄文山在当时的中国学术界,创建"文化学"的首创之功。在中国文化学领域,黄文山的确"开风气之先",并且引领潮流。下面重点介绍几个与黄文山建设文化学相关的学者,以窥探中国早期的文化学建设情况。

1. 阎焕文与黄文山

黄文山与阎焕文之间的交往很短暂,集中在黄文山主编《新社会学季刊》之时。阎焕文因为看到黄文山发在《新社会学季刊》的文章《文化学的建筑线》而仰慕黄文山,黄文山也因为编辑阎焕文的《文化学》①而认识他。两人一经相识,便在文化学建设这点上,惺惺相惜。

阎焕文在1934年说:"民国十八年冬,我在日本东京高师求学的时候,在书肆偶购关荣吉氏所著《文化社会学概论》,读着颇感兴趣,同时对于关氏主张,有不尽赞同的地方。盖文化这个名词,含义非常广泛,成因极其复杂,构造至为繁密,机能十分敏活,而关氏欲以社会规定以尽研究之能事,不知文化的社会关系只是文化诸联关之一部,欲明了文化的机构而求出其普遍法则,非建设综合的独立的文化学不为功。于是我乃有建设'文化学'的决心。自此以后两年之间……有暇即写,得成是书。……不料今秋暑假返校后,偶购《新社会科学》一卷二号,载有黄文山先生的大作,《文化学的建筑线》一文读后不仅旧痒复发,不可抑制,即去信和黄先生讨论,蒙黄先生虚心指教,又承允许介绍登在《新社会科学》上,以后再印单性本。真不想在三四年后,竟得了同好,真是想不到的幸运!"②

黄文山曾编辑过阎焕文的《文化学》稿子,但没有刊登完,《新

---

① 阎焕文的《文化学》一卷共分六篇:一、绪论;二、文化生命学;三、文化性质学;四、文化构成学;五、文化类型学;六、结论。全书约六万字。
② 阎焕文.文化学·小言[G]//中国文化学学会.文化学论文集,1938:1-2.

社会学季刊》就停办了。为免遗失，黄文山便把剩下部分和原文全文一起附录在1938年出版的《文化学论文集》后面。这可见黄文山对当时"文化学"这门刚刚诞生的科学是多么的珍视与爱护。

黄文山在关于附录的说明中写道："阎先生与予素昧平生，襄予主编《新社会学季刊》（正中书局印行），书札往还无虚日，凡所扬榷，颇多抉发。阎先生复以所写《文化学》一稿嘱登季刊，其后该刊中辍，一部分稿件尚存行箧。今者国事骤变，南北睽远，予与阎先生亦不复通闻问。予恐斯稿一旦散帙，有负所托，乃附刊于此，阎先生对于文化学，实能首先作一系统之探究，匡予不逮，至所佩服。"①

但是，很可惜，阎焕文虽然首先进行了系统的文化学建设，但是由于时间的仓促，许多文化学理论问题只是浅尝辄止，论证不够有力②。而且后来，他也没有继续深入研究下去，这是黄文山所不愿看到的。

2. 陈高傭与黄文山

黄文山与陈高傭的交往也是缘于文化学。黄文山曾记载他与陈高傭的交往："陈教授为国内之有数之新史家，对于文化学之倡导，尤不遗余力。去年有书南来，欲约集友人，共编文化学一书，交商务出版。自敌人东犯，此议遂寝。陈先生大作，曾登《文化建设月刊》，今重刊于此，想不为罪。"③

陈高傭曾发表《文化运动与〈文化学〉的建立》一文，对于黄文山提出建立文化学，极表赞同。陈高傭曾说："去冬读《新社会科学季刊》，见黄文山先生著有《文化学的建筑线》一文，引动我的极大注意，这篇文章中所说的许多理论，虽然，仅仅是黄先生的一点

---

① 黄文山. 文化学论文集[M]. 中国文化学学会，1938：1.
② 黄文山曾在"注释（十五）"中说："阎作颇多卓见，自成体系，然而粗疏失检之处，往往间出，以向乏先例，殊不足怪。"（黄文山. 文化学及其在科学体系中的位置[M]. 广州：岭南大学西南社会经济研究所，1949：163.）
③ 黄文山. 文化学论文集[M]. 中国文化学学会，1938：1.

个人意见,但是'文化学'这个名词的提出,则确可以说是正适应一班研究文化科学的人士之共同要求。"①

陈高傭说:"近年来我因致力于研究中国文化问题,在学校里讲授中国文化史,又时常为各杂志写些关于文化问题的论文,于是使我感觉我们此时对于文化应当有一种专门系统的研究,什么是文化的本质,什么是文化的范围,文化是怎样形成的,文化是怎样发展的,我们应当怎样研究文化,我们应当怎样创造文化,乃至其他许多文化本身的问题以及与文化有关系的问题,都很急迫地需要一种合乎科学的系统说明,于是我们常以为现在研究的文化社会学,文化人类学,文化历史与人文地理的人们,应当集合起来,群策群力,创立一种'文化学'。"②

他又说:"所谓文化是人类自始就有的,人类生活与文化的关系甚为密切,人类对于文化的研究由来已久,世界交通发达,文化问题复杂,于是人类对于文化的研究,亦感觉着更为迫切。但是文化的'内涵'如何,文化的外延如何,直至此时还没有一个准确的答案,于是文化社会学,文化人类学,文化历史,人文地理等科学,虽已有许多学者的著作出现。但是对于文化之本质则可说大家都在'恍兮惚兮'之中。因之现在一部分由文化的观点而研究各种科学的人,正如对于社会的本质没有认清而谈社会问题、社会政策、社会运动之人,根本问题没有认清,一切问题之解决都无法把握其中心之所在。所以,我们如果是忠实地研究学问的人,应当毫不客气地提出一种'文化学'来。"③

他还说:"'文化学'的建立是世界学术上的一件事情,'文化学'的建立要达到成功,亦非全世界的学者共同起来努力,但是在我们中国学术界更应该当仁不让地拿出全副精神来努力;因为第

---

① 陈高傭.文化运动与"文化学"的建立[G]//中国文化学学会.文化学论文集,1938:135.
② 陈高傭.文化运动与"文化学"的建立[G]//中国文化学学会.文化学论文集,1938:135.
③ 陈高傭.文化运动与"文化学"的建立[G]//中国文化学学会.文化学论文集,1938:137.

一，我国是一个有悠久文化历史的国家，关于文化的材料很多，我们对于文化的研究自然容易着手。第二，我国现在因为中西文化之接触，文化问题成为国家民族的一个重要问题。全国人士四十年来所奔走呼号的维新与革命差不多都是以文化问题为中心，而直至今日，此种问题犹未得到一种具体的解决，在此现实的文化问题逼迫之下，我们对于文化更应当有一种科学的研究。"①

他还说："'文化学'的建立，当然需要先有各种科学的基础，中国过去的许多学问是不能算为科学，西洋近代所成立的许多科学，我们至今还没有完全接受得来，在这样的条件下，要想把西洋还没有建立成功的'文化学'由我们提出来建立，似乎有点太不量力。"②

他还说："中国的文化运动正在发展着，'文化学'的建立已开始发动了，由事实而产生学理，由学理来指导行动，这本是一般社会科学所以成立的理由及其价值所在，'文化学'当然亦不能例外。所以我们要建立'文化学'，不是要在大学的各种课程表上多添一种课程以炫新奇，而是使我们的文化运动得到学理上的指示。"③

黄文山对陈高傭文化学思想的评价是："陈氏对于文化学建立的热诚，在当代中国学者是罕见的。他不但指出文化学有建立的必要，而且还指出文化学是应该从中国建立起来。""陈氏所说的，虽然还不曾谈到文化学的根本问题，但其中有一部分确是真知灼见，确乎不拔，且与作者二十年来的主张，大体上可以说是一贯的。"④尽管陈高傭对建立文化学表示过极大的兴趣，但是，他和阎焕文一样，后来并没有继续深入研究下去。

---

① 陈高傭. 文化运动与"文化学"的建立[G]//中国文化学学会. 文化学论文集，1938：137-138.

② 陈高傭. 文化运动与"文化学"的建立[G]//中国文化学学会. 文化学论文集，1938：139.

③ 陈高傭. 文化运动与"文化学"的建立[G]//中国文化学学会. 文化学论文集，1938：142.

④ 黄文山. 文化学及其在科学体系中的位置[M]. 广州：岭南大学西南社会经济研究所，1949：16.

3. 朱谦之与黄文山

黄文山与朱谦之是挚友，他们是北大哲学系的同学。"五四"时期，他们俩先后主编过《北大学生周报》①。他们俩还是"五四"时期无政府主义的代表人物，曾就无政府主义有过论战②。甚至他们都曾在西湖归隐——1924 年朱谦之在西湖葛岭山下，门对诗人林逋的故居归隐著书；1930 年黄文山在西湖茅家庄隐居译书。

不仅如此，朱谦之与黄文山一样，是中国早期从事文化理论思考的有突出成就的文化学者。朱谦之文化理论方面的代表作有《文化哲学》《文化社会学》等。朱谦之对黄文山开创文化学的情况应该很熟悉，他曾说："考'文化学'一名为吾友黄文山先生所采用，其用以与 Vierkandt 相同，乃在社会学之外，另立一种文化学为独立科学。"③

无可讳言，如果从对文化进行理论的反思来看，朱谦之的贡献不在陈序经与黄文山之下；但是，就"文化学"这门独立科学来说，朱谦之显然没有足够重视它。

黄文山与朱谦之都是在进行文化的理论研究，所不同的是，朱谦之是从哲学的角度与社会学的角度来研究文化本身的，所以，是文化哲学和文化社会学；而黄文山是从科学的角度，把文化现象作为科学的对象，进行科学的系统建构，所以，是文化学。

在朱谦之看来，对文化的理论思考，可以从两方面来进行：一是文化哲学，二是文化社会学。他认为两者都是"文化学"。朱谦之把文化的本质类型分为：知识生活——宗教、哲学、科学、艺术；社会生活——政治、法律、经济、教育。而以前者为"文化"，

---

① 1919 年，黄文山由北大学生会选举为《北大学生周报》总编辑，其后总编辑为朱谦之。

② 朱谦之因此曾说"我有个神交的朋友兼生君"（朱谦之. 革命与哲学[G]//葛懋春，蒋俊，李兴芝. 无政府主义思想资料选（上、下），北京：北京大学出版社，1984：463.），兼生就是黄文山。

③ 黄文山. 文化学及其在科学体系中的位置[M]. 广州：岭南大学西南社会经济研究所，1949：18.

后者为"文明",前者为"文化哲学"研究的范围,后者为"文化社会学"研究的范围。朱谦之说:"文化与文明的确有些区别,也是事实。德国人所倡导之cultur概念,实为精神文化的概念(即宗教、哲学、科学、艺术等知识生活),英、美之所倡导之civilisation,则实为社会的文化概念(如政治、法律、经济、教育等社会生活)。"朱氏由此出发,更把文化的研究领域,划分为两个,他说:"只要是人类生活的表现,便都可以叫做文化,但同在文化之中,因为研究的对象不同,自然而然可以分文化学为两大部门,一个研究cultur即知识的文化生活者,为'文化哲学',一个研究civilisation即社会的文化生活者,为'文化社会学'。"①

如此看来,朱谦之并没有强烈"文化学"的独立学科意识。但是,朱谦之谈的很多命题就是文化学的命题。所以,他对文化学的贡献还是很大的。对这一点,黄文山多次进行了肯定,并且,在他的不少文化论著中,也经常谈到朱谦之,并对其文化理论进行评介。黄文山认为,"文化的研究,到了朱谦之氏于民国廿四年发表《文化哲学》时,在内容上有了长足的进步",② 朱谦之是"继梁漱溟先生后,为国内研究文化哲学之有数学者"。③

黄文山对朱谦之所感兴趣的还是其关于"文化学"的认识。黄文山认为朱谦之"在《文化哲学》一书上,亦隐约地提及文化学的名词,可是他不曾意味到文化学究竟是什么科学"。④ 但是朱谦之兴趣不在将文化学作为独立科学的研究,而在文化哲学与文化社会学,为什么会这样呢? 因为朱谦之认为文化学即包括文化哲学与文化社会学的学问,他说:"文化学、文化哲学、文化社会学虽然名词不同,本质上却同为研究文化的历程,类型,法则和集团生活的产品的学问,不过合言之为文化学,分言之即为文化哲学和文化社

---

① 朱谦之. 文化哲学[M]. 北京:商务印书馆,1990:8.
② 黄文山. 文化学体系[M]. 台北:台湾"中华书局",1971:69.
③ 黄文山. 文化学及其在科学体系中的位置[M]. 广州:岭南大学西南社会经济研究所,1949:20.
④ 黄文山. 文化学体系[M]. 台北:台湾"中华书局",1971:205.

会学,而我们现在所要着手的新文化社会学,也就可说是在'文化哲学'研究范围以外的'文化学'罢了。"①

黄文山认为,朱谦之"言文化可为哲学与科学研究之对象,自是正确"。"从哲学的观点研究文化,所以有文化哲学,从科学的观点研究文化,所以有文化学,此如社会哲学与社会学,人生哲学与伦理学,其关系正复相同。"②但是,对于朱谦之企图模糊文化学、文化哲学、文化社会学的做法,一直积极进行文化学独立学科建设的黄文山是不可以接受的。因此黄文山对朱谦之的以上观点提出了批评:"其一,文化学与其学说是与文化哲学相同,毋宁说是后者是前者的母胎;其二,文化社会学仅是普通社会学的支系,而文化学,照我们本书上的说明,是一种普遍或复合的科学,(general or composite science)而非隶属于社会学之下的特殊科学。"③

尽管朱谦之对文化理论的探讨比较深入和系统,但是,他缺乏对文化学学科的自觉意识。在对文化学体系的思考上,陈序经比朱谦之要自觉得多。因此,下节将对黄文山与陈序经在文化学建设方面的问题进行比较,以更突出地反映中国早期的文化学建设情况,从而使对黄文山的文化学贡献的定位更加具体一些。

二、中国早期文化学双峰:黄文山与陈序经之比较

在中国早期建设文化学的学者中,黄文山与陈序经是其中的代表与领军人物。无论是对于文化学学科独立性的认识,还是对文化学的积极倡导与体系建构,还是建设文化学理论体系深度与广度等

---

① 黄文山.文化学及其在科学体系中的位置[M].广州:岭南大学西南社会经济研究所,1949:20.
② 黄文山.文化学及其在科学体系中的位置[M].广州:岭南大学西南社会经济研究所,1949:20.
③ 黄文山.文化学及其在科学体系中的位置[M].广州:岭南大学西南社会经济研究所,1949:20.

第五章 黄文山文化学思想的学术史地位

方面来看，他们俩对中国早期文化学的贡献最大。在这个意义上，可以说黄文山与陈序经是中国早期文化学建设的"双峰"。

黄文山与陈序经的文化学建设有极大的相似性，但是由于种种原因，他们的文化学体系又呈现出鲜明的个性特色。为了更好地理解与认识黄文山的文化学体系，下面将对他们建设文化学体系的情况做一个比较分析。

（一）黄文山与陈序经的互动

黄文山与陈序经交往的正式记载不多，特别是陈序经在其文化学的著作中基本没有提到黄文山。当然，这并不奇怪，陈氏也极少提到中国其他文化学者。倒是黄文山在其文化学著作中多次提到陈序经，并对陈序经的文化学研究有不少的介绍与评价。

不过，可以肯定的是，在抗战胜利以后，陈序经与黄文山之间的互动显然加强了。这其中的细节虽然没有更多的文献记载，但还是有一条材料，即在1949年黄文山在单独出版的《文化学及其在科学体系中的位置》（本为《文化学体系》其中的一篇内容）之《自序》中说："去年陈序经博士在岭南大学有西南社会经济研究所之设置，刊行丛书，重承陈先生雅意，此篇遂与全书宣告独立，作为该所丛书之一种，先行问世。"①这至少说明陈序经当时已经开始关注，甚或很重视黄文山的文化学研究了。但遗憾的是，陈序经以后很少再有文化学理论方面的论述，所以，我们就更没有机会看到他对黄文山的文化学的介绍与评价了。

然而黄文山不同，他真是一个学术"种子"，他对所有他能收集到的文化学资源加以介绍、评价、吸收与利用。黄文山很早就通过一些途径从陈序经那里得到了其最新文化学研究成果。

黄文山在评述陈序经的文化学思想时，曾有这样的解释："陈序经《文化学》一书，约三十万言，尚未出版，以上所述，系根据岑家梧教授抄寄之大纲转述。岑氏说：'本书为陈氏计划写作中之

---

① 黄文山.文化学及其在科学体系中的位置[M].广州：岭南大学西南社会经济研究所，1949：1.

二、中国早期文化学双峰：黄文山与陈序经之比较

《文化论丛》第一种，继此之后，尚有原始文化观，东西文化观，南北文化观，西方文化东渐史等共十二种之多，此书列为第一种，意在解释文化的概念。'我于廿八年底由渝赴粤，道出昆明，经岑氏转告，始知陈氏在西南联大开设'文化学'课程，闻之心喜。三十二年秋余过筑垣，复在大夏大学岑氏寓所，或见陈氏文化学原稿，唯时间仓促，仅草草一读而已。三十三年陈氏应美国务院之请，赴美讲学，行前约吾，以交通不便，未及倾商。陈氏著作内容，均由岑氏函告大概，始能转引于此，特为志谢，并留鸿爪。（按陈氏著作，在本文付印后，经商务出版，名《文化学概观》，共四册，特此补志）"①黄文山如此扎实的治学精神，在学术界并不多见。正是有这种搜罗资料功夫，黄文山毕生建构的文化学体系显得厚实而完备。

黄文山在其文化学体系的建设中，多次对陈序经的文化学思想进行了多方面的评介：

第一，对陈序经著作《文化学概观》的评价。黄文山说："陈氏本书，虽属草创之作，但比诸前人同类的著述，的确较有组织，有系统，有主见。陈氏在现象的分类中，对于文化学的位置亦有正确的了解，虽然这种分类法，并非由陈氏所独倡。（参看拙作对于科学分类的讨论）所可惜者，本书以汪洋浩瀚之作，对于文化学的科学之范围、方法、法则以及许多根本问题，均未论及，其全盘的结论，在乎迹先地论证其凤昔所倡导的全盘西化论。这个学说，如从文化人类学者所采借，是以'选择原则'为根据的话看来，当然还有讨论之余地。然他的中心理论，似在提出文化的四期说。而以西洋文化现开始由经济时期转入伦理时期；同时暗示中国今方进入政治时期，由此必须经过经济时期，然后可以进入到伦理时期。"②黄文山在《文化学的历史发展》(Historical Development of Culturology)中，介绍了世界范围的文化学者，其中专门介绍的中国学者，除了他自己，就是陈序经。不过，黄文山也指出："陈序经在1949年

---

① 黄文山. 文化学体系[M]. 台北：台湾"中华书局"，1971：220-221.
② 黄文山. 文化学体系[M]. 台北：台湾"中华书局"，1971：211.

出版四本介绍文化学的书,尽管他研究了各个社会科学家的文化研究,但他未能抓住文化科学的中心观点。"①

第二,关于陈序经科学分类的思想的评介。陈序经把现象分为五大类:无机现象、有机现象、心理现象(可包含无机现象与有机现象)、社会现象(又包括心理现象、有机现象与无机现象)、文化现象(又包含社会现象、有机现象与无机现象)。有机现象是以无机现象为基础,心理现象以有机现象、无机现象为基础,社会现象是以心理现象、有机现象与无机现象为基础,而文化现象又以社会现象、心理现象、有机现象与无机现象为基础。黄文山认为陈序经氏把宇宙现象分为以上的五大类,恰好与他的见解,"殊途同归"。②

但是,黄文山又说:"陈氏虽把现象分为五大类,但他自己在科学的分类中,却不曾采用这个区分。他不但不知道这种区分,有划时代的重要性,相反的,又回转过来,赞同黎卡特的主张,以为:'现象的明显的差异可以说是只有两大类:一为自然的现象,一为文化的现象。'至他对于科学的分类,又并非依照这两种现象为之区分。"③

黄文山认为:"陈序经氏的理论,极为透辟,而他所提出的分类,在我们所谓第四类的科学分类中,亦可算是最前进的一种,不过这个也不是没有缺点的,第一,他虽然认识现象的五类区别之重要,但他并未依照这种区别从事科学的分类。……第二,陈氏在结论上虽也注重文化学的建立,以及其在科学中的地位,然陈氏所谓文化学(Kulturwissenschaft)也就是指文化科学,但依我们的意思,德文 Kulturwissenschaft,在英文译为 Cultural Sciences 与 Social Sciences 或 Mental Sciences,差不多同义,(例如素罗坚(Sorokin))

---

① 黄文山.文化学导论[M].香港:南天书业公司,1980:13.
② 黄文山.文化学及其在科学体系中的位置[M].广州:岭南大学西南社会经济研究所,1949:137.
③ 黄文山.文化学及其在科学体系中的位置[M].广州:岭南大学西南社会经济研究所,1949:138.

二、中国早期文化学双峰：黄文山与陈序经之比较

在当代社会学说中便以 Social Sciences 译德文 Kulturwissenschaft，这当然是包含许多科学而言，至于文化学则为(Culturology or Science of culture)是指一种独立的科学，正如社会学(Sociology)有时亦称为(Science of society)是指一种专门的科学而言，正复相同。陈氏不曾把这两个名词分辨清楚，所以把文化学与文化科学混用，(陈氏虽曾说到泰洛 Tylor 所说的 Science of culture 与德文的 Kulturwissenschaft 相等，但我认为二者显有不同。)又如有许多人把社会科学与社会学混用一样(孔德、穆勒都曾犯了这个毛病)，所以认为纯粹文化科学或文化学分为经济、政治、宗教、伦理、法律等。如果这样分法，试问文化学在科学的分类中，究竟站在一个什么地位，结果岂非全然落空了吗？第三，陈氏所谓'自然与文化科学'，本来就是学者所谓'混合科学'(Composite Sciences)。科学当中，如地理学与人类学，其所涉及的材料，均跨入自然与文化的范围，这些就是所谓混合的科学。地理学可以包括数学、测地学、制图学、物理学、天文学以及地质学的各种支派，并且由植物学、动物学、人类学、政治学采取材料，成为各种地理学的支派。人类学从广义说，也包括动物学、生理学、心理学、民族学、民俗学、语言学、地理学、古物学、史学、社会学、技术学与经济学。这些混合科学，不但研究到'自然'，而且也研究到'文化'，不过其问题与原则，各有集中的所在罢了。准此，可见这类科学，并非陈氏所首先发现的，学者一向就知道了。第四，表中所列举的经济、法律、天文、社会等，正如刘任萍所谓'现象'，把某种现象认为某种科学，也是一种错误。这虽无关宏旨，但也值得检出的必要。"①

第三，对陈序经的中国文化演进观的批评。黄文山认为，"陈氏以为中国文化的演进，亦必须经过西洋文化自希腊以来必经的三阶段，然后可以进到最后的伦理阶段。但据我们看，自孔子以后，家族伦理早已支配着整个中国人生，初无待于必须经过所谓政治、经济的阶段方能进到伦理的阶段，此则稍研究中西文化之差异者，

---

① 黄文山. 文化学及其在科学体系中的位置[M]. 广州：岭南大学西南社会经济研究所，1949：140-142.

皆能言之，固无须乎作详细之考证也。"①

第四，黄文山特别指出陈序经关于文化学起源的观点的重要。陈序经有一个观点，引起黄文山极大的注意："陈氏以培古轩②与孔德同时，是提倡文化学最早的学者，这点颇值得我们注意。"③

（二）黄文山与陈序经文化学建设之比较

在中国文化界，黄文山的知名度可能赶不上陈序经。陈序经是站在文化前台表演的明星学者。而黄文山是一个基础学科默默的耕耘者，他并没有把自己推到前台，去对文化问题作过多情绪化的讨论，他更大的兴趣是在文化学理论上对诸多文化问题作根本性的反思，试图找到学理的依据。

黄文山与陈序经都是中国早期文化学建设的提倡者与实践者，他们都有着强烈的学理意识与学科意识，都主张文化学是自成体系的独立的学科，但是由于两人的哲学观与文化观以及人生的境遇的不同，他们的文化学建设也呈现不同的格调。

1. 都强调对"文化本身"的研究

黄文山与陈序经之所以对中国文化学具有开山之功，一个基本的原因，就是他们都强调对"文化本身"的研究，强调文化学是一门自成体系的独立的学科。

陈序经为人们所熟知，主要是因其著名的"全盘西化"论，以及由此引发的持续的大规模文化论战。陈序经最先完整提出"全盘西化"主张，经过反复详细的阐释和广泛的传播，使得这个有诸多漏洞、明显偏颇的"既不可能，又无必要"④的错误主张，为不少人同情和接受。这其中固然不乏当时的文化需要等因素，但一个重

---

① 黄文山. 文化学体系[M]. 台北：台湾"中华书局"，1971：212.
② 陈序经认为，1838年，培古轩第一次提出了"文化学"这个词，主张进行文化研究，建立专门的学科。
③ 黄文山. 文化学体系[M]. 台北：台湾"中华书局"，1971：209.
④ 殷海光. 中国文化展望(下)[M]. 香港：文星书店，1966：410.

要的原因,恐怕还是陈序经在诠释"全盘西化"命题时所用的强大的文化学理论支持。而事实上,陈序经特别注意对"文化的本身"①进行研究。

学者们在东西文化论战中的主张,多是一时的主观成见,或情绪化意见,缺乏科学的理论论证。而陈序经则不同,由于他注重对"文化本身"的研究,所以他在表达东西、古今、南北文化观时,都有严密的文化学的理论分析,具有强大的科学逻辑力量。卢观伟在《中国文化的出路·序》中就注意到这一点,他说:"大概无论中国人或外国人,一临到东西文化问题的讨论,他们的论据,很难免去主观和成见的成分……但序经先生在这书里的努力,却是从批评的、社会科学的立场下论断,使东西文化的问题,也渐进于严格科学的领域。"②陈序经自己也强调,在具体讨论的文化问题之前,"我们应当对于文化本身上有充分的了解;因为假使我们对于文化本身上尚没有明白是什么,而去研究东西文化问题,正像不懂得哲学是什么,而要谈谈东西哲学的问题一样。"③

陈序经通对"文化本身"的研究,认为文化学应自成一门学科。并且着手对文化学进行系统的研究,从学科的高度进行文化学体系的建构。陈序经认为:"文化本身是有了自己的范围,有了自己的对象,是自成一个格式,是自成一个单位,所以应当自成为一门学

---

① 陈序经一生著述宏丰,其中有关文化学的著作就有:《中国文化的出路》(上海商务印书馆,1934年1月初版,9月再版)、《中国文化史略》(上海商务印书馆,1935年)、《东西文化观》(岭南大学,1937年)、《文化学概观》(共四册,上海商务印书馆,1947年11月初版),还包括在抗战期间完成的二百余万字的《文化论丛》(或称《文化学系统》):《文化学概观》4册;《西洋文化观》2册;《美国文化观》1册;《中国文化观》1册;《东方文化观》1册;《中国西化观》2册;《东西文化观》6册;《南北文化观》3册。陈序经自己认为,他的这二十册的《文化论丛》(又称《文化学系统》),"就是透过文化的普通与根本的观念,来讨论东西文化与南北文化的问题,自成系统的。"(陈其津.我的父亲陈序经[M].广州:广东人民出版社,1999:134.)

② 陈序经.中国文化的出路[M].北京:中国人民大学出版社,2004.

③ 陈序经.中国文化的出路[M].北京:中国人民大学出版社,2004:1.

科，应当自有其一种立场。"①所以他坚信："只有这样去研究，只有这样去推动，文化学才能发展。假使我们只是从别的专门学科的立场而去研究或推动文化学，则文化学只能当作这个专门学科的附庸，结果恐怕永远不会成为一个独立的学科。"②

2."文化"定义的相近性

要对"文化本身"进行研究，首先面临给"文化"下一个什么样定义的问题。"文化"是文化学的一个最基本的范畴。有意思的是，陈序经和黄文山对"文化"的定义很相近，有异曲同工之妙。

黄文山给"文化"下的第一定义："文化是人类为生存的需求，在交互作用中，根据某种物质环境，由动作、思想、和创造产生出来的伟大的丛体或体系。"③

进一步的定义：——"文化是人类为着满足生存的需要，凭借语言系统、技术发明、社会组织与习惯，累世承袭创建出来的有价值的'工具实在'(Instrumental Reality)。"简单一点，亦可以说："文化是人类为满足生存需要，创建出来的工具。"④黄文山对上面的"文化"定义的解释参见本文第三章的有关介绍。

再看陈序经给"文化"的定义——在《中国文化的出路》里，陈序经给"文化"下了一个简单的定义："文化可以说是人类适应时境以满足其生活的努力的工具和结果。"⑤

在陈序经后来的文化研究中，基本一直沿用这个定义，并不断丰富其内涵，如在《文化学概观》中说："文化既不外是人类适应各种自然现象或自然环境而努力于利用这些自然现象或环境的结果，

---

① 陈序经. 南北文化观序[G]//杨深. 走出东方：陈序经文化论著辑要，北京：中国广播电视出版社，1995：476.
② 陈序经. 南北文化观序[G]//杨深. 走出东方：陈序经文化论著辑要，北京：中国广播电视出版社，1995：476.
③ 黄文山. 文化学体系[M]. 台北：台湾"中华书局"，1971：10.
④ 黄文山. 文化学体系[M]. 台北：台湾"中华书局"，1971：89.
⑤ 陈序经. 中国文化的出路[M]. 北京：中国人民大学出版社，2004：5.

二、中国早期文化学双峰：黄文山与陈序经之比较

文化也可以说是人类适应时境以满足其生活的努力的结果。"①

对以上的"文化"定义，陈序经以"人"为中心，从以下几个方面作了较详细的说明：第一，人是文化的动物。人之所以为人，是应为因为他有文化。从发生学的角度来看，有了人类，必有文化，文化的历史和人类的历史是同时发生的。第二，文化是人类所独有的。人要是创造文化，他必然已经是人。如果他不是人，他绝对创造不出文化来。人之所以异于其他动物者，也可以说是因为前者有了文化，后者没有文化。"原来一切的文化都是人的文化，没有物的文化，因为唯有人，才有文化。物的本身绝没有变成文化的能力。"②第三，文化是一种手段性的现实，文化的存在，是为了满足人类的需要，而且创造新的需要。第四，人有创造文化的能力，文化是人类的创造品。文化的发生及发展，必须依赖于人类的努力创造，而并且文化的创造和发展要依赖"个人"的才能和努力。人类创造文化的成绩的程度如何，要靠人类的努力程度。第五，人类因为有了创造文化的能力，他们也有了改变、保存及模仿文化的能力。他们若觉得他们的文化有缺点，可以改变文化。他们若觉得他们的文化比他人的文化好得多，他们可以保存文化。他们若觉得人家的文化比较他们自己的文化高一点，他们可以模仿文化。③ 第六，文化必须适应一定自然环境和时代环境，也就是文化的创造和发展离不开一定的文化基础，包括地理的、心理的、生物的、社会的和文化的基础等。尤其是文化的基础，人类自生长到老死，差不多处处都是在文化里过他们的日子和生活。人们无意识地行前人或时人所已行的方法，做时人或前人所传下的东西，遵社会所已有的风俗、习惯、传说、信仰以及其他的生活方式。"因为他自小至大已受到他们

---

① 陈序经. 文化学概观[M]. 北京：中国人民大学出版社，2005：28.
② 陈序经. 中国文化的出路[M]. 北京：中国人民大学出版社，2004：59.
③ 陈序经. 中国文化的出路[M]. 北京：中国人民大学出版社，2004：5.

社会的文化的影响,他对于他自己所创造的新文化,也免不得要受这些旧文化或是已有的文化的影响。"①

从陈序经的文化定义可以看出,他受到文化功能派和文化进化论派的影响比较大。这一定义,在当时显然是一个既简洁又具体的表述,可以与黄文山的"文化"定义媲美。只是黄文山的定义更严密,更科学。

比较以上黄、陈二人对"文化"的定义及其解释,可以发现有极大的相似性:

第一,强调人与环境,也就是人与自然的关系,是一种适应与被适应,作用与被作用,改造与被改造的关系。

第二,强调"文化"的目的性,是为了满足人的生活需要或生存需要。

第三,强调"文化"为人类所独有,是人之所以为人的一个重要标志。

第四,强调"文化"的工具性,手段性。

第五,强调"文化"的过程与结果两重性。

第六,强调"文化"的创造性。

无疑,在黄文山所在的时代,在中国,黄文山与陈序经对"文化"的定义最为科学、清晰、简洁而具体。② 而后来的文化学者,

---

① 陈序经. 中国文化的出路[M]. 北京:中国人民大学出版社,2004:7.

② 当时有不少中国文化学者给"文化"下过定义。如梁启超说:"文化者,人类心能所开积出来之有价值的共业也。"(梁启超. 饮冰室合集(第五册)[M]. 北京:中华书局,1989:98.)梁漱溟说:"文化,就是吾人生活所依靠之一切。"(梁漱溟. 中国文化问题略谈[G]//李凌己. 梁漱溟学术文化随笔. 北京:中国青年出版社,1996:48.)贺麟说:"所谓文化,乃是人文化,即是人类精神的活动所影响、所支配、所产生的。"(贺麟. 文化与人生[M]. 北京:商务印书馆,1988:280.)钱穆说:"我认为文化只是'人生',只是人类的'生活'。"(钱穆. 钱宾四先生全集(37卷)[M]. 台北:联经出版事业公司,1998:6.)他们对"文化"的认识,是采取人文主义的,而非科学主义的视角,因此,他们的"文化"定义,显然过于笼统而随意,而缺乏科学的严密性。

特别是马克思主义文化学者对"文化"的定义,多与他们的"文化"定义相一致①。仅从这一点,可以看出黄、陈二人对文化学这门科学建设的开创性贡献。

然而,韦正通却在《中国文化概论》(1968年初版)中说:"清末以来,讨论文化问题的人很多,也曾因文化问题兴起过几次大的论战。可是'文化'究竟是什么,却很少人提到,大家对文化也简直没有一个清晰的概念。"②他笼统地得出这样的结论,显然忽略了黄、陈二人对"文化"的科学定义,实在有些不应该。

3. 谁是中国最早明确提倡文化学建设的学者

中国学者中,文献可以查到的,是张申府最早在《文化与文明》(1926年)一文中曾提到过"文化学"的概念,但是他紧紧提到过这个观念而已。关于谁是中国最早明确提倡文化学学科的建设者,却大有分歧,放下阎焕文不说③,最大的分歧在黄文山与陈序经。

据陈序经自己讲,1928年,他在广州岭南大学任教,就"曾用过'文化学'这个名词"。④ 这大概是他最早用"文化学"概念的时间。没过多久,在一个社会科学的讨论会上,陈序经"不只是提起文化学这个名词,而且指出文化学是自有其研究对象,自有其题材

---

① 如张岱年等认为,"文化是人类在处理人和世界关系中所采取的精神活动与实践活动的方式及其所创造出来的物质和精神成果的总和,是活动方式与活动成果的辩证统一。"(张岱年,程宜山.中国文化与文化论争[M].北京:中国人民大学出版社,1990:2.)

② 韦正通.中国文化概论[M].长沙:岳麓书社,2003:1.

③ 阎焕文的《文化学》是"于二十年春完稿"(阎焕文.文化学[G]//中国文化学学会.文化学论文集,1938:1-2.)的,也就是1931年春。不过正式出版是1934年。

④ 陈序经.南北文化观序[G]//杨深.走出东方:陈序经文化论著辑要,北京:中国广播电视出版社,1995:466.

的一种学问。"①但是,直到1938年,他并没有明确打算建设一门新的文化学学科。从1938年的下半年起,在每个学年中的第一个学期,陈序经都在国立西南联合大学里主讲文化学课程②,他自己"很愿意把文化的本身上与根本上的一些问题或原理加以讨论",③"乃提出'文化学'这个名词"。④ 陈序经还说:"文化学的本身是近二十年来的一种新产儿,虽则文化学的名词是源始于百年以前。人类学者、社会学者、历史学者、地理学者以至哲学家与科学家,等等,虽各人都从个人的立场而研究文化,然而从文化的本身而研究文化的还是很少。"⑤这是符合历史事实的。

但是,《文化学概观》的《出版前言》中介绍说:"本书是先生在西南联大开设'文化学'课程的讲稿的基础上写成的,见证了先生开各国大学文化学教育之先的创举,也标志着文化学在中国作为一门学科的开始。"⑥这样评价说陈序经是中国学者在大学开设"文化学"课程的第一人,因而是中国文化建设第一人,这种表述显然是对中国早期的文化学建设情况不熟悉。

其实,早于陈序经,黄文山于1931年至1935年间在中山大学、中央大学等大学开设文化学课程。而在此期间,黄文山已经有比较成熟的文化学建设论,如《文化学建设论》、《文化学方法论》,

---

① 陈序经. 南北文化观序[G]//杨深. 走出东方:陈序经文化论著辑要,北京:中国广播电视出版社,1995:466.
② 后来,陈序经把讲课的内容系统化,于1947年整理出版成四册《文化学概观》。陈序经阐述的文化学理论,不仅为他的"全盘西化"主张提供了强有力的理论根据,而且为中国的学术提供了一整套重要的文化学体系。
③ 陈序经. 南北文化观序[G]//杨深. 走出东方:陈序经文化论著辑要,北京:中国广播电视出版社,1995:871.
④ 陈序经. 南北文化观序[G]//杨深. 走出东方:陈序经文化论著辑要,北京:中国广播电视出版社,1995:872.
⑤ 陈序经. 南北文化观序[G]//杨深. 走出东方:陈序经文化论著辑要,北京:中国广播电视出版社,1995:476.
⑥ 陈序经. 文化学概观[M]. 北京:中国人民大学出版社,2005.

等等。而到1938年，他更是出版了《文化学论文集》，提出初步系统的文化学思想。在这个意义上说，黄文山是中国文化建设的先驱，甚至"中国文化学之父"也不为过。

4. 文化学建设中的"中"与"西"

郭齐勇教授曾认为陈序经和黄文山的文化学著作虽然博大严整，但让人"仍感到有铺陈过宽，重点不够突出，英美学风印痕较深，欧陆和中国人文传统不彰的毛病"。① 这样的评价是有道理的，特别是对于他俩早期的文化学建设而言较为中肯，尤其是对陈序经的文化学格调来说，比较切中要点。不过，如用这样的评价来总评黄文山，还值得商榷！

中国早期的文化学的理论向西方借鉴，无可厚非，因为中国历来的科学研究不发达，近代以来中国科学的发展，基本上是向西方学的。文化学的建设，首先在西方学术的启发下发展起来，是历史逻辑的必然。但是，这并不意味着中国学者就不能借助中国文化的优秀资源进行文化学的创建。在建设文化学时，对于中西学术资源的态度，黄文山显然与陈序经有重大的区别。

陈序经文化学建设的资源仅仅来自西方，而于中国传统文化资源不屑一顾，更对中国其他文化学者的研究成果不够重视。陈序经在建设文化学时，显然对中国当时的文化学研究的关注不够。其实，对于现代文化学的提倡和建设，中国是不比西方晚的。在世界现代文化学开创阶段，即20世纪上半叶，中国涌现了一大批文化学者，如梁启超、梁漱溟、张申府、黄文山、朱谦之、阎焕文等，有的甚至很早就极其明确地提出了建立文化学，而且已经着手在建设，并取得了众多成果。遗憾的是，其他中国学者的研究成果，陈序经在其研究著作中基本没有提及到，个别涉及的，如梁漱溟，也

---

① 郭齐勇.文化学概论[M].武汉：湖北人民出版社，1990：29.

第五章 黄文山文化学思想的学术史地位

只是为了做反面靶子①。

也难怪张申府在1926年就明确提出要在中国"建设文化学",黄文山在1931年至1935年期间就在中山大学、中央大学等校开设文化学课程,并且写了大量的专门论文研究文化学建设,而且,阎焕文在1934年还专门写出《文化学》一书,陈序经在1937年居然一点不知道。他竟然还说:"据我所知的,应用这个名词而为一种课程的,在中国的大学里固是没有听见,在欧美各国的大学里也是没有听见。"②当然,当时他在"欧美各国的大学里"没有听见,这是属实的,但是在国内,黄文山等学者早就开始了,这不能不说是一个巨大疏漏。

对当时中国学者的文化学研究关注不够,的确是一个学术遗憾,它不仅使陈序经自己的文化学研究材料单调,也给研究者对中国文化学学术在世界文化学学术中的贡献的定位,带来了难度。由于当时包括黄文山、阎焕文、朱谦之和陈序经在内的一些学者的努力,现代文化学的研究应该是走在世界前列的。从黄文山和美国"现代文化学之父"怀德(Leslie A. White)和社会学大师索罗金

---

① 陈序经用"文化进步论"批判"复古派"时,曾以梁漱溟为靶子。梁漱溟曾把世界文化分为三种:一为中国的文化,二为印度的文化,三为欧洲的文化。这三种文化的差异是:西方文化是以意欲向前要求为根本精神的;中国文化是以意欲自为调和持中为其根本精神的;印度文化是以意欲反身向后要求为其根本精神的。照梁先生的意见,人类文化之初,都不能不走第一条路——西洋文化的路。这是文化发展的第一时期。第二的时期是中国文化的路,而特别是指孔子之道。第三的时期,是印度文化的时期,而特别是佛教化的文化。梁先生以为这三个时期是人类文化发展所必经的途径,文化的趋势也是这样朝向的。陈序经依据他的"文化进步观",认为梁先生的观点有致命的错误,他说:"以为西洋、中国、印度的文化的差异,是由于一者是以意欲向前,一者持中,一者向后。这是完全错解了意欲的真谛。意欲之所以成为意欲,就是因为它是向前的,活动的;唯有完全没有了意欲,才没有向前的动作。同样,一切的文化所走的途径,都是向前的,决没有向后的。"(陈序经.中国文化的出路[M].北京:中国人民大学出版社,2004:78.)

② 陈序经.南北文化观序[G]//杨深.走出东方:陈序经文化论著辑要,北京:中国广播电视出版社,1995:472.

(Pitirim A. Sorokin)的通信和交往情况就可以看出来(关于这个问题,作者拟有专文讨论),陈序经着力研究文化学,与怀德差不多是同时的。而如前面所讨论过的,黄文山提倡与着手研究文化学显然要早一些,而陈序经专门研究文化学是到了抗战以后。

黄文山的文化学体系的基本思想是来自西方的社会学、文化人类学、民族学等科学成果,但是,黄文山还特别注意文化学建设的"中国化"。与陈序经相比,黄文山的文化学体系有更加鲜明的"中国特色"或"民族特色"。

造成以上文化学体系的特点的重大不同的根本原因,是黄文山与陈序经的根本文化观与学术立场的重大差异:

第一、陈序经坚持的是"全盘西化"的文化观。陈序经之所以对中国学术界如此的生疏,固然可能与当时因抗日战争,交通信息阻塞有关,但其根本原因,这可能与他"全盘西化"的文化主张有关。因为在陈序经眼里,中国万事不如人,万事不如西方,包括学术也是如此,因此他不屑于中国的学术。郭齐勇教授认为陈序经"英美学风印痕较深",其因也应在此。

第二、黄文山坚持的"中国本位"的文化观。所以,黄文山的文化学体系表面上有着浓厚的西方色彩,但是其骨子里却流淌着中国传统文化的健康的血液,从他对文化学的核心范畴"文化"定义的解释中可以看出,他非常有意识地与中国文化接殖,尤其是他后期的文化学建设,更是对中国传统文化的回归,回归到"中庸",回归到《易经》。黄文山的学术立场是:"中国学术固应取法欧西,舍短取长,补我不足,但文化的自立自主,求迈进于创造之途也是天经地义的。"①

5. 文化学体系的科学性与系统性

尽管陈序经非常注重对"文化本身"的理论研究,并形成了他

---

① 黄文山.文化学及其在科学体系中的位置[M].广州:岭南大学西南社会经济研究所,1949:16.

自己的文化学体系①。但是由于种种原因，如在前期，陈序经作为文化论战浪尖上的风云人物，其主要的兴趣和精力大都花费在具体的文化问题的讨论上，对文化学的系统思考不力；抗战时期虽准备集中精力对文化学进行建构，但战乱多少影响了他研究的进度；抗战后，他的兴趣转向了历史的研究和其他社会活动，并没有继续拓展和深入研究其文化学体系。因此，其文化学体系显得并不是很精致，而显得有点粗糙，有不少不足之处，概而言之主要有：

第一、文化学体系的内在矛盾与紧张。陈序经文化学体系内在矛盾与紧张之处并不少见，现举一处："文化没有本质的差异"与"文化不相容论"的矛盾。陈序经一方面认为，一切的文化只有程度和量上的不同，并没有种类和质的不同，文化没有东西之分，文化为人类所共有。他说："一切文化的差异，只有程度或量上的简单和复杂的差别，却没有质上的差异。"②他又说："所谓各种民族的文化的差异，与其说来源的不同，不如说是发展的差异，与其说是种类的不同，不如说是程度的差异。"③他又说："文化的本身，是整个人类所共有共享的东西，而不是任何一国家，任何一民族的专有或专利品。"④按照陈序经的以上意见，则中国文化与西方文化也只是存在程度和量上的简单与复杂的不同，中西文化为人类共有，二者之间应该可以共存、可以相容的。而按照他的"一致与和

---

① 对陈序经《文化学系统》的成就的评价，陈其津认为"首先建立'文化学'这一门独立的、自成系统的科学学科"。（陈其津. 我的父亲陈序经[M]. 广州：广东人民出版社，1999：239.）

在陈序经所有的文化学著作中，1934年出版的《中国文化的出路》和1947年出版的《文化学概观》四卷本是最重要的代表作。前者为源点，后者为结点。前者不仅标志着系统完整的"全盘西化"论的提出，而且标志着其"文化学体系"的萌芽。后者则主要对前者中的文化理论部分做了系统和深入的探讨，从而成为最终建构其恢弘的"文化学体系"标志。

② 陈序经. 中国文化的出路[M]. 北京：中国人民大学出版社，2004：78.

③ 陈序经. 文化学概观[M]. 北京：中国人民大学出版社，2005：57.

④ 陈序经. 中国文化之出路[G]//全盘西化言论集，广州：岭南大学青年会，1934：15.

谐"原理,则中国文化与西方文化的接触,至少可以达到"一致与和谐"的状态。但是,陈序经另一方面又认为,中国文化有些"是不能和西化相容的",如"孔子的生活是与全盘采纳西洋文化不能同时并行的"。①陈序经理论的这一内在矛盾与紧张,其实是其文化理论与其"全盘西化"文化主张的矛盾,至少陈序经在运用这一理论去解决具体的文化问题时,遇到了逻辑的困境。也难怪,对于"全盘西化"这一偏激的文化主张,理论解释有时显然无能为力。

第二、有些研究有待深入。在陈序经的文化学著作里,有不少地方多是叙述性和描述性的内容,理论的科学建构不够,有待进一步的分析和论证。如:

其一,在论述"文化的成分"的分类时,只是较为详细地罗列了当时中外各家,如泰勒、拉策尔、米勒赖尔、威士莱、韩瑾斯等人的分类情况,并加以分析,"但他自己在集中讨论文化的成分时,始终没有提出一个自己详细的分类方法。"②

其二,在论述重要文化学原理"一致与和谐"时,并没有明确区分"一致"、"和谐"、"一致与和谐"三个概念的内涵,而是直接运用,显得比较模糊。以至于他设想的两种完全相同、完全相异、同异兼有的文化接触的三种结果和状态"一致"、"和谐"、"一致与和谐",只是一种理论上的臆测,他在论述这一文化理论时"始终没有举出实例也无法举出实例来加以说明"。③

其三,在论述"文化学"概念时,他只是较为详细介绍了文化学的发展史,从最早的拉弗日尼·培古轩(M. V. Lavergne Peguilhen)在1838年所刊行的《动力与生产的法则》(*Bewegungund Production—Gesetzen*)的第一部分第一章里,"不只用了文化学这个

---

① 陈序经. 中国文化的出路[M]. 北京:中国人民大学出版社,2004:81.
② 刘集林. 陈序经文化思想研究[M]. 天津:天津人民出版社,2003:84.
③ 刘集林. 陈序经文化思想研究[M]. 天津:天津人民出版社,2003:110.

第五章　黄文山文化学思想的学术史地位

名词，而且有意地要建立文化学。"①到格雷姆（Gustav F. Klemm）、俄斯发尔特（Ostwald）、泰勒（Tylor）和斯宾塞等学者有关的文化学研究。但是陈序经对自己对于文化学的理解并没有太多的论述，他只是在偶尔谈及文化学的范围，如"与其说文化学乃社会科学之一种，不如说是好多社会学科乃属文化学的范围之内。政治、经济，像我们上面所说，就属于文化学。"②陈序经对文化学做这样的规定，显得极其宽泛，文化学的学科定位依然非常模糊。至于文化学到底是一门什么样的科学，它到底与其他的科学，如社会学、人类学、民族学、文化哲学等的区别，它到底在科学体系中占一个什么样的位置。陈序经并没有给出他自己的解释。

其四，文化学体系建构的科学性不够。如果文化学要成为一门科学，就必须有自己明确的目的、任务、意义、对象、研究范围、研究方法、系列核心范畴及重要命题，等等。但是，陈序经并没有清楚地告诉我们他研究文化的目的是什么，当然我们可以分析出他的目的是为了给他的文化主张作理论的说明，但这是不够的。他也没有明白地告诉我们他研究文化学在学理上有什么重要的意义和要解决的任务，以及研究的范围；对所用的研究方法也极少谈到，而一些核心范畴和重要命题也只是他在论述具体文化的提炼而已，很多没有普遍性。总的来说，学理深度不够，缺乏科学性。

黄文山是从研究社会学进而研究文化学的，因此，相对陈序经来说，有更多的科学精神与实证精神，并且特别强调方法论，所以他在建设文化学体系时，尤其注重其科学性与系统性。并且，黄文山把对文化学建设的探索，当作一生的事业，在陈序经的学术兴趣从文化学转开后，黄文山仍然对文化学的理论问题孜孜以求，思索不倦。这让黄文山有更多的时间和机会去不断完善他的文化学体系。所以，从总的方面来观照黄文山与陈序经的文化学体系，就会发现黄文山的文化学体系比陈序经的文化学体系在学理上更加周延一些。黄、陈二人的文化学标志性著作——《文化学体系》与《文化

---

① 陈序经. 文化学概观[M]. 北京：中国人民大学出版社，2005：42.
② 陈序经. 文化学概观[M]. 北京：中国人民大学出版社，2005：46.

学概观》的分量来看,黄著显然要略胜一筹。

6. 综评

但不管怎么样,陈序经抗战期间,在《中国文化的出路》的基础上,倾力对文化学进行专门的研究,取得了《文化学概观》四卷本丰硕的成果,它应该是中国文化学学术史上第一部结构宏伟、论述较深入的专门讨论文化学的专著(阎焕文的《文化学》没有其深刻)。陈序经的这两部著作,奠定了其在中国文化学史上的重要地位。同样是在抗战期间,准备完成巨著《文化学体系》的黄文山,由于种种原因,直到抗战结束,才完成其宏著的上半部分,共计六十万字,但只有分开发表的《文化学的建立》、《文化学在科学中的位置》等单行本出版。其中《文化学在科学中的位置》的出版还得到了陈序经的支持。而完整《文化学体系》直到1968年才由台湾商务印书馆出版。

黄文山的《文化学体系》与陈序经的《文化学概观》,基本反映出了中国早期的文化学者对于文化学建设的重要贡献,它们是中国早期的"文化学双璧"。

与黄文山比较,陈序经花在文化研究方面的大部分时间集中在有关文化论战的一些现实的文化问题上,这固然是造成他的文化学理论不够深入和完善的原因。但是,从另一方面来看,这也促成了他的文化学的一个优点,即其文化学理论一般是能够解决他在文化论战期间坚守的"全盘西化"文化主张时所遇到的理论难题,理论的研究建立在现实需要的基础之上,这样一来,他的理论不是闭门造车的空中楼阁,具有极强的实践性。

而黄文山则不同,他更具有理论研究的兴趣,三十年如一日地对文化学进行沉思,从20世纪30年代初在中央大学等开设文化学课程并写作大量文化学论文(多收入《文化学论文集》),到1968年最终出版《文化学体系》,他始终把文化学当作一门科学进行严密的建构,还积极吸收中外文化学研究成果,并与怀德等国际上文化学者进行积极探讨,克服了上面谈到的陈序经的诸多不足。因而,其文化学理论体系与陈序经相比,更加宏大和详备,更加深入,更加具有科学性，对文化学学科建设贡献更大。

总的来说，陈序经因其较早提出和积极建设文化学，并且形成自己较完备的文化学体系，对中国早期的文化学建设有开先声之功，因而也是中国文化学的先驱之一。陈序经与黄文山在文化学研究上各有千秋，鉴于他们对中国文化学建设的巨大贡献，可以认为他们是中国早期的"文化学双峰"。

综上所述，黄文山具有强烈的文化学自觉意识与学科意识，他是中国早期文化学建设的领军人物之一，他对文化学在中国的发展，起到了积极推动作用，其本人的文化学体系的建构，也是中国早期的文化学最系统最深入的研究之一。如果，大胆一点说，以上的"之一"可以去掉，认为黄文山是"中国文化学之父"。

三、黄文山在世界"现代文化学"领域中的地位

黄文山在中国文化学领域占有重要的位置，在一定意义上说，他是"中国文化学之父"。而在世界范围来看，黄文山也是"现代文化学"的先驱之一，他至少可以与班思所认为的"文化学之父"怀德相提并论。而事实上，怀德在其文化学的建构过程中，与黄文山有过持续与深入的互动，这对他们双方的文化学建设起到了极大的促进作用。

（一）文化学在世界的发展阶段

黄文山在 Culturology—Its Evolution and Prospect（《文化学的演进与展望》）中把文化学的演进和发展前景，分为三个阶段：孕育期；建构期；综合期。① 李宗桂教授将文化学的发展分为两个阶段：古典文化学与现代文化学②。

结合黄文山与李宗桂教授对的文化学发展的分期，本文把世界

---

① 详见本论文的第三章《文化学体系》（上）：范畴中第二小节对"文化学"发展的阶段的论述。

② 李宗桂．文化学建设与文化现代化[J]．中山大学学报，2005(6)：16．

三、黄文山在世界"现代文化学"领域中的地位

学术界对文化学的研究,大概地划分为下面三个时期:古典文化学、现代文化学与当代文化学。

第一期:古典文化学时期。这是文化学的孕育期。指从18世纪至20世纪初期。代表人物是康德、黑格尔、孔德、斯宾塞、泰勒、摩尔根、斯宾格勒、汤因比等人。这一时期,文化学并没有成为一门独立的科学,而是与文化人类学、人类学、社会学、民族学、历史哲学等混合在一起。但是,在这些学科所探讨的理论问题中,很多就是文化学的理论问题。这时期的文化理论研究,为文化学的诞生提供丰厚的土壤与养料。黑格尔较早提出文化科学的概念。孔德是社会学的鼻祖,而他的社会学在很多方面谈论的就是文化学的问题。文化学就是从社会学中层创出来的,对此孔德早期有极大的暗示。达尔文的进化论对文化人类学的文化进化论思想有重大影响。摩尔根站在文化进化论的立场上,对古代社会的文化研究为文化学的建立提供了丰富的资源。马克思则是摩尔根文化进化论思想的继承者与阐发者。丹尼拉维斯基对文化法则进行探究①。

---

① 丹尼拉维斯基把过去和现在的一切民族分成三个主要类别:(一)历史的积极的动作者,这些民族创造出伟大的文明或历史文化类型;(二)历史的消极的动作者,这些民族和部族不曾创造出伟大的文明,但作为历史的飓风或"上帝的掌鞭者",他们却对于老迈的、垂死中的文明,作出"最后之一击",使其从速进入死亡状态;(三)民族和部族,其创造的生命力,因为某种理由,在早期阶段率而停顿。他们只代表着"民族志的资料",至于具有创造性的民族,即利用那些资料来营养及增进自己的文明。丹氏认为属于"历史文化类型"的民族有:(一)埃及族;(二)叙利亚、巴比伦、腓尼基、卡尔丹族或古代闪族;(三)中华民族;(四)印度族;(五)伊兰族;(六)希伯莱族;(七)希腊族;(八)罗马族;(九)新闪族或阿拉伯族;(十)日尔曼、罗马族或欧罗巴族。丹氏由此更进一步,把那些支配着"历史文化类型"(积极的创造的文明),破坏型(消极的),和"民族志资料型"的民族之文明所以兴起、生长、没落的基本齐一性或法则,予以形成:法则一,每种部族或一系民族,必然具备共通的语言,或一群的语言,其类同之处,虽不经精湛的语言学探究,亦可直接观察出来。同时,他们在心态上,精神上,可以作历史的发展,并且脱离了孩提的时代,这便构成一种创始的"历史文化类型"。法则二,一个民族的潜在文明,如果真能兴起与滋长,它所需要的乃是政治的独立。法

第五章 黄文山文化学思想的学术史地位

最终,文化人类学家泰勒给文化下了一个确切的定义,并且,正式提出"文化科学"的概念。泰勒对文化学的贡献有两点:其一是他是第一个使用"science of culture"的学者,即《原始文化》第一章的标题。其二是他给文化下了一个相对满意的定义,他说:文化是作为一个社会成员所获得的包括知识、信仰、艺术、道德、法律、风俗和其他能力与习惯的联合体。

第二期:现代文化学时期。这是文化学的建构期,指20世纪初叶至80年代,主要是20世纪上半叶。20世纪以来,文化学(Culturology)的学科自觉性不断加强,许多文化学者致力于文化学科学的反思与建设,代表人物有阿斯华德、克鲁伯、素罗金、黄文山、怀德等。这一时期,文化学的独立探讨成为学术发展的必然,其中,阿斯华德、克鲁伯、素罗金等在文化学思想储备上做了大量的前期工作。

现代文化学的讨论,可以认为是从伟大的德国化学家和"能"之哲学家阿斯华德开始的,早在1909年,阿斯华德(Wilhelm Ostwald)已《在文化之能学的基础》(Energetic Foundations of the Science of Culture)上,正式采用"文化学"(Culturology)这一名词。关于阿斯华德及其文化学。黄文山曾说:"我在一九三○年左右提倡建立文化学时,那是我个人考虑的结果,没有知道阿氏有此主张。直至一九三八年在重庆看到马绍伯译的《文化学之能学的基

(接上注)则三,一个"历史、文化类型"的文明之基本原则不能传递给另一历史文化类型的民族。每种类型在外国的先前的或同时并在的文明之多少影响下,创造出自己的文明。法则四,某种"历史文化类型"的文明,只有当它的"民族志资料"是多方,而该文明又享有政治独立时,才能达到全盛、丰富和绝异的结果。法则五,"历史文化类型"的发展途径类似四季不断生长的树木,其生长是永久的,无尽藏的,但是其开花结子时期则相对短暂,有时一趟过便精疲力竭,憔悴而死。

黄文山认为,丹尼拉维斯基对文化法则的探究,则为20世纪文化哲学,文化社会学,文化学大家如斯宾格勒,汤恩培,素罗金,克鲁伯,诺乐柏辈开其先河,真可说是"开拓万古之心胸,推倒一世之豪杰",上掩百世,下掩百世。(黄文山.文化法则论究及其发端[G]//黄文山.当代文化论丛(上、下),广州:香港珠海书院,1971.)。

础》时,方知阿氏在我之前已有同样之主张,先我而发表。虽然他没有像我一样,对文化的性质加以详细的说明。素罗金在一九一八年著《当代社会学学说》时,本谈到他的能学理论,但仍以'社会科学'译'文化科学'的名词。可见他那时对于'文化学'亦未注意。怀德说,他本人自己是在阿斯华德之外,独自发现文化学。这是说,他在写《科学范围之扩大》(一九四八)时,还不知道阿斯华德有此主张,故于《文化的科学》(一九四九)一书发表之前夕,附带对于阿斯华德的学说,做简单的介绍,但他仍误认'文化学'一词之提出,不是他所说的一九一五年而是一九〇九年。虽然他后来在其他方面的说明,对此错误已有纠正。"①这说明,黄文山与怀德最初在创建文化学时候,是于阿斯华德之外独立进行的。阿斯华德虽然提出建立"文化学"的时间在黄文山和怀德之前,并且对黄、怀两人有一定的影响,但是,从对文化学讨论的深度与广度来说,他显然不及黄文山和怀德。

黄文山和怀德是建立现代文化学体系的关键人物。黄文山与怀德正式提出文化学的概念,积极倡导,并积极建设文化学,对文化学这门新学科的发展起到了非常重要的推动作用。

第三期:当代文化学时期。这一阶段是文化学体系的完善期。20世纪80年代以来,文化学经过长时间的孕育与体系化的建构,到了20世纪80年代,基本的理论建设达到了一定的高度。但是,文化学体系应该是一个开放的体系,文化问题的理论解答永远处在变易的过程中,因此,文化学体系更应该与时俱进,不断采用新的文化资料丰富自己的理论。

当代文化学建设必须在继承、整合前人研究成果上,克服以前文化研究的不足,继续向前发展。一方面,当代文化学除了继续关注科学性之外,还要更多地注意其人文性。黄文山与怀德等虽然也注意到了文化学的人文性,但是他们的文化学的科学性在压倒了社会性的同时,也压倒了人文性。另一方面,当代文化学要更加关注现实问题的具体解答,还要更多注意其应用性。阎焕文、黄文山也

---

① 黄文山.文化学体系[M].台北:台湾"中华书局",1971:1034。

曾注意到应用文化学的问题，但是，都没有深入研究。

就中国当代文化学建设而言，有必要用好中国文化的优秀资源。黄文山在后期的文化学研究时，明显地向中国文化，特别是中国传统文化靠拢，自觉地应用中国传统文化的优秀资源。但仍是任重而道远。在很大意义上，现代文化学的基本思想是西方的，而文化学思想的中国化问题是当代文化学建构一个重要的问题。

(二) 黄文山与世界现代文化学

黄文山的文化学建构，与世界学术保持一致，偶尔有某种程度的超前。就明确以"Culturology"这个概念提出文化学的建设者而言，黄文山在现代文化学者中是较早的。黄文山说："十余年前（民国二十年至二十四年）……我即开始主张，我们要在社会学之外，另建一种实证的文化学，把文化科学的结果，重新综合起来，做文化建设计划的参考。这样的一种新科学之轮廓，在作者内心徘徊着十余年，但国内知音既少，国外又乏同调。"[①]黄文山谈的这些情况属实，不过需要指出的是，黄文山的文化学是在西方文化学研究的滋养下发展起来的，无论是古典文化学，还是现代文化学，都是黄文山文化学建设的主要资源。特别是一些现代文化学者，对黄文山的文化学建立有过重要的影响，如克鲁伯、索罗金和怀德。克鲁伯和索罗金虽然自己没有明确地提出与建设独立的文化学，但是他们启发和支持了黄文山的文化学体系的创建。怀德更是和黄文山互相启发，对黄文山完善文化学体系有一定促进作用。

1. 黄文山与克鲁伯 (1876—1960)

黄文山师从克鲁伯学习文化理论多年。1950年，黄文山还应克鲁伯博士之邀请，赴美国哥伦比亚大学任客座学人，由清华基金紧贴补助金（梅贻琦先生主持），从事文化学研究。

克鲁伯在其重要文化著作 *The Nature of Culture*（《文化的本

[①] 黄文山. 文化学的建立[M]. 广州：广州国立中山大学法学院，1948：47.

性》)中,曾把他50多年来的关于文化和文明的作品收集在一起。其中50篇写于1939—1951年,分5个部分:文化理论;血族关系与社会结构;美洲印第安人;心理学倾向;文明的历史与过程。

黄文山认为,克鲁伯是过去五十年世界文化人类学的宗师、社会科学界的"祭酒"。文化学的基本原则,在美国方面,实由克鲁伯建立起来。黄文山总结克鲁伯对文化学的重要影响,主要有三点:一、文化学接受克鲁伯所提出的原则,其中最重要的是"超机论"——文化是属于超有机体或超个人的,它构成自然现象的最高层次。二、文化学也曾接受克鲁伯所提出的"文化决定论"(Cultural Determinism)。他极力主张文化为超有机体的、超个人的、超心理的,以为文化现象有决定主义的不可避免性。一切文化由先在的文化为之决定。三、克鲁伯认为"文化概念"系由文化人类学家所发现。其性质有六点:(一)文化传递不是靠生物遗传;(二)文化起源或须靠个人创造,但创造之后,瞬即变为超个人的"事"或"物";(三)文明由许多"事"组织而成的模式(或款式),一模式就是一体系、一秩序的表现;(四)模式包含价值在内;(五)文明模式是生长的,而生长由模式而来;(六)文明的生命由"生长"、"实现"以至"穷尽",然后再回到"重整"。不过,克鲁伯"对于'文化统形'(Cultural Configuration)之研究,尚未找到文化现象有必然的法则之存在,所谓文化由'生'而'住'而'灭'(死亡或没落)到了没落之后,就没有复兴或重整之说,未必可靠。"[①]

黄文山在 Historical Development of Culturology(《文化学的历史发展》)一文中,把克鲁伯对于文化学的贡献归纳为四点:一是认为文化现象不同于心理现象;二是正视一门科学所关注的是它自己,不是心理的事件,而是超机现象的互动;三是认为文化是属于超心理或超机现象,有现实的、独特的次序;四是指出"文化学"概念的"致命的缺点",是它没有能够区分文化的和社会的概念。克鲁伯使用了"文化的科学"短语,并显示他对科学发展方向敏锐的理

---

① 黄文山.文化学的建立[M].广州:广州国立中山大学法学院,1948:47.

解:"未来的科学将更多是关注文化,而不是社会。"①

黄文山在台湾大学开讲《文化学概论》,"让台大文学院的学生一新耳目",曾祥铎按照黄文山的讲授,把克鲁伯的文化观主要归纳为以下几点:一是文化是由许多的无名英雄共同创造的,虽然其中包括许多杰出的个人的特殊贡献,但最后总是变成超个人的;二是文化是有延续性的,无法加以斩断;三是文化与文明之间,文明应高一层;四是文明各有其特殊的模式、风格与体裁;五是文明的模式(pattern)是可以生长的;六是文化包含价值。关于"文化模式可以生长"这个问题,克鲁伯的见解与斯宾格勒、汤恩比、素罗金诸大师的见解完全相反。他们认为文化经生长发展之过程,然后必趋灭亡;而克鲁伯却认为文化经长期发展后,仍可以恢复青春,再现生机。②

克鲁伯的文化思想对黄文山的影响是至关重要的,可以说,就是克鲁伯在文化学方面的直接启发,导致了黄文山的文化学理论建构。没有克鲁伯的引路,黄文山不会这么快地选择文化学的理论思考。克鲁伯提出的不少文化学命题都是黄文山一直努力寻求解决的问题,如文化与社会、文化体系与社会体系、文化学与社会学的区别、文化体系可以复兴等重要的命题。

2. 黄文山与素罗金(1889—1968)

黄文山对世界社会学与文化理论的了解与研究,很大部分是通过素罗金得到的。黄文山与素罗金的接触,从翻译素罗金的《当代社会学学说》就开始,一直到翻译他的《今日社会学学说》。后来,黄文山到了美国,两人也多有书信来往。

素罗金对黄文山的文化学影响很大,黄文山对素罗金的评价也非常高。黄文山说:"素罗金在现代学术界上的地位,不但堪称美

---

① 黄文山.文化学导论[M].香港:南天书业公司,1980:7.
② 曾祥铎.文化学与中外思想的关系[G]//张益弘.黄文山文化学体系研究集,台北:台湾"中华书局",1976:381.

三、黄文山在世界"现代文化学"领域中的地位

国社会学大师,而且也是20世纪世界社会学、文化哲学、历史哲学特殊的人物,他的名字实应与法国的孔德,德国的斯宾格拉,美国的华德,英国的汤贝并美而绝无逊色。"①他认为素罗金"是孔德、斯宾塞、华德、涂尔干之后最伟大的社会学家"。②

黄文山还亲自就文化问题访问过素罗金。黄文山问:"在先生的著作中,每每侧重'社会、文化、人格'三方面,而加以同等的研究。先生以为'文化学'(Culturology);有如德国阿斯怀德(Ostwald),英国泰洛(Tylor),美国怀德(Leslie A. White)之所发展的,会成为独立的科学么?'社会的'与'文化的'可以分开研究么?孔德在创造社会学的时候,不曾想到'文化研究'的最近发展,会成为一种独立的科学。先生的意见以为如何?"素罗金答:"'文化',如果作有条件的研究,自有成为独立的'文化学'之可能,不过'文化'、'社会'、'人格'的综合的研究仍是不可少的。美国怀德教授对于文化学的主张,大抵以唯物主义作基础,而且相信'能'是文化演进的动力,那时'失时'的'古老'的东西。但是除开他的基本哲学不谈外,我认为文化学是有其独立之资格的。所谓文化学,在拙著《危机时代的社会哲学》中所讲到各家如……的文化哲学,也就是我之所谓的文化学。至我之所谓社会学,已在《社会、文化与人格》一书中加以说明了。"黄文山说:"先生对于文化学提倡及写作有年,希望百尺竿头,更进一步,努力研究,是所厚望。"③

素罗金在《今日社会学学说》中对黄文山的文化学思想做了简洁的陈述:(一)文化学是从社会学中层创出来的一门新科学。(二)最大的原因是文化体系的结构与社会体系的结构不同。文化

---

① 黄文山.世界社会学大师素罗金访问记[G]//广州国立中山大学法学院.黄文山学术论丛,台北:台湾"中华书局",1977:313.

② 黄文山.今日社会学学说之主流及其展望[G]//黄文山.当代文化论丛(上、下),香港珠海书院,1971:103.

③ 黄文山.世界社会学大师素罗金访问记[G]//广州国立中山大学法学院.黄文山学术论丛,台北:台湾"中华书局",1977:318-319.

体系是内容,社会体系是形式。所有文化内容,如家庭、国家、政党、大学、集团由语言、科学、信仰、美学、伦理、政治、经济、哲学、法律和技术学的价值与意义建组成……而社会体系或群体,如国家或集团,是由法律与道德规范决定的组织形式。(三)社会体系是文化体系的继承者或代理者,而不是创造者。社会体系或群体能与确定的文化体系逻辑相联系,但不是文化体系的创造者。(四)两种类型的社会体系能作为文化体系的代理者:一是一类特定的文化价值的继承者,如信仰的、哲学的或政治的价值;二是其他包括所有各类的文化价值,如家庭或国家。(五)文化体系与社会体系的自然状态也不相同。一个文化体系是一个价值体系,而一个社会体系是一个人与人相互作用的系统。一个社会体系,在它组织的各个方面,主要为法律和道德的文化体系。(六)文化体系和文化进程有其各自的法则决定的生命。因此研究文化必然成为独立的科学,它有自己目的、标准、范围和法则。(七)文化不仅是超机的,也是超心理的,超社会的。它有它自己的存在方式。(八)一个文化学的体系至少应该包括文化的生命、文化的本质、文化的结构、文化动力学、文化类型和文化法则。①

素罗金对黄文山的学术思想影响主要有三点:其一、文化演进的"爱能说"。其二、"整合的方法学"(Integral Methodology)。其三、文化体系的上层体系的三类型说。

黄文山的文化整合主义方法论,直接来源于素罗金。素罗金提倡所谓"整合社会学"与"整合的方法学"(Integral Methodology),已经逐渐用具体的方式,把当时的社会学思想的潮流的各方面的矛盾意见,浑融起来。素罗金认为,经过多少年的论战,有三点是大家现在至少可以公认的:第一、"社会文化现象"(Social Cultural Phenomena)是一种"超有机的"(Superorganic)现象。第二、社会学由这种体认,就引出社会文化现象的现实性有三种不同的层次(Levels):意理(Ideology)的层次(意识形态或思想

---

① 黄文山.文化学导论[M].香港:南天书业公司,1980:12.

的层次);行为(Behavior)的层次;物质的层次。第三、由这三种层次,进一步认为社会文化现象可分为文化的、社会的、人格的三个方面。

素罗金把文化分为几种基本的文化体系,如科学体系、宗教体系、经济体系、法律体系、政治体系和艺术体系等。在这种基本的体系的上层方面,还有一种错综的体系,就是文化的上层体系,他又将这种上层体系分成两种:一种就是所谓"观念的(Ideational)文化体系",一种是"感觉的(Sensate)文化体系"。他以为全世界的文化,都可以分成这两个基本的类型。不过,中间还有一个"理想的或理念的(Idealistic)文化体系"——这是复杂的、折中的、过渡的类型。他进一步提出"文化的内在变迁原则"(Principle of Immanent Cultural Change),做为说明文化体系变迁的理由。他认为全世界的文化的变迁,特别是欧洲的,在纪元前8世纪至6世纪的时候,是一种观念的文化体系,纪元前6世纪到4世纪的时候,是一种理想的文化体系,到了中世纪的时候,由公元后6世纪到12世纪,完全是一种观念的文化体系;由13世纪开始直到现在是一种感觉的文化类型的体系,这种感觉的文化类型的体系也就是通常所说的唯物的文化体系,或科学的文化体系。这六百年来的西方文化,完全受这种感觉的文化体系所决定。[①]

素罗金说:"我一向认为世界文化共分三种,其一是唯心型的文化,其二是实感型的文化,其三即为渗杂于二者之间的观念型的文化。现代西方四百年来的文化,一贯地偏重于唯物主义的实感型的文化。其真理,其哲学乃至美术,科学的体系于人生行为和心态,莫不以实感文化为中心。但是这种文化现在已在瓦解当中。这说明现代危机的所在,这种瓦解的过程一直继续下去,将来继起的必为唯心型的文化。代表欧洲的西方文化,诚然已在没落,无可挽

[①] 黄文山.今日社会学学说之主流及其展望[G]//黄文山.当代文化论丛(上、下).广州:香港珠海书院,1971:105-106.

回。新兴的文化则由美洲、中国、印度、日本、苏联等国家为代表。"①

黄文山认为,"'文化构造论'(Cultural construtualism)可以素罗金的主张做代表。他立在反对'元子论'、'整合论'与'对分论'的立场,进而说明在经验的'文化实在'或'体系'(如语言、艺术、伦理、科学、宗教的五种主要体系)之上,还有更广博的'上层体系'(Super-System),这就是唯心论的、唯理论的和唯实论的文化上层体系。"②但素罗金的文化构造论也有缺点:"第一,它单注意文化的配置与构造,反而忽略了文化的重心。这是一个重大的失误;第二,上层体系与下层体系的分别,原来也从文化对分论的非物质(精神)与物质,文化与文明的区分,推演而来,其在实际上是否能表现科学上的'齐一性',诚属问题,故文化构造论的学说,也不能视为定论。"③

综述所述,克鲁伯④与素罗金⑤等人的研究显然已经有向文化学靠近的趋向,只不过,他们没有完全地自觉意识到。而到了黄文山和怀德,才真正把文化学作为一门独立的科学来进行科学化体系化的建构。

---

① 黄文山.世界社会学大师素罗金访问记[G]//广州国立中山大学法学院.黄文山学术论丛.台北:台湾"中华书局",1977:316.
② 黄文山.文化学体系[M].台北:台湾"中华书局",1971:438.
③ 黄文山.文化学体系[M].台北:台湾"中华书局",1971:439.
④ 黄文山说:"克鲁伯未采用'文化学'的名词;曾对我说过,他赞成这一学科的建立,但以年事已老,不再从事创作。他曾单独用过'文化机械学'、'文化工程学'、'文化心理学'、'文化能学'一路的术语,并认为未来的科学,将集中'文化探究'必比集中社会者多。"(黄文山.文化学体系[M].台北:台湾"中华书局",1971:1036.)
⑤ "素罗金对于文化学者的主张,未必全部同意,但他在最后一本巨著《今日社会学学说》,对于文化学的勃兴,已给予相当的地位及讨论。"(黄文山.今日社会学学说之主流及其展望[G]//黄文山.当代文化论丛(上、下),广州:香港珠海书院,1971:105.)

四、中西"现代文化学"双杰：
黄文山与怀德之比较

怀德(Leslie A. White)①被班思称为"文化学之父"，他是美国"现代文化学"的领军人物，其文化学建树基本上可以代表他所在时代的西方现代文化学的发展情况。因此，将黄文山与怀德进行比较，可以更恰当地评估黄文山在世界现代文化学学术史上的地位。

黄文山与怀德对于文化学的研究，相似的贡献主要表现在三点：其一，积极倡导建立"文化学"为一独立的科学，其二，长时间地从事文化学的具体理论建设，其三，形成了自己系统的文化学体系。但由于知识背景与文化经历的差异，使得两人在建设文化学的进路与具体的文化学观点方面又呈现不同的特点。

---

① 莱斯莉·A·怀德(1900.1.19—1975.3.31)，当代美国著名人类学家、民族学家。以研究 L. H. 摩尔根而闻名。美国人类学中"新进化论"的代表之一。以文化进化理论和他称之为"文化学"的科学研究著称。"文化学"的倡导者之一。1920 年以后在路易斯安那州大学、哥伦比亚大学攻读历史学、哲学、政治学、社会学和心理学。1925 年获哥伦比亚大学心理学博士学位，同年转入芝加哥大学，根据其在美国西南部的田野调查材料撰写论文，1927 年获人类学博士学位。1927—1930 年任教于邻近易洛魁塞内卡部落保留地的布法罗大学(摩尔根曾在这个保留地对易洛魁人进行多次调查研究)，研读了摩尔根的遗稿和著作。1930 年转入密歇根大学建立并领导人类学系，直到 1970 年退休。其曾在加利福尼亚大学人类学系任教，1959 年获瓦伊金普通人类学奖金。1964 年被选为美国人类学会主席。重要著作有《文化的进化》、《文化的概念》及《文化科学》等 30 多种。《文化的进化》(1959) 即其主要著作之一。怀德认为文化学(Culturology)是解释人类文化本身的术语的一门学科，同心理学无关，如对氏族的起源、外婚和因男女性别不同而有明显的分工等，不是单纯从动机方面探索，而是从相互影响的其他文化因素中去研究。
其文化学代表作《文化科学》，是一本关于文化学的综合性专著，由十几篇专论组成，从各个方面论述了怀德所提倡"文化学"(即文化科学)的基本观点。本书从这几个方面来讨论文化科学：文化的起源和本质；文化的科学解释的产生及其发展的历史概况；心理学和文化学的基本区别，新观点的一些范例以及文化学的解释技术。

（一）黄文山与怀德的互动

因为文化学，黄文山与怀德成了一生的知音。黄文山与怀德早年是哥伦比亚大学的同学，但那时他们交流不多。1929年后，黄文山在中央大学教书，并开始写文化学方面的文章时，怀德则在燕京大学教书。值得寻味的是，黄文山和怀德后来都独立地开始了对文化学的反思与建构。

1. 黄文山与怀德的学术联系

黄文山说，怀德"在一九四七年间提出建立文化学的主张，与我在一九三二、三四年间的主张大致相同。（他在前书中提到拙著《文化学论文集》，唯语焉不详①）我们自一九四九年以后，见面或通讯讨论之处颇多"。②

黄文山与怀德正式的交往是1940年代。那时，黄文山开始读到美国怀德（White）教授的有关文化学的论文，同时两人开始通信，探讨文化学的问题。1948年5月16日，他与怀德（Leslie A. White）首次通讯探讨文化学的问题。此后直到1971年4月26日的20多年里，两人通信达29次之多，多集中在20世纪50年代左右。这正是他们文化学理论的成熟期。信的原件收录在《文化学导论》中。信的内容分三个方面：第一、交流学术信息；第二、探讨文化学问题；第三、在美国学术界推介黄文山。

黄文山曾在1948年出版的《文化学的建立》中提到："最近始知美国怀德（White）教授一派学者迩来亦以研究文化的科学，与研究社会（社会学）或民族的历史（民族学）的科学不同。他提议这种研究，应称之为'文化学'（'Culturology' or 'Culturological Science'），这种

---

① 怀德在1949年出版的《文化科学——人和文明的研究》曾提到："广东国立中山大学人类学研究所的黄文山教授已用汉语发表了许多论述文化学的文章"。（怀德. 文化科学——人和文明的研究[M]. 曹锦清等，译. 杭州：浙江人民出版社，1988：390.）

② 黄文山. 文化学体系[M]. 台北：台湾"中华书局"，1971：1037.

主张与余十余年来所见先后合辙。"①

黄文山又在《文化学及其在科学体系中的位置》中提及:"战后数年中,世界文化思想,俨然若有机体之发达,至今日而葱葱郁郁,有方春之气。其中如美国怀德(Leslie A. White)教授之倡导文化学,排除旧说,以求真为学鹄,饶有时代精神,卓然成家,年来与余通讯讨论,往还无虚日,其思想与余印证者颇多,以此校彼之短长而益自奋发。"②

黄文山在《何联奎民族文化研究序》中说:"余二十年来在国内以文化学的创建相号召,今寄迹海外,亦首先设立此种课程于纽约社会研究新学院,作粗枝大叶之讲述。近更服膺怀德教授之说,谓文化学之承认,有类于哥白尼之地动说之发现,必将以我人一切思想,起一个新革命。唯此新兴学科,尚在孕育时期,则研究中国文化之整体者,非以斯学之所阐发者为比证解释不可。"③

1950年,黄文山在纽约美国人类学年会遇见怀德,"唯笔者最感兴趣者,为怀德教授对于文化学之提出。笔者与怀德教授通讯多年,此次晤见,以觉欣慰无量。渠本为米斯根大学人类学系主任,是年应哈佛之约,作短期讲演,去年底有《文化学》(*The Science of Culture*)一书出版。会后,笔者应邀去剑桥作三日谈,交换关于文化学上之意见,实生平之乐事。"④

黄文山与怀德的互动,在1971年的《今日社会学学说之主流及其展望》中有详细的记载:

---

① 黄文山. 文化学的建立[M]. 广州:广州国立中山大学法学院,1948:1.
② 黄文山. 文化学及其在科学体系中的位置[M]. 广州:岭南大学西南社会经济研究所,1949:1-2.
③ 黄文山. 何联奎民族文化研究序[G]//广州国立中山大学法学院. 黄文山学术论丛,台北:台湾"中华书局",1977:329.
④ 黄文山. 美国人类学与社会学之趋势——记美国人类学会民族学会年会[G]//广州国立中山大学法学院. 黄文山学术论丛. 台北:台湾"中华书局",1977:308.

第五章 黄文山文化学思想的学术史地位

"一九三四年左右,有个美国人类学家怀德(White)在燕京大学教过书,那时候也注意这个问题。他回到美国去,在一九三九年左右采用这个名词,把它输进到人类学的文献,直到一九四九年,才出版了一本《文化学》(The Science of Culture: A Study of Man and Civilization, New York: Farrar Strauss. 1949)。他对于我写的论文,也译为英文作参考。在他最初提倡文化学的时候,有许多理论同我差不远,不过他后来受到摩根(Morgan)和马克思的影响,跑到文化物质论这条路去,所以要主张恢复十九世纪摩根所建立的文化进化论,一方著《文化的进化》(Evolution of Culture)(原定两本,尚未出完),一方又引致文化的唯物主义(Cultural Materialism),以'能的理论'(Theory of Energy)说明文化的进展。因此我们两个人在哲学的基本立场上,就有很大的差别。他近来写信告诉我(一九六八年十二月),要写一本系统的文化学,说明文化学的历史的演进、范围及方法,这大约与我所发表的《文化学体系》,在目的上有多少相同,不过,哲学的立场是不同的;不过我们在建立文化学的企图上,还是一致的。美国近年来对文化学的研究,非常猛进,而以他的努力之结果为最大。我在一九五一年至五六年左右,在纽约社会研究新学院(New School for Social Research)也始设立文化学的课程,这恐怕在美国还是初见的。我自己关于这方面之理论,在《文化学体系》一书里面,差不多都谈到了,以后还有一本小书,准备在商务出版,是关于《文化学研究》的。此外,又答应美国社会研究基金会董事长恩格必孙写一本《文化学概要》(Introductory Culturology),希望一九七零年出版,所以这里不必再谈下去了。总而言之,美国在去年去世的史学大家班思谓文化学在美国如不是鲍亚士一部分学生的偏见,早该流行了。这话是对的。"[①]

怀德于1975年3月逝世。其毕生书目,由其弟子狄林汉女士主编,载于美国人类学季刊。其最后的著作为《文化体系的概念》

---

① 黄文山. 今日社会学学说之主流及其展望[G]//黄文山. 当代文化论丛(上、下), 广州: 香港珠海书院, 1971: 111-112.

(*The Concepts of Culture System*, Columbia University Press, 1975), 其逝世后由其弟子代为刊布。他曾写信告诉黄文山,要著《文化学专论》(*Treatise of Culturology*) 一书,但据他的高足卡尼鲁(Robert L. Carneiro)告诉黄文山,他对此始终没有着笔。

2. 黄文山对怀德文化学思想的评介

黄文山对怀德极力倡导与积极建设文化学表示赞赏,他认为,"在美国倡导文化学,影响最普遍而愿力最宏伟的应推怀德。美国现在许多字典,百科全书及人类学教科书对采入文化学一词,实得力于他的努力。年前他任美国人类学会会长,曾以会长资格,呼吁大家推行'文化学'研究,这也可见其态度之积极。……他六十岁寿辰时,门弟子为出论文纪念集,美国名史家班思为写长序,称他作'文化学的父亲',与孔德之于社会学一样。"①

怀德的基本文化学思想,黄文山曾经多次介绍过。"当代文化学者当中,眼光之锐利,主张之彻底,立场之一贯,当以怀德占首席。"黄文山曾介绍怀德的文化学理论:"其一,他认为文化学在今日似乎是新鲜的,奇特的;但我们知道斯宾塞曾骂'社会学'一词为野蛮,社会科学到了成熟时,自然习知非要采取'文化学'不可。如果对于哺育类的研究称为'哺育类学'(Manalogy),矿物研究研究称为'矿物学'(Minerology),音乐研究称为'音乐学'(Musicology),为什么文化的研究不可称为'文化学'(Culturology)。其二,他指陈文化是超生物、超体质、超心理的连续体,纵的方面,代代相承,横的方面,由一民族或区域传至其他民族或区域。这种文化历程之动作,以本身之原则或法则做依据,故只能用文化学的名词为之说明,一切用心理学或生物学的概念来解释文化的,根本上必然走不通。其三,他一贯主张文化决定论,反对自由意志的旧哲学。其四,他认定科学的发展与扩大,是由解剖学到生理

---

① 黄文山. 文化学体系[M]. 台北:台湾"中华书局",1971:1037.

学、心理学,以至社会心理学与社会学,最后则为文化学。"①

黄文山又说:"怀德为美国人类学界后起之秀,所作论文抨击鲍亚士学派及其他先辈反进化论主义之学说。渠坚决主张文化进化论与文化决定论,在《论科学范围之扩大》一文中,则以'文化学'(Culturology)在科学体系中,占最高之位置,所持见解,类多新颖正确。渠认为文化学的鼻祖,当推德国之阿斯华德。"②

黄文山在 Culturology—Its Evolution and Prospect(《文化学的演进与展望》)介绍了怀德的文化学的基本命题:(1)文化是"超机的"和"超原子的"。(2)文化组成是一个独立的特别的现象。(3)文化要素相互作用依据它们自身的法则。(4)文化事实应该与其他文化事实相关联,而不能用其他有关心理学的或生物学的标准来解释。(5)文化是一个封闭的体系,仅能被文化的概念解释。(6)文化的进化能被"能的总量"的概念来估量。(7)文化不仅能被心理学和社会学所部分研究,而且它必须被一门新科学——文化科学或文化学所研究。(8)文化学是能够预言人类未来的主要科学。③

黄文山在《文化学体系》中,归纳怀德在文化学上的重要主张,有以下几点:(一)宇宙内,"实在"(Realty)具有三个"层次":无机的、有机的、超有机的。文化现象属于最后的层次,由"事"构成,依据人类特有官能而存在,这种官能使用象征"symbols"文化这个实在,具有自己的历程、法则和倾向,所以需要特殊的科学为之研究。这门科学,应是"文化学"。(二)文化学以研究文化体系结构和功能为目标。他侧重"能"(Energy)与文化之关系与技术在文化现象构成上的重要,故认为文化成为一种精巧的"热动力机械体系"。他由此提出文化法则:能×技术→文化。(三)他接受克鲁

---

① 黄文山. 文化学在创建中的理论之归趋[G]//广州国立中山大学法学院. 黄文山学术论丛. 台北:台湾"中华书局",1977:67.

② 黄文山. 美国人类学与社会学之趋势——记美国人类学会民族学会年会[G]//广州国立中山大学法学院. 黄文山学术论丛,台北:台湾"中华书局",1977:308.

③ 黄文山. 文化学导论[M]. 香港:南天书业公司,1980:22-23.

伯提出的原则,认为文化是"超心理"、"超社会"的现象,故文化搜究不但要与个人有机体的"心理反应"分离,且要与"社会交互动作"的社会分离。(四)文化学的解释或搜究:(1)进化的——即是研究文化进化的普遍法则。文化发展是由一阶段到另一阶段,是不能覆演的;但历史过程是个别化的,进化过程是概推化的。(2)功能的——文化自成结构,有自己的功能。(3)时间的——即是研究文化之历史的变迁。(五)他以为文化一旦自成体系时,个人没有改变它的能力。①

(二)黄文山与怀德文化学思想之比较

黄文山(1898—1988)与怀德(1900—1975)生活的年代差不多,并且有着部分相似的文化教育和知识背景,他们同在哥伦比亚大学学习过,都对人类学、民族学、社会学等科学感兴趣。所以,黄文山与怀德在提出倡导文化学建设主张,以及具体的文化学建设上,有诸多的类似。但是又由于黄文山是中国学者,怀德是美国学者,二者内在的本位文化底蕴不同,他们的文化学体系的有各自鲜明的特色,如黄文山侧重从社会学研究突创文化学,怀德侧重从心理学、人类学等突创文化学②;黄文山站在生存论哲学立场,怀德站在进化论与决定论的哲学立场,建构文化学体系。

就积极倡导建设文化学方面,怀德与黄文山是最持久和卓越的两位。在为文化学的有力辩护与推广方面,怀德在世界范围内影响要大于黄文山,也可能就是在这个意义上,怀德被班思称为"文化学之父"。就文化学的原创性来说,怀德,包括陈序经等与黄文山是并驾齐驱的。而从文化学体系理论科学建构的精密性与完备性来

---

① 黄文山.文化学体系[M].台北:台湾"中华书局",1971:1038.
② 文化学与文化人类学有密切的关系,克鲁伯与怀德都是从"文化人类学"中突出文化学。但是黄文山不同,他是从"社会学"中突出文化学。在这一点上,相对克鲁伯而言,素罗金对黄文山的影响要大。这也是黄文山与怀德文化学建设的一个区别点。

说，黄文山走得更远更深。

1. 倡导"文化学"

怀德与黄文山应该说几乎同时独立地提出"文化学"概念，并且两人也较早就独立地思考文化学的基本理论问题。但是，黄文山显得更为积极主动。

从明确的文献记载看，黄文山1929年从哥伦比亚大学硕士毕业回国，在大学演讲时就开始提出"文化学"的概念。接着在1930年至1934年间，他一方面在大学里开文化学课程，另一方面对文化学建立的本体问题、方论论问题、法则问题等进行深入系统的讨论。怀德虽然自称在1939年的出版物里正式提出"文化学"的几年前也开始文化学的思考①，但是他并没有系统与专门的论著来体现，从这一点看来，怀德与陈序经的状况差不多。怀德主张"文化学"应建立为独立的科学体系，其理论首先见诸《科学范围之扩大》（1947年）及《人类行为的文化学解释对心理学的解释》（1947年）两文，其后均收入《文化的科学》一书内。

黄文山的文化学的最早的代表作《文化学论文集》在1938年出版，怀德的文化学代表《文化科学》在1949年出版，陈序经的文化学代表作《文化学概观》在1947年出版。

黄文山在美国大学首开文化学课程，对文化学在美国的传播也有贡献。黄文山说，"我在一九五一年至五六年左右，在纽约社会研究新学院（New School for Social Research）也始设立文化学的课程，这恐怕在美国还是初见的。"②

---

① 在当代美国人类学家中，怀德对文化学的思考较早，他曾说："我在出版物中首先使用'文化学'是在1939年，我相信是在《同源术语学问题》一文中使用的，但在授课使用'文化学'术语还要早好几年。"（怀德. 文化科学——人和文明的研究[M]. 曹锦清，等，译. 杭州：浙江人民出版社，1988：390.）

② 黄文山. 今日社会学学说之主流及其展望[G]//黄文山. 当代文化论丛（上、下），广州：香港珠海书院，1971：112.

四、中西"现代文化学"双杰：黄文山与怀德之比较

尽管黄文山在开创现代文化学上，比怀德还要积极，且富有成果，但是，毫无疑问，在国际文化学学术界，怀德的知名度显然比黄文山要高。谢康针对这一情况，分析说："考其(怀德)倡导文化学，似在黄先生之后，特因怀德在美国任教授，用英文发表其主张，故流传较易，以致若干社会学字典辞书，以为文化学这一名词，乃怀德所创立。凌霜在中国任教授，用中文发表其著作，在国际间流传不及英文的便利。这可说文字的关系，是一个主要的原因。"①除此之外，恐怕还有一个原因，就是怀德本身是美国现代著名的文化人类学家，声名早已在外。

2. 为"文化学"辩护

如前所述，黄文山在中国建立文化学时，基本上没有多少阻力②，并且，一经他提倡，响应者蜂起，黄文山的主要任务是安心地进行文化学体系的全面建设。但是，怀德在美国提倡建立独立的文化学时，却面临了巨大的阻力。难怪克鲁伯在研究"文化"时，"文化学"基本上呼之欲出，但是迟迟得不到显现，这其中的原因有部分可能就是面临的阻力太大。

怀德说"文化学是最新的科学冒险"。③ 不少美国人认为"文化学(Culturology)"这一名称听起来似乎古怪笨拙，有些学者还感到文化学一词极其刺耳，V. 戈登·查尔德写道："由人文学科产生

---

① 谢康. 文化学体系的概要与讨论[G]//张益弘. 黄文山文化学体系研究集，台北：台湾"中华书局"，1976：52.

② 怀德的解释是："对于诸如文化学一类的新术语，汉语比英语更易于适应。'Culturology(文化学)'在汉语是 WenHua(Culture 文化)Xue(science 科学)。'Culturology'和'Sienece of culture'这两个词在汉语中是同一术语，因此，他们所结合似乎不会使中国学者感到刺耳或伤他们的情感。"(怀德. 文化科学——人和文明的研究[M]. 曹锦清等，译. 杭州：浙江人民出版社，1988：390.)。

③ 怀德. 文化科学——人和文明的研究[M]. 曹锦清等，译. 杭州：浙江人民出版社，1988：374-375.

的成见太强烈了,以至我不能允许自己接受怀德的'文化学'术语。"①

对此,怀德认为,"在科学上的每一重大进展都遭到重重阻力,步履缓慢……因此,科学进入文化领域的现今进展正遇到相当的抵制和反对,那是用不着特别惊奇的。"②他分析西方学者对文化学抵制的根本原因时,说:"对'文化学'的反对,无论如何不全是语言学所引起的。语言学上的反对只是表面的口实,深藏于语言学表面口实之下的是观念和价值,正是它们比人文科学所滋养的古典主义者更加激烈地反对采纳和使用'文化学'这一术语。'文化学'指定实在的一个领域并确定一门科学。在这样做的时候,它侵扰了心理学和社会学的优先权。当然,不只是侵扰而已,它还剥夺了它们的优先权。这就是说,文化学阐明了,某些先前被假定为属于心理学和社会学领域内的科学问题应归属于文化的科学,这些科学问题在心理学和社会学领域内无法得到恰当的解决,而只能由文化科学来解决。心理学家和社会学家都不愿承认有关人类行为的问题存在于他们的领域之外;他们不由自主地去怨恨和反对一门为自身权力而争辩的突然崛起的科学。"③

怀德坚决护卫文化学这门新兴的科学,他认为文化概念的获得,对科学而言是一个新打开的全新领域。他说:"问题不在于在这一新世界中迄今为止所取得的成就的相对数量和价值,而在于发现了这一新世界,这是一件具有重大意义的事件。"他相信:"总有一天,文化的'发现'可能与哥白尼的日心说或细胞学说一起,在科学史上占有重要的地位。"④

---

① 怀德.文化科学——人和文明的研究[M].曹锦清等,译.杭州:浙江人民出版社,1988:388.
② 怀德.文化科学——人和文明的研究[M].曹锦清等,译.杭州:浙江人民出版社,1988:384.
③ 怀德.文化科学——人和文明的研究[M].曹锦清等,译.杭州:浙江人民出版社,1988:390.
④ 怀德.文化科学——人和文明的研究[M].曹锦清等,译.杭州:浙江人民出版社,1988:383.

四、中西"现代文化学"双杰：黄文山与怀德之比较

怀德认为，"Science of culture（文化的科学）"是一个老概念。至少泰勒在1871年发表的《原始文化》第一章中就已使用过这一概念。相对而言，"Culturology（文化学）"一词用得很少。但它在我们所使用的精确、特定得意义上被采用的时间，已超过三分之一个世纪了，今天，该术语至少被使用于世界上三个大洲。因此，他坚信："文化科学是年轻的但充满希望。它必将会发出非凡的光彩——要是这门研究课题继续其悠久的历程的话：向前，再向前。"①

3. "文化学"发展的内在进路

黄文山和怀德都把文化学当做科学来建构，认为文化学这门新科学的诞生是科学发展的必然，是学术发展的内在要求决定。但对文化学发展的内在理路，黄文山与怀德的观点不尽相同。

黄文山更侧重社会学，认为是由社会学层创而来，因此，他花了大量的笔墨区分社会与文化、社会体系与文化体系、社会学与文化学等重要概念。他的主要目的，就是试图把文化学从社会学中抽离出来。怀德则更多地注意到文化学与心理学与人类学的不同，他认为文化学发展进路，是通过把文化学区别于心理学与人类学等层创而来的。

怀德认为，"文化是现象的一个独特的领域，它按自己的原则和规律而运行，并因此仅能用文化学来解释。"②他坚持"文化学"是一门独特的科学，它应该从心理学的考虑中抽离出来。他说："天文学、物理学和化学这些领域经过几个世纪的耕耘后，生理学和心理学经过几十年的探索之后，科学终于转向人类行为的最直接最有力的人类行为的决定因素：文化。经过多次试验以及失败，发现文化不可能从心理上得到解释；这类解释也只是披着科学外衣的

---

① 怀德. 文化科学——人和文明的研究[M]. 曹锦清等，译. 杭州：浙江人民出版社，1988：374-375.
② 怀德. 文化科学——人和文明的研究[M]. 曹锦清等，译. 杭州：浙江人民出版社，1988：384.

拟人说。文化的解释是而且必须是文化学的。"①他又说:"如果说关于研究哺乳动物的科学叫哺乳动物学,关于音乐的科学叫音乐学,关于细菌的科学叫细菌学,等等,那么关于研究文化的科学为什么不能称为文化学呢?"②

事实上,他们建立科学的文化学的目标是一致的,只是路径不尽相同而已。在很大程度上,黄文山的路径和怀德的路径正好可以互补。黄文山虽然在区别文化学与社会学上有突出的成绩,但是,他在文化学与人类学的区别等方面的研究显得不够;而怀德虽然没有作太多地注意文化学与社会学的区别,但是他对文化学、人类学与心理学的区别却相当地注意。

尽管如此,他们两人还是对文化学与历史哲学、文化哲学的区别等没有作太多的探讨。当然,不可能期待某一个学者能对一门科学,特别是新科学的所有问题都有圆满的解决。科学研究是一个持续的过程。

需要补充说明一点,克鲁伯与怀德都是从"文化人类学"中层创出文化学。但是黄文山是从"社会学"中层创出文化学。就这一点说来,相对克鲁伯而言,素罗金对黄文山的影响要更大。这也是黄文山与怀德文化学建设思想来源的一个区别点。

4. 建设"文化学"的哲学立场

黄文山钦佩怀德文化学创新的道德的勇气,但是两人建设文化学的具体模式不尽相同,这主要由于是他们建设文化学所基于的哲学立场有异。

黄文山说:"他(怀德)在一九四七年间提出建立文化学的主张,与我在一九三二、三四年间的主张大致相同。……但我们的基本的哲学,则仍复有别……他是一贯主张史的唯物论,反对文化现

---

① 怀德. 文化科学——人和文明的研究[M]. 曹锦清等,译. 杭州:浙江人民出版社,1988:374-375.
② 怀德. 文化科学——人和文明的研究[M]. 曹锦清等,译. 杭州:浙江人民出版社,1988:387.

四、中西"现代文化学"双杰：黄文山与怀德之比较

象之玄学的解释，反对自由意志论，主张严格的文化决定论。至于我自己现在的主张，在乎重视'文化主义'与心物合一的一元主义，反对十八九世纪的机械论和唯物论。"①具体分析黄文山与怀德建设文化学所基于的哲学立场，有以下几点区别：

第一、唯生论与唯物论。黄文山受孙中山的三民主义，特别是民生主义的影响，他在建设文化学时是主张"唯生论"或生存论的，对马克思主义哲学多有批评。而怀德则同情马克思主义，倾向唯物论。黄文山坚持唯生论的主张，"既非唯心，亦非唯物，但也不排斥心和物的存在。生是统摄心和物的，生之体一方现象谓物，他方现象即可谓之为心，分开来说就是'体'和'用'，心和物既为生之不可分的两面，所以唯生是一元的，不是二元的。"②

第二、辩证的调和论与机械论。怀德一生坚持"文化超机论"的立场，否认"自由意志论"，否认"机遇论"，只承认"机械论"、"因果论"。然而新的物理学却更进一步，不只是承认法则论，也承认"机遇论"，进一步可说是承认辩证的调和论，阴阳守中论，这也是黄文山最后的哲学立场，也是他与老朋友怀德的哲学观不同的地方。

第三、文化类型论与文化进化论。黄文山继承汤因比和素罗金等人的文化类型说，在建设文化学时强调文化类型的分析。黄文山说："我自己在《文化学体系》一书内的研究，虽然对于文化进化的法则，还多引证与推论，但在文化的结构学与动力学的研究上已采取类型学的方法，把世界的上层文化体系分成冥观、中庸与实感的三种类型，而以中道法则说明这三种文化体系的未来浑融，进一步更注意到'文化演进的基本法则'之试探，而以'物能'（Physical Energy）和'爱能'（Love Energy）的两种因素，说明文化由旧石器时代演进到今日和未来的'变项'。这是文化唯物论与文化唯心论的

---

① 黄文山. 文化学体系[M]. 台北：台湾"中华书局"，1971：1037.
② 黄文山. 唯生论的历史观[M]. 台北：台湾"商务印书馆"，1982：33.

一个最高综合。"①

怀德则受到达尔文、摩尔根、马克思等人的影响,在建设文化学时主张文化进化论,他是美国新进化论的代表人之一。怀德对文化进化论加以复兴,重作估价,再加新的解释,在美国鲍亚士"反进化论"浪潮中,别树一帜。黄文山虽然指出:"美国文化学泰斗怀德对于鲍亚士学派的所谓'反进化论'提出最严厉的批评,同时号召文化进化论之复兴,影响所至,风起云涌,盛极一时。"②但他曾对摩尔根式的历史法则进行批评,认为有几点谬误:"第一在于与归纳的研究矛盾,故其摹述的历史系列之次第,并非不变的次第;第二,在于把渐起的阶段省略,故其所谓严格的规则的发展,乃是一种逻辑的构造而非归纳的发现;第三,在于对目的性的假定,社会发展的最后阶段,现在还未看见,在今日而说历史发展的阶段,已经首尾毕具,究未免太早了些罢。"③可见黄、怀二人的文化演进观不同。

5. 文化学建设的"中"与"西"

尽管怀德曾经到过中国大学任教,而且密切注意中国学者对文化学研究动向,但是,中国文化对他的文化学研究影响不大,其文化学具有比较纯粹的西方特色。然而,黄文山不同,如前所述,他最初能够提出"文化学"概念,并积极建设,虽然是接受西方现代学术思想的重要结果,但是,他具有强烈的中国文化本位的情结,在一开始,其文化学研究就注意用中国文化相结合。尤其是到了文化学建设后期,他明显地向中国传统文化回归,并取得了可喜的研究成果。从而让他的文化学体系具有鲜明的"外西内中"的特色。因此,其文化学体系更有世界意义。

---

① 黄文山.文化进化论的新检讨[G]//黄文山.当代文化论丛(上、下),广州:香港珠海书院,1971:249.
② 黄文山.文化进化论的新检讨[G]//黄文山.当代文化论丛(上、下),广州:香港珠海书院,1971:248.
③ 黄文山.中国古代社会史研究方法论[M].台北:台湾"商务印书馆",1982:30.

综上所述，黄文山与怀德在现代文化学建设方面，是一生的知音。尽管在世界学术界，就知名度来说，黄文山无法与怀德相提并论。但是，仅从对现代文化学所作的开创性研究来看，黄文山的贡献不在怀德之下，甚至从文化学研究的整体性、体系化和专门性等方面来说，黄文山的特点更鲜明。而且，黄文山的文化学体系还得益于中国文化的滋养，所有更有中西合璧的优点。黄文山与怀德的文化学建设各有所长，也各有所短，他们都对现代文化学作出了开创性的贡献，他们可以称为"中西现代文化学双杰"。

五、黄文山对中国当代文化学建设的启示

文化学是一门年轻的科学，科学的文化学建设是20世纪以来的事情，科学的、体系化的文化学建设更是20世纪30年代以后的事情。中国近代以来的科学研究，往往是走在西方的后面，但是，现代文化学的研究不一样，中国学者研究现代文化学，与西方同步进行，就规模与热情而言，甚至有过之而无不及。黄文山、阎焕文、陈序经、钱穆等文化学者为此作出了重大的贡献。

中国学者在文化学研究方面的所取得的重大成就，这很可能与中国深厚的传统文化底蕴和文化中国的价值理念，以及与中国近代以来所遇到的种种遭遇的文化解释有莫大的关系。文化理论的探索，总是现实文化问题的引发的。文化问题讨论的理论解释与指导需要文化学理论的有力回应，另一方面，文化实践所得到的大量的文化材料为文化学的理论建构提供丰富的感性资料。文化理论总是对文化实践的提炼与概括。20世纪以来不断出现的"文化热"，即是对现实问题的文化解释的理论反思。在每次文化热的同时，都会伴随有文化理论著作的出现。

百年以来，中国文化经历过两次大的转型，每次转型都伴随激烈的文化问题的讨论，表现为文化热。中国文化学理论建设所经历的两个高潮，也都是伴随文化热而鹊起。第一个文化问题讨论热潮是20世纪上半叶，当时是以中国文化的出路问题、文化自救问题的讨论为主。20世纪二三十年代的文化问题热论，直接引出黄文

山、陈序经、朱谦之与钱穆等人的文化理论探索。当时的中国出现了不少文化学、文化哲学方面的著作。第二个文化问题讨论热潮是20世纪80年代以后，讨论的中心问题已转向文化守护和文化建设的问题上来。而文化学在中国真正全面展开讨论是在80年代以后。虽然两次文化热中间出现了断层，相应的文化理论也在一定程度上出现了断层，但是总的来说，还是站在前期的基础上结合现实的文化问题，得到不少的成果。20多年来，中国学术界对文化学、文化史研究不断拓展、深入，出版了一大批文化学、文化哲学、文化史的概论性或专门性研究著作，为中国文化学的真正建立奠定了基础。

检讨中国早期的文化学理论的探索经验与不足，对于建设适合"此时此地"的具有中国特色的当代文化学体系，大有裨益。

(一) 黄文山文化学建设之得失

1. 黄文山文化学建设之经验

黄文山对"文化学"这门新兴的科学做出了开创性的研究，在他建设"文化学"（"一般的文化学"、"普通的文化学"）的过程中，留给我们不少有益的经验与启示：

第一、要有"板凳要坐十年冷，文章不写一句空"的学术"定力"。很难想像一个学者可以用一生的时间，围绕一个学术问题，进行反复深入的思考。这在当今的中国学术界显然是不合时宜的。黄文山从发表第一篇文化学专论1934年《文化学的建筑线》到1968年最终完成皇皇巨著《文化学体系》，前后经历30多年。他几乎是把一生献身给了文化学这门新生的科学。与其他学者比较起来，阎焕文昙花一现，自从发表概论式的《文化学》之后，再也没有下文；陈序经自1949年后随文化问题讨论热的逝去，转向历史的研究，文化学研究自此中绝；钱穆只是在研究中国文化史时，附带谈谈文化学而已。所以只有黄文山，用一生的时间，专心致志，矢志不渝地建设文化学。当然，从最后的结果来看，黄文山也是以上文化学者中的佼佼者。

第二、要"中西平视，博采众说"。黄文山建设文化学的广度应该是超过了他同时代的大多数文化学者。有一个明显的事实是，黄文山几乎尽最大的努力搜罗了当时他可以找到的一切与文化学研究有关的成果与材料，无论是西方的古代与当代的，还是中国古代的与当代的。他还与国际的文化学研究保持紧密的联系①。陈序经对国外的资料搜罗较丰富，但是他对国内的学者的研究成果不予注意，而且不仅对传统的文化资源，甚至对当代学者的研究，也视而不见。阎焕文虽然对日本的文化学方面的资料搜罗较全，对国内的文化学研究成果也比较注意，但是，对欧美的文化学研究情况了解不够。钱穆对中国传统的文化资源尤其重视，但是对西方的文化学研究不够深入。在这个意义上，只有美国的怀德和黄文山差不多，他除了对西方的文化学有全面的研究之外，也注意到了对中国学者在这方面作出的贡献，从他给黄文山的大量的信件中，可以看出他对中国学者的文化学研究相当重视。黄文山对中西的文化学资源同样对待，增加了其理论的厚度和说服力，使他的文化学体系卓然不群。

第三、建设文化学理论要具有前瞻性。虽然理论在很多时候与实践不具有同步性，甚至常常滞后，但是，对于一些学术天才来说，他们往往在艰苦的学术求索中可以捕捉到那转瞬将逝的灵感，而领先或超越那个时代。黄文山的文化学研究显然领先那个时代，黄文山在中国倡导建设文化学时，社会学的传播在中国也刚刚开始，而文化学是从社会学中层创出来的，在当时的中国学术界显然是非常超前的，当然，在世界范围内也是较早的。当其时的其他学

---

① 黄文山曾谈到："国内学人年来对于文化学的著作，最显赫者有阎焕文的《文化学》（由我采登入《新社会科学季刊》一卷二期至四期（正中出版社，1944年），陈序经著的《文化学概观》（商务出版社，1947年），钱穆著的《文化学大义》（正中出版社，1952年），余英时著《文明论衡》（香港高原出版社，一九五五年）。这一连串的著作，对于文化学的研究，均有贡献。这也可见文化学的建立，在中国是最重要的新兴学科之一种。但他们的立论，大多与文化学在国际上的争论无关。"（黄文山．文化学体系[M]．台北：台湾"中华书局"，1971：1033.）

者喋喋不休地对一些文化问题发表肤浅不实的感想与意见时,黄文山独自静坐下来,寻求理论解释与指导。后来黄文山认为世界文化的出路在于以中庸(中道)为法则整合东西的冥观与实感文化体系,而浑融为"会通的文化"或"大同文化"观点,显然具有时代超越性。

第四、文化学作为一门学科要有科学性和系统性。黄文山建设文化学是用整合的方法,进行唯物与唯心的整合,科学与人文的整合。但是,他更注重的是文化学的科学性。文化学作为一门新生的科学,要确立它在科学体系中的存在的合理性及其位置,对文化学的科学的与系统的建构是必需的。黄文山用了大量的笔墨,对文化学的的核心范畴,如"文化"、"文化学"、"文化体系,"与基本概念,以及重要命题,如"文化学是一门自成体系的独立学科"、"文化学在科学中占有最高位置"、"世界文化的未来是浑融的中庸型文化",进行了反复的辨析与论述。就文化学的科学性与系统性来说,黄文山超过了陈序经、钱穆等学者,甚至怀德似乎也难以与之相比。

第五、文化学研究要有原创性。黄文山一直非常注意其文化学研究的原创性,他明确提出文化学的概念,以及首倡建设文化学学科,在中美大学中首开文化学课程,都是黄文山引以为豪的创举。黄文化创造性地论述了文化学必然从社会学中层创出来这一理论,使他的文化学具有更强的学理性。他创造性地用生存论哲学为依据,给"文化"下了一个明晰而合理的定义。他创造性地以中国传统的中庸智慧,把文化体系的上层体系分为三种类型:冥观、实感与中庸的文化,整合起来,最后得到圆满的文化学结论。学术的原创性是学术得以进步的必需。在中国学术界浮躁的今日,黄文山高度的学术原创精神,值得我们效法。

第六、文化学研究要积极回应现实文化问题。黄文山的文化理论体系尽管学理性非常强,科学、严密而系统。但是他的理论并不是空中楼阁,而是有强烈的现实关怀性。如前所论,寻求对现实文化问题的合理性解决是黄文山建设文化学的一个重要外因。他建设文化学就是要解决现实的文化问题,在早期,即1949年以前,他要解决的文化问题就是中国文化的出路与建设问题,即抗战建国与民族复兴问题；在后期即1949年以后，他要解决的文化问题是人类文化的出路问题，他后期对技术文化的批判，对浑融文化观的论述，一个重要的目的就是为了避免"核子大战"对于人类文化的毁灭，等等。

第七、文化学在中国要具有民族性。黄文山是一个"东西南北人"，早年多次留学游历美欧，1949年后更是定居在美国。他所受的教育与生活方式的影响可谓都是西方式的，但是他从不改中国人的特性。他是一个纯正的儒者，中国传统文化是他本位的文化心理。这鲜明地表现在他的文化学体系上，尤其是后期的文化学的研究中。黄文山后期的文化学研究有一个明显的转向，就是向中国传统文化的回归。他后期花了不少时间研究中国文化史，试图用中国传统的文化智慧，如"中庸"观、"阴阳五行"观等进行文化学的研究与建构。他甚至想进行"中国文化学"的研究，更是对他认为中国的第一部文化学著作《周易》进行搜讨。只是他晚年的有些著作现在没有见到，现在无法对其进行评论。但是有一点可以肯定，黄文山是一个"中国型文化学"的创建者。他对于中华民族优秀传统文化的采借，使他的文化学有别于怀德等西方文化学者，而具有某种优点和优势。有中国特色的"中国文化学"建设正是黄文山文化学研究留给我们一个重要的课题。

2. 黄文山文化学建设之不足

尽管黄文山在建设文化学过程中取得了以上经验，但由于他所做的是开创性的学术探索，所以还有一些不完善的地方，这也是非常正常的。我们这些后来的文化学研究者，要做的是接过黄文山的学术之棒，克服他遇到的困难，继续探索下去。

第一、黄文山过于注重文化学的科学性，而人文性显得不足。本来文化学是一门文化科学，人文性与科学性并重，黄文山的文化学体系，也处处透出浓厚的人文气息。但是，黄文山在创建文化学体系之初，对文化学的科学性的看重，很大程度上限制了文化学的人文色彩。他的文化学体系的科学性压倒了人文性。这一点，钱穆恰好与黄文山相反①。

第二、黄文山有时可能太过于注重科学的实证精神,力求证据充足,故而大量地引用材料,虽然可谓旁征博引,但有时丰富的材料反而淹没了他自己的观点。这时,读者如果没有耐心,就很难注意到他在大量引用材料后的精彩点评和总结归纳所得到的结论。而少数地方只有断语,缺乏必要的论证。

第三、尽管黄文山非常注意概念的明晰性,但是,对于少数重要概念的区分还是没有明晰化。黄文山虽然认为文化学从社会学中层创而来,对文化学与社会学的关系做了非常明晰具体深刻的辨析,但是,他并没有处理好文化学与文化哲学、历史哲学、文化社会学、文化人类学的关系。虽然黄文山的文化学体系理论来源,很大部分就是文化哲学、历史哲学、文化社会学、文化人类学的研究成果,但是他除了在个别地方②对它们之间的关系进行了区分之外,并没有交代清楚文化学与它们之间的联系与区别。这会影响文化学的学科的独立性。当然,不能求全责备。但如果黄文山能在这方面作一些专门的研究,无疑对他的文化学建设有极大的好处。

---

① 钱穆是一个人文主义文化学者,对文化学体系的科学建构不感兴趣,只是灵感式地对文化问题作点评,其文化学的人文性压倒了科学性。他说:"今天的中国问题,乃至世界问题,并不仅是一个军事的、经济的、政治的,或是外交的问题。而已是一个整个世界人类的文化问题。""一切问题,由文化问题产生。一切问题,由文化问题解决。""今天我们已急切需要一门'文化学'"。他认为:"文化学是就人类生活之具有传统性、综合性的整一全体,而研究其内在意义与价值的一种学问。"他认为"文化只是'人生',只是人类的'生活'"。(钱穆.文化学大义[M].台北:联经出版事业公司,1998:1.)而钱穆将人生全体分为三大类:第一是"物质的",亦可说是"自然的"人生,或"经济的"人生。一切衣食住行较多率属于物质方面,均归此类。他称之为文化第一阶层。其次是"社会的"人生,或称"政治的"人生、"集团的"人生。他称之为文化的第二阶层。最后才到达人生第三阶层,我们可称之为"精神的"人生,或是"心灵的"人生。

② 虽然黄文山认为,文化学是从科学的角度研究文化,文化哲学是从哲学的角度研究文化,文化社会学是从社会学的角度研究文化,但是,这样简单的区分显然是不太详细的。

第四、对"文化"理解有泛化的倾向。尽管他对文化下了一个确切的定义,但是对于文化的外延的理解还是存在泛化的倾向。他说:"余向认为文化科学具有统一性、整合性、体系性、组织性,故凡所讨论,往往跨越哲学、社会学、历史学、人类学、民族学、文化学、政治学、经济学之范围,而不以一科为限。"①他显然把除文化学之外的所有人文与社会科学的相关论述都归入文化的范围之内。那文化的外延的边界到底在哪里?文化以及文化学的合理边界较难确定,这是一般人攻击文化学,说其难以成立的主要疑点之一。

第五、黄文山还很想通过文化学研究,求得诸多具有普遍性的文化法则,但他通过几十年的努力,还是很难找到普遍适用的文化法则。除了文化体系发展的动力法则之外,黄文山非常注意文化法则的研究,但客观地说,他在这方面的研究不是很令人满意。

第六、对中国文化的研究不够深入。尽管黄文山积极地建设"中国文化学",并用文化学的基本理论研究中国文化史,特别是在晚年,他从文化传播的观点研究中国文化的起源问题,从"文化区"的角度研究先秦文化区:殷文化区、周文化区和外文化区,从文化演进的法则研究中国文化演进的六个创造时代,②但都没有深入下去。这里留有大量的研究空间供后学去努力拓展与完善。

第七、黄文山在理论文化学方面的探索深刻而广博,但是在应用文化学方面显得不够。黄文山和阎焕文把文化学分为理论文化学与应用文化学。他对应用文化学来不及讨论,所以文化学在实践的层面显得很欠缺。当然,这也不能求全责备。这正是未来文化学建设的一个重要方面,应用文化学——文化政策学、文化技术学、文

---

① 黄文山. 当代文化论丛(上、下)[M]. 广州:香港珠海书院,1971:2.

② 黄文山,崔锦铃. 文化学与中国文化研究[G]//张益弘. 黄文山文化学体系研究集,台北:台湾"中华书局",1976:203.

化诊断学等方面也应进行讨论与研究。

第八、《文化学体系》的各章多是收集独立论文而成，著作年代上自对日抗战前后，下至1968年，延及30年以上。特别是上、中篇，几乎保留新中国成立前的文化学原文①，故其间不免略有重复，译名亦略有前后不符；少许衍文、脱误，更属无可讳言，这需要在以后再版时候一一注明，读者也需要注意。

第九、黄文山忽略了一些重要文化问题的理论研究。如黄文山关于文化的内容的理解，固然很细，但是，文化结构的物质、制度、精神的三层次说，黄文山似乎没有论及，这个文化学观点，其实是中国百年以来的文化实践的总结；另外，黄文山的文化学还是没有很好地讨论文化的民族性与时代性、民族精神与时代精神，或传统与现代的关系问题，等等。

(二)近30年②来中国文化学建设及其得失

"文革"以后，中国文化又开始面临文化转型的课题。20世纪80年代出现了空前的文化热，也是一个文化出路问题讨论，在某种程度上还是重复着20世纪三四十年代"文化热"所讨论的命题，如如何处理好古今中西的文化关系；如何建设本位的中国文化，等等。尤其是结合近几年来看，更加明显，只不过在80年代的文化讨论热中，马克思主义文化派是主导派，当然，一度出现过全派西

---

① 据谢康说，黄文山在《文化学体系》中"另一个要保存三十余年前的旧作的原因，据作者亲口告诉我是为着谁是文化学的创立者这个颇为重要的问题"。(谢康. 黄文山先生的"书"与"人"[G]//黄文山. 当代文化论丛(上、下)，香港珠海书院，1971：11.)

② 本文重点选择近30年来，而不选择近60年来中国文化学建设作为分析对象，主要原因有三：其一，是从1949年至1980年代初，国内学术为马克思主义一统天下，文化学没有得到很好的发展，其中经验甚少；其二，本文想把黄文山的文化学建设与其他文化学者建设情况作比较。黄文山主要文化学成就是在1980年代前完成的，与1980年代后中国文化学的建设情况比较，逻辑显得更为清晰、合理。其三，1980年代以后，中国文化学研究非常繁荣，有东西可以参照。

化的论调,近几年又出现了大量文化复古的风潮。

不管怎样,20世纪80年代开始的文化讨论热,直接引发了80年代后期以来大量文化理论方面的著作的大量出现,而文化学理论的建设在这一时期也得到全面的重视与讨论。中国学术界对文化学、文化史的研究迅速发展。出版的丛书就有一二十种,包括中国文化史丛书、世界文化丛书、民间文化丛书、中华本土文化丛书、文化哲学丛书、文化新视野丛书、中国地域文化丛书、中国传统文化反思丛书等。有的是文化学辞典,如覃光广、冯利、陈朴主编的《文化学辞典》(中央民族学院出版社,1988)。有的是编著的著作,如萧扬、胡志明主编《文化学导论》(河北教育出版社,1989);刘守华主编《文化学通论》(高等教育出版社,1992);杨镜江编著《文化学引论》(北京师范大学出版社,1992)等。但也有原创性的专著,如郭齐勇著《文化学概论》(湖北人民出版社,1990);李荣善著《文化学引论》(西北大学出版社,1996),等等。这些著作,多立足于马克思主义文化立场。另外还有专门讨论马克思主义文化学的,如赵常林、林娅编著《马克思主义文化学》(1988)。总的来说,成果丰硕。

到了90年代后期以后,一方面,理论文化学继续受关注,如陈华文著《文化学概论》(上海文艺出版社,2001);吴克礼主编《文化学教程》(上海外语教育出版社,2002)等。另一方面,还出现了大量的应用文化学方面的文化学著作,这反映文化学理论的实践倾向,充分说明理论文化学讨论的价值与意义。如林同华著《审美文化学》(东方出版社,1992),李西建著《审美文化学》(湖北人民出版社,1992),严励等著《犯罪文化学》(中国人民公安大学出版社,1996),陈凯峰著《建筑文化学》(同济大学出版社,1996),钟敬文著、董晓萍编《民俗文化学:梗概与兴起》(中华书局,1996),苗棣、范钟离著《电视文化学》(北京广播学院出版社,1997),李建立著《广告文化学》(北京广播学院出版社,1998),向翔著《哲学文化学》(上海科学普及出版社,1997),谢贵安、华国梁编著《旅游文化学》(高等教育出版社,1999),罗长海著《企业文化学》(中国人民大学出版社,1999),畅广元主编《文学文化学》(辽宁人民出版社，2000），尹世杰著《消费文化学》（湖北人民出版社，2002），章海荣著《旅游文化学》（复旦大学出版社，2004），张骥等著《国际政治文化学导论》（世界知识出版社，2005），等等。这时期还出现了对文化学史的系统反思，如陈山著《痛苦的智慧：文化学说发展的轨迹》（辽宁人民出版社，1997）；刘敏中著《文化学学·文化学及文化观念》（黑龙江人民出版社，2000）；叶志坚主编《文化学发展轨迹研究》（民族出版社，2004）。这时期还有学者对中国本位的文化学进行关注，如曹德本著《中国传统文化学》（辽宁大学出版社，2001）。

文化哲学方面也取得长足的发展。如蒋荣昌著《文化哲学论》（西南交通大学出版社，1988）；刘述先著《文化哲学》（黑龙江教育出版社，1988）；许苏民著《文化哲学》（上海人民出版社，1990）；邹广文著《文化哲学的当代视野》（山东大学出版社，1994）；刘进田著《文化哲学导论》（法律出版社，1999）；洪晓楠著《文化哲学思潮简论》（上海三联书店，2000）；衣俊卿著《文化哲学：理论理性和实践理性交汇处的文化批判》（云南人民出版社，2001）；杨善民、韩锋著《文化哲学》（山东大学出版社 2002）；周晓阳、张多来著《现代文化哲学》（湖南大学出版社，2004）。还翻译了部分外文著作，如［俄］安娜·尼古拉耶芙娜·玛尔科娃著，王亚民等译《文化学》（敦煌文艺出版社，2003）。

这些著作深度与广度不一，但都努力探索马克思主义文化哲学，并合理吸收西方文化学成果作为自己的特色，受到了学术界的重视。

1. 近30年中国文化学建设之得

近30年来，是中国文化学研究全面开花的时期，文化学真正在学术界得到广泛的关注和深入的探讨，文化学研究普及化，越来越多的学者加入到文化学理论的研究队伍中来，文化学得到了广泛的传播。无论在理论文化学还是在应用文化学等方面，都有长足的进步。概而言之，近30年来，中国学术界对文化学的研究有以下值得肯定的地方：

五、黄文山对中国当代文化学建设的启示

第一、文化学辞典的编撰。这不仅有利于人们对文化学这门学科有一个清晰的认识，而且对中国文化学的进一步研究起到了指导的作用。后来大量的文化学著作，大多对这本《文化学辞典》某些词条的基础上进行重新组合，或深入探讨。

第二、在大学开设文化学课程，编撰文化学教材。文化学在中国发展的早期，只有黄文山、陈序经等少数的文化学者在大学开设文化学课程，对文化学的传播范围有限。20世纪80年代后期以后，不少师范大学和其他专业大学相继开设文化学课程，出现《文化学概论》、《文化学引论》、《文化学导论》、《文化学教程》等多种文化学教材。

第三、理论探讨的范围不断扩大。对理论的探讨不仅涉及文化理论的一般问题，诸如文化的概念和文化的本质问题、文化的结构和文化的要素问题、文化的类型和文化的模式问题、文化的功能和文化作用问题、文化的起源和文化的发展问题、文化的评价和文化的选择问题等，而且也增加讨论了一些与现实社会文化现实联系非常紧密的文化理论问题，如文化的继承和文化的创新问题、文化的民族性和时代性问题、传统文化与现代化的关系问题，等等。郭齐勇在《文化学概论》中从"文化的民族精神与时代精神"、"中国文化的现代化建设"等角度，对"文化传统的批判式认同与创造性转化"等理论问题进行了深入的讨论。陈华文在《文化学概论》中就专门用两章的篇幅谈"文化的民族性与时代性"和"文化与现代化"。李荣善在《文化学引论》也有一章对"文化现代化"进行讨论。这些都是中国早期文化学建设者少有专门讨论的内容。

第四，理论文化学在有些方面谈论得较深入，尤其是在马克思主义立场上的文化学理论思考。近二十年来中国文化学研究的一个亮点，即是用马克思主义的方法与哲学观点研究文化学的基本理论，对文化的本质的揭示非常有力，如认为"文化"即"人化"①就相当深刻。李荣善在《文化学引论》中专门有一节讨论了马克思主

---

① 郭齐勇、邓晓芒认为，"从概念的内涵上来说，'文化'的本质就是'人化'。"(郭齐勇，邓晓芒. 文化学内核当议[J]. 哲学研究，1988(5)：5.)

义(包括毛泽东)的文化学理论,也用一章的篇幅对文化现代化进行讨论。

第五,应用文化学的研究广泛展开。这种研究,是黄文山与阎焕文等第一代中国文化学者的心愿。20世纪90年代以后,应用性文化研究如雨后春笋般开展起来。文化热潮还涉及文化的实践活动,表现在自觉地建立和发展各种群体文化,自觉地建立和发展企业文化、校园文化、管理文化,等等。同时出现了大量相关的著作:《审美文化学》、《犯罪文化学》、《建筑文化学》、《民俗文化学》、《电视文化学》、《广告文化学》、《旅游文化学》、《企业文化学》、《消费文化学》,等等。

第六,开始对中国文化学进行思考。江华在《中国文化学》中,以文化学的基本理论为基础,对"中国文化产生"、"中国文化体系"(中国哲学、宗教、文学、艺术、文化制度)、"中西文化的交流"、"中国文化的转型"、"当代中国文化"等问题进行了讨论。

2. 近30年中国文化学建设之失

尽管近30年来,文化学研究相比中国早期的文化学建设来看,取得了不小的进展,但还是存在一些不足,并且就学术的学理走向来看,还有很多值得进一步研究的地方。概而言之,有如下几个方面:

第一,文化学建设与西方文化学建设的没有同步。西方文化学的讨论成果,在近30年来,没有很好地介绍到中国来,有关译著不多,只有有限的几本。所以,国内的文化学的研究视野比较狭窄,除了马克思主义文化学的突出成绩之外,基本上是吃20世纪80年代以前文化学研究成果的老本,至少在文化学基本理论上是这样。学术界的文化实证研究取得了较大的成果,但文化理论研究则显得比较薄弱。

第二,文化学中国化的研究工作做得不够,仅有个别学者从事这方面的研究。按照黄文山最后的理想,要建立中国文化学。但是,目前除了对中国文化史的研究之外,对中国文化学史的研究几乎为零。

第三，文化学研究的现实文化问题的回答能力不够。尽管20世纪应用文化学的研究非常热闹，但是，由于切实回应当下的文化问题的文化学理论思考不够，这影响到应用文化学的建设的深度。很多应用文化学著作，只是有文化学之名，而无文化学之实。

第四，文化学的建设对中国早期文化学研究的丰富成果，没有重视。学者们不仅对黄文山与阎焕文的文化学不够重视，就是对陈序经、钱穆、朱谦之也是少有研究。部分学者只是迷信西方的和前苏联的文化学研究，并且对西方的文化学研究，也是不够的。黄文山是科学的体系化的建设文化学的开山之人，他把文化学当作一门科学来进行建构，为文化学学科的确立做出巨大贡献。但很多研究文化学的学者，只知道怀德，不曾知道黄文山，只是说到怀德对文化学学科建设的贡献，全然不言黄文山。当然，也有少数学者注意到黄文山，但也只是提及而已。

第五，现代学者同样是从人类学与社会学出发分析文化学，但是与黄文山、陈序经、朱谦之等人相比，他们理论的剖析不够，多处在问题陈列的层次，并没有挖掘其背后的原因，从而显得深度不够。即使那些认为文化学由文化人类学层创出来的学者，也很少能把文化学与文化人类学区分开来。

第六，现代的学者研究文化缺乏黄文山的开拓与苦思不懈的精神。中国洋洋洒洒的众多文化学等理论著作，多半是编辑、编著的，专著极少。除了介绍前人的成果之外，原创性不够，在理论的深度与广度、理论的现实回应性和前瞻性方面严重不足。在原创性和深度上不及黄文山时代的那批文化学者，这很可能与学养与专注的精神有关，在这个意义上说，黄文山是我们未来建设文化学理论体系的榜样，他那种"板凳要坐十年冷，文章不写一句空"，"十年磨一剑"的严谨的治学精神，才是做真学问的必备素质。

(三) 中国未来文化学展望：建设"当代文化学体系"

1. "文化中国"建设亟需文化学理论的支撑

近60年，特别是近30年来，中国虽然在经济、政治方面取得了举世瞩目的成就，但是令中国人尴尬而令外国人不解的是，在对外的文化交流活动中，中国拿出来的东西，很少是"中国"的，在文化的领域，中国的身影并不鲜明。面对这种在对外文化交往的过程中，中国文化"主体性"缺乏的境遇，一些有识之士深感担忧。加强"中国有中国特色社会主义文化建设"显得极为重要，文化界提出了种种具体方案，倡导读经运动者有之；借鉴现代新儒家的"返本开新"者有之；恢复和加强儒学的儒学教化者有之；成立国学院书院者有之；成立中国（传统）文化研究所（中心）者多之；和谐研究与宣传热闹之；黄帝、孔子大祭者盛之……所有这些，无不与所谓的"国学"有关。发掘中国传统文化的固有的精华，守护中国本土文化的基因，以利于中华民族的可持续发展的做法，由于文化民族主义的内在作用，大部分得到了人们的肯定，至少得到了同情性的理解，但也有某些西化派和自由主义派站在各自的立场上对以上做法作出激烈的批判，各执一词，莫衷一是，展现出某种程度的争鸣态势。

"本位文化"的问题、"国学"的问题与"文化学"的问题，其实是60多年前中国文化建设的过程中曾被当时官方积极引导，学界热烈讨论与争鸣和一般国人广泛关注的三位一体的"旧问题"。如今又活跃在中国政府、学术界和社会其他各界的心中和话语中，因而，在此意义上说，这三个问题又是当下中国文化建设必须面对的新课题。在20世纪20到40年代，中国出现了一次文化建设的高潮，这次文化建设讨论有自己特定的背景，那就是反传统的"五四"新文化运动还有余波，"反传统"是当时的时髦思想；更为严峻的是，中国当时不断被日本强盗侵略和蚕食，民族处于危难之中，"革命"是当时的主题。新中国成立后，经过几十年的文化探索和实践，当初的"反传统"在某种程度上被"回归传统""回归经典"取代，最可贵的是中国目前正处于千载难逢的和平发展时期，"建设"是当下的主题。

如何较理性地解决以上纷繁复杂的文化问题，建设具有中国特色的中国社会主义新型文化。最终还得从理论的高度，进行高屋建瓴的指导，必须从"文化学"的高度进行说明与解释。所以，积极倡导并建立"中国当代文化学体系"是中国学术界的一个重要的学术生长点，也是一个亟需解决的理论课题。

2. "中国当代文化学体系"建设需注意几点原则

如何建设中国当代文化学体系，需要注意几点原则：

第一，凸显特色。建设具有中国特色的文化学体系，也就是建设"本位"的文化学体系。这里的本位不同于"盲目复古"、"中体西用"，也有别于"本土"，所以不可滑向狭隘的文化保守主义。中国特色的文化学体系要服务于中国"此时此地"的文化建设需要。

第二，在保护中国传统文化基因的同时，合乎规律地引进外来优良基因，创造性地培育出更加优秀的本位的文化生命体。

第三，要处理好马克思主义文化理论与当代文化体系的建设的关系：一方面要以马克思主义文化作为指导；另一方面，更要尊重文化学固有的学理性。

第四，文化学的建设要超越西方"全位"的局限，在全面吸收西方文化学资源的基础上，应该总结中国传统文化的重要资源，找出其中的文化学法则，借用中国传统学术的部分范畴来表达，创造性地建设有中国特色的中国当代文化学体系。

第五，文化学建设不能一味地向"古"向"西"，应该从当下的文化建设的实践中总结文化规律，如文化生态、文化基因、文化控制、文化产业、跨文化交流、流行文化、网络文化、审美文化，等等，都需要理论的总结和说明，目前的文化学研究要跟上时代要求。

第六，文化学作为一门科学，当得到学术界和政府有关学科建设部门的重视，在人才、经费和政策应给予支持。目前国学研究、中国传统文化研究，都有人才、经费、政策的支持，但是，文化学并没有这么幸运。值得欣慰的是，目前已经有学者积极倡导中国当代文化学的建设，如李宗桂教授，近期屡次发文论证中国文化现代的建设必须重视文化学建设的主张，显然这是一个良好的开端。

第七，当代文化学体系建设，首先要做好"文化学在西方的发展"、"文化学与中国古代文化史"、"文化学在中国的发展"、"文化学与中国古代文化史"的研究。

建设既具有中国特色又具有世界视野的完备的文化学体系，是黄文山一生的宏愿，也中国未来文化学建设的目标。中国当代文化学体系建设，任重而道远。

小　　结

本章对黄文山在文化学史上的地位进行了剖析，采取点、线、面、体结合的方法，把黄文山放在中国文化学史和世界文化学史的"线"上，在中西时空构成的立体坐标中，来确定黄文山的文化学思想的学术史地位。同时，为了更具体地凸显黄文山的文化学贡献与特色，还特意将黄文山的文化学建设，与他同时代的其他著名文化学者——中国的陈序经和美国的怀德——的文化学建设情况进行重点比较。

黄文山对于文化学的探索，取得了突出的成就。黄文山不仅是中国文化学建设的先驱之一，也是世界现代文化学建设的先驱之一。尤其是他对文化学体系的整体思考来看，是他同时代文化学者中的佼佼者。从对文化学独立科学的建设工作来看，在同一时期，只有怀德和陈序经等少数的文化学者，能与之相提并论。

在中国文化学史上，黄文山是明确倡导文化学，并积极建设体系文化学的第一人，是"中国型的文化学"的创建者。在黄文山之前，梁漱溟等学者虽然对文化问题进行过深入的讨论，但是不曾意识到要建立文化学；张申府虽然曾提到建设文化学的问题，但是仅是提到而已。与黄文山同时代的阎焕文虽然第一个建立了系统的文化学，但是，只有一个提纲而已，不够深入。陈高傭空有建设文化学的热情，而只稍有具体的行动。朱谦之虽然在文化理论上很有建树，但他的兴趣在文化哲学和文化社会学上，并不重视文化学的独立建构。唯独陈序经和黄文山能相提并论，但是很遗憾，陈序经后来并没有继续研究文化学，使得他的文化学理论贡献相对有限。钱穆的文化学人文性十足，但科学性不够，并没有科学地、体系地建构文化学。在中国文化学史上，阎焕文、陈高傭、朱谦之、钱穆等学者对文化学的研究，大多是响应黄文山的倡导，所以，说黄文山是"中国的文化学之父"并不为过，而他与陈序经可并为中国早期"文化学双峰"。

在世界(主要在美国)文化学史上，被班思称为"文化学之父"怀德是美国现代文化学的领军人物，他基本上可以代表西方现代文化学的发展情况。实际的情况是黄文山明确提出并积极着手系统地建构现代文化学的时间要早于怀德好几年。怀德与黄文山都是长期的积极研究、宣扬与维护文化学，形成各自较深刻的文化学思想体系。虽然，由于语言与文化背景，以及其他学术研究的差异，怀德在世界学术界的影响远远大于黄文山，但是，在文化学研究的领域，黄文山的贡献与成就似不在怀德之下。完全可以说，黄文山与怀德是"中西现代文化学双杰"。

黄文山为科学的现代文化学的建立作出了开创性的贡献。所以，中国的文化学研究不应该忽视黄文山，而且世界的文化学研究也同样不可以漏掉黄文山。对黄文山文化学思想的研究的一个现实目的，就是对中国未来的文化学理论建设有哪些借鉴意义。当然既有经验，也有不足之处。吸取黄文山建设文化学的经验，克服其不足对于未来的文化学建设都有积极的意义。

黄文山"中西平视，博采众说"的学术视野，建设文化学的前瞻性、科学性、系统性和原创性，以及对中国传统文化的积极采借等宝贵的经验，对未来文化学建设具有很好的示范作用。而他太注重文化学的科学性，而人文性显得不足；太过于注重科学的实证精神，多用论据而淹没了结论；对"文化"外延的理解有泛化的倾向；普遍性的文化法则找寻不够；利用文化理论，对中国文化的研究不够深入；在应用文化学方面用力不够等，这些有待圆满的地方，又是未来文化学的研究需要注意的地方。

反观近30年来中国文化学的研究情况，虽然与黄文山所在的时代相比，取得了不少进展，如文化学辞典的编撰；在大学普遍开设文化学课程，编撰大量文化学教材；理论探讨的范围不断扩大；马克思主义立场上的文化学理论思考的深入；应用文化学的研究广泛展开；开始对中国文化学进行思考，等等。但还是存在诸多不足，如文化学建设与西方文化学建设没有同步；文化学中国化的研究工作做得不够；文化学研究对现实文化问题的回答能力不够；对中国早期文化学研究的丰富成果重视不够；缺乏像黄文山那种"十年磨一剑"的严谨的治学精神，等等。

　　展望未来，建设"中国当代文化学体系"，有几点需要注意：突现特色，在保护中国传统文化基因的同时，合乎规律地引进外来优良基因，创造性地培育出更加优秀的本位的文化生命体；要处理好马克思主义文化理论与当代文化体系的建设的关系；学术界和政府有关学科建设部门的重视，应当在人才、经费和政策给以支持，等等。

结　语

　　黄文山是一个具有中国传统文化涵养的儒者，具有强烈中华民族文化本位情结的忠实的爱国者，是一个具有崇高的无政府主义式的共产主义之大同理想的浪漫主义者，是一个中西文化交流的积极促进者与实践者，是一个具有世界视野与宇宙心胸的人类文明的忧患者。黄文山更是一个能"板凳坐到十年冷，文章不写一句空"、"十年磨一剑"的严谨的文化学者。他用一生的心血所营造的科学的系统的文化学体系，确立了他在人类学术史上的不朽地位。客观地说，黄文山不仅是中国文化学的奠基人之一，中国文化学的先驱，是中国型文化学的创建者；而且也是世界现代文化学的奠基人之一，世界现代文化学先驱，是世界现代文化学的创建者之一。

　　本书通过系统的分析，"绪论"中所提出的诸多问题或假设，这里可以得到如下临时的解答：

　　第一，黄文山为什么会选择文化学进行研究？

　　黄文山早年通过承继家学和刻苦的求学，形成了新颖与广博的知识结构，打下了新旧学的深厚功底，这让他可能在对人类知识的综合观察中，窥见学术发展的趋势与方向。黄文山最终观察到一门新兴的自成体系的独立的学科——"文化学"——将建立起来。他在求学的过程中还翻译了大量的西方学术著作，这对他的文化学的学术范式的确立有极大的帮助。

　　在"五四"运动时期，黄文山坚持无政府主义的立场，后来转而接受了孙中山的"三民主义"。在抗日战争时期，黄文山积极地加入文化救国的实践中去，坚持"中国本位"文化观，他注意从文化理论的高度，对"抗战建国与复兴民族"的现实文化问题，进行文化学的指导。黄文山早年的这些政治与文化实践经历，为他的文化学理论建设，提供了丰富的感性材料和部分的思想来源。

当科学学术发展逻辑的理论要求与现实问题的实际需要结合在一起，新兴的科学的出现就成了必然。黄文山开创性地建设荦荦大端的文化学体系，正是遵循了这一学术规律。是内外两方面因素的合力促使黄文山最终选择开创、建设文化学：其一是学理发展的内在进路。他认为文化学首先应逻辑地从社会学中突创出来而成为独立的学科，并且，文化学尤其应该借助文化人类学、文化社会学、文化哲学、历史哲学、心理学等学科的直接资源进行体系化的建构。其二就是现实的文化问题需要文化理论的解答与指导的外在要求。他与大多数大谈文化问题而不知道文化为何物的一般文化学者不同，他试图建立科学的文化学体系，在严密的文化理论中寻求现实文化问题的合理性解决。

第二，黄文山是怎样研究文化学的？

黄文山从1930年起一直在进行文化学的研究与探索，按照黄文山的人生轨迹的转换和他创立文化学的目的的转换这两条线索，可以把黄文山建设文化学体系的历程分为前后两个时期：第一个时期为前期，是1949年黄文山离开中国去美国前，黄文山主要想要解决的是中国文化的出路与建设问题。这个时期，是黄文山文化学的基本理论的形成阶段。第二个时期为后期，是黄文山1949年离开中国去美国以后，黄文山所想要解决的现实文化问题从中国文化的出路问题，扩展到人类文化的出路问题。这个时期，是黄文山文化学体系的完善时期。黄文山以开阔的学术视野，吸取中西学术资源的菁华，最终为其文化学体系找到他自己认为完美的结论。

黄文山建设文化学，在1949年前，其学术资源主要是来自西方的科学知识，包括人类学、社会学、哲学、历史学、民族学等科学知识。不过，到了1949年后，黄文山开始对中国传统文化全面回归，在美国传播中国文化的同时，他更多地吸取中国传统文化的有益资源，以滋润他的文化学体系。黄文山建设文化学的路向有"文化人类学的路向"、"文化社会学的路向"、"文化哲学的路向"、"文化史的路向"、"中国传统文化的路向"，等等。

黄文山异常看重学术研究"科学性"与"方法论"。他把文化学当作一门科学来建构，完全是按照科学的原则，时刻注意这门科学的科学性。他在文化学研究中还形成了他的一套科学观。他尤其对科学的分类思想津津乐道，并且用其解决了文化学建设中碰到的诸多难题。黄文山特别注意新颖而恰当的文化学方法论的采用，几乎每在研究具体问题时，总是方法论先行。

第三，黄文山用30多年时间建设的文化学体系，到底是一个什么样子？

如果要简要明了地把握黄文山的文化学体系的概貌，可以按照黄文山建设文化学的一贯的科学性原则，从两个大方面来对体系架构进行梳理：其一是范畴与概念，其二是命题。

黄文山文化学体系的诸多范畴与概念，围绕"文化"、"文化学"、"文化体系"三个基本范畴展开。文化学建设的难点，首先在对于"文化"这个核心范畴的理解。对"文化"的定义，黄文山从其"生存论"哲学与文化功能主义的立场出发，进行简明的表述与详细的解释。他认为，"文化"是人类为生存的需求，在交互作用中，根据某种物质环境，由动作、思想和创造产生出来的伟大的丛体和体系；是人类为着满足生存的需要，凭借语言系统，技术发明，社会组织与习惯，累世承袭创建出来的有价值的"工具实在"（Instrumental Reality）。从"文化"的以上定义出发，黄文山还多角度、反复地进行了论述，如对文化的分类、性质与特征，以及文化与社会、文化与自然、文化与文明等多对范畴进行了专门的辨析。

"文化学"作为从"社会学中层创出来"的"最年轻的"一门科学，黄文山对"文化学"这个重要范畴进行了解释。他认为，"文化学"是以文化现象或文化体系为其所研究的对象，而企图发现其产生的原因，说明其演进的历程，求得其变动的因素，形成一般的法则，据以预测和统制其将来的趋势与变迁的科学。从"文化学"定义出发，黄文山还对文化学的对象、任务与研究模式，"文化学"与"社会学"的联系与区别，以及"文化学"科学的发展的阶段等问题进行了详细的论述。

黄文山认为文化研究对象是"文化现象"或"文化体系"。"文化体系"，就是对文化进行整体把握所得到的具有一定系统特点的文化基本形态或模式。黄文山对"文化体系"与"自然体系"、"文化体系"与"社会体系"等对范畴进行了辨析，对"文化体系"的十种基本类型：语言体系、宗教体系、艺术体系、伦理体系、哲学体系、科学体系、法律体系、经济体系、政治体系、技术体系；尤其对"文化体系"的三种上层类型："冥观型的文化体系"、"实感型的文化体系"与"中庸型的文化体系"进行了详细介绍。黄文山还从"文化体系"的上层类型观出发，对"文化体系"的结构与心态进行了深入的剖析。

黄文山就是借助于科学的方法，利用他所理解的独特的范畴和概念，解决了他为自己所设的十来个命题。黄文山首先解决的命题是：文化学不仅是一门科学，而且是一门独立的、自成体系的科学。黄文山还进一步认为文化学不仅是一门独立的、自成体系的科学，而且还在科学体系中占有最高的位置。黄文山得出这一结论，是基于对科学发展史的逻辑的分析。他把近世中西各家的科学分类，予以综合，然后提出了科学的新分类。他从现象的分类入手，认为现象可以"无机的"、"有机的"、"心理的"、"社会的"与"文化的"五种类别，科学的发展也是随对这五类现象的研究依次演进。他由此认为科学的生长是依照解剖学 → 生理学 → 生理学的心理学 → 心理学 → 个人心理学 → 社会心理学与社会学 → 文化学的层次进行。所以文化学理应位于科学体系金字塔的塔顶。

黄文山建立科学的文化学的一个主要目标是想发现可以验证的普遍的文化法则。但是文化学作为人文社会科学，不像自然科学，严格意义上的普遍的法则是很难求得的。总的来说，黄文山对文化法则的探求不是很成功。不过，他对文化体系发展的动力法则论述很有新意。黄文山特别强调，文化体系除了生长与没落的规律之外，还可以"复兴"或"再生"。这是他合理地解决中国传统文化与现代化问题，以及世界文化的转型与重整问题的一个重要的有力的理论武器。

黄文山建立文化学的目的在于解决实际的文化问题。从大的方面来说，是中国文化的出路与改造，以及世界文化的出路与改造问题。他早期基于中西文化的比较，认为西方文化的基本精神是经济伦理，而中国文化的根本精神是家族伦理。所以他认为解决中国文化出路的一个重要方案是学习西方的经济伦理。

黄文山解决中西文化出路的最后方案，是他的"世界文化浑融论"。世界文化浑融论，是黄文山整个文化学体系要得出的最终的结论，集中反映了黄文山的文化思想，黄文山后期的文化学建设就是以此为中心的。黄文山强调以中庸（中道）法则做根据，综合"冥观的文化"与"实感的文化"二者之所长，成为整合的新型的"中庸的文化"，建立统一的新的"中庸型文化体系"，即"大同的文化体系"。他认为世界文化的出路，就在于中西文化互相借鉴，互相发明，互相帮助，建立浑融的"会通文化"，即大同文化。这个结论的得出，有着他早年无政府主义的社会文化理想的鲜明的影子，并且有着中国文化的鲜明特色。他以这种方式，宣告向其早期思想和中国传统文化的回归。

第四，黄文山研究文化学，到底研究得怎么样？

黄文山不懈而艰苦的文化学探索，终取得了突出的成就。黄文山不仅是中国型文化学的创建者，也是世界现代文化学建设的先驱之一。尤其是对文化学体系的整体思考来看，黄文山是他同时代学者中的佼佼者。从对文化学独立科学的建设工作来看，在同一时期，只有怀德和陈序经等少数的文化学者，能与之比肩。

在中国文化学史上，黄文山是明确地倡导文化学，并积极地建设科学的体系的文化学的第一人。在黄文山之前，梁漱溟等学者虽然对文化问题进行过深入的讨论，但是不曾意识要到建立文化学，张申府虽然曾提到建设文化学的问题，但仅是提到而已。与黄文山同时代的阎焕文虽然第一个建立了系统的文化学，但是，只有一个提纲，不够深入。陈高傭空有建设文化学的热情，但少有具体的行动。朱谦之虽然在文化理论上很有建树，但其兴趣在文化哲学和文化社会学，并不重视文化学。唯独陈序经在1949年前和黄文山能相提并论，但是很遗憾，陈序经后来并没有继续研究文化学，这使得他的文化学理论贡献相对有限。而钱穆的文化学人文性十足，但科学性不够，并没有科学地建构文化学。在中国的文化学史上，阎焕文、陈高傭、朱谦之、陈序经、钱穆、殷海光等学者对文化学的研究，大多是响应黄文山的倡导，或在其后，所以，说黄文山是"中国的文化学之父"也并不为过，而他与陈序经可并为中国早期"文化学双峰"。

被班思称为"文化学之父"的怀德是美国现代文化学的领军人物，他基本上可以代表西方现代文化学的发展成就。实际的情况是黄文山明确提出并积极着手系统地建构现代文化学的时间要早于怀德好几年。怀德与黄文山都长期地积极研究、宣扬与维护文化学，并形成各自的较深刻的文化学思想体系。虽然，由于语言与文化背景，以及其他学术研究的差异，怀德在世界学术界的影响远远大于黄文山，但是，在文化学研究的领域，黄文山的贡献与成就似不在怀德之下。完全可以说，黄文山与怀德是"中西现代文化学双杰"。

第五，研究黄文山的文化学探索，到底有什么现实意义？

研究黄文山文化学思想的一个现实目的，就是对中国未来的文化学理论建设有哪些借鉴意义。黄文山"板凳坐到十年冷，文章不写一句空"的学术"定力"；"中西平视，博采众说"的学术视野；建设文化学的前瞻性、科学性和系统性、原创性，以及对中国传统文化的积极采借等宝贵的经验，对未来文化学研究具有很好的示范性。但他太注重文化学的科学性，而人文性显得不足；太过于注重科学的实证精神，多用论据而淹没了结论；对"文化"理解有泛化的倾向；普遍性的文化法则找寻不够；利用文化理论，但对中国文化的研究不够深入；在应用文化学方面用力不够等有待进一步发展和完善的地方，又是未来文化学研究的努力方向。

所以，中国的文化学研究不应该忽视黄文山，而且世界的文化学研究也同样不可以漏掉黄文山。黄文山为科学的现代文化学的建立作出了开创性的贡献。黄文山对文化学的开创性探索，为我们提供了许多有益的思想资源。按照中国"此时此地"的需要建设"当代文化学体系"，理应以黄文山等文化学先驱为鉴。

附录一　黄文山论著索引

一、著　作

1. 罗素．哲学问题[M]．黄文山译．新青年社，1920(1966、1973年台湾水牛出版社再版)。
2. 罗素．到自由之路[M]．黄文山，李季，沈雁冰译．新青年社，1920.
3. 黄文山．社会进化[M]．北京：世界书局，1929。
4. 素罗金．当代社会学学说[M]．黄文山译．北京：北新书局，1930(1935年上海商务印书馆印行。1965，1967年在台湾重印，1971年台湾二版)
5. 黄文山．西洋知识史纲要[M]．上海：华通书局，1932.
6. 阿贝尔．德国系统社会学[M]．黄文山译．上海：华通书局，1933.
7. 哈尔．社会法则[M]．黄文山译．上海：商务印书馆，1935.(1965年台湾一版。1968年台湾商务印书馆重印。1971年收入人人文库本)
8. 黄文山．唯生论的历史观[M]．南京：正中书局，1935.(1982年台湾商务印书馆重印)
9. 黄文山．文化学论文集[M]．广州：中国文化学会，1938.
10. 黄文山．抗战建国与复兴民族[M]．广州：更生评论社，1938.
11. 黄文山．文化学的建立[M]．广州：广州国立中山大学法学院，1948.
12. 黄文山．文化学及其在科学体系中的位置[M]．广州：岭南大

学西南社会经济研究所，1949.（1982年台湾"商务印书馆"重印）

13. 黄文山．黄文山旅美论丛［M］．台北：台湾"中华书局"，1960.

14. 黄文山．文化学体系（上、下册）［M］．台北：台湾"中华书局"，1971.（1968年初版，1971，1982，1986年先后四版）

15. 黄文山．当代文化论丛（上、下册）［M］．香港：香港珠海书院，1971.

16. 素罗金．今日社会学学说［M］．黄文山，译．台北：台湾"商务印书馆"，1971.

17. 李约瑟．中国之科学与文明（首卷）［M］．台北：台湾"商务印书馆"，1971.

18. 黄文山．文化学研究［M］．台湾百科小丛书．

19. 黄文山．太极拳要义（英文版）［M］．香港：南天书业公司，1974.

20. 黄文山．健康的艺术（英文版）［M］．香港：南天书业公司，1974.

21. 黄文山．黄文山学术论丛［M］．台北：台湾"中华书局"，1977.

22. 黄文山．中国学术思想讲演集［M］．中国文化协会，1978.

23. 黄文山．文化学导论［M］．香港：南天书业公司，1980.

24. 黄文山．中国古代社会史研究方法论［M］．台北：台湾"商务印书馆"，1982.

25. 黄文山．黄文山文集［M］．台北：台湾"商务印书馆"，1983.

26. 黄文山．中国文化发展蠡测（英文版），遗失或存哥伦比亚大学。

27. 黄文山．一九一九旅俄六国见闻记［N］．北平晨报社．

28. 黄文山．文化学与中国文化（英文版）（似就是《文化学导论》）。

29. 黄文山．中国哲学思想论集·总论篇［M］．台北：牧童出版社，1968.

二、论　　文

1. 黄凌霜．弁言[J]．自由录，1917．
2. 黄凌霜．非是非篇[J]．自由录，1918．
3. 黄凌霜．少见多怪之时事新报[J]．自由录，1918．
4. 黄文山．马克思学说批判[J]．新青年，1919．
5. 黄文山．同志凌霜的一封来信[J]．工余，1923．
6. 黄文山．社会进化论与社会轮化论[J]．社会学刊，1929．
7. 黄文山．史则研究的发端[J]．社会学刊，1930．
8. 黄凌霜．中国革命与文化改造[J]．中央导报，1932．
9. 黄文山．转型期的社会社学[J]．新社会科学季刊，1934．
10. 黄文山．中国古代社会的图腾文化[J]．新社会科学季刊，1934．
11. 黄文山．对于《中国古代社会的图腾文化》之我见[J]．新社会科学季刊，1934．
12. 黄文山．文化学的建筑线[J]．新社会科学季刊，1934．
13. 黄文山．人类、文化与文明[J]．新社会科学季刊，1934．
14. 黄文山．民生史观论究[J]．中山文化教育馆季刊，1934．
15. 黄文山．对中国古代社会史研究的方法论之检讨[J]．新社会科学季刊，1934．
16. 黄文山．社会诊断学之创建[J]．新社会科学季刊，1934．
17. 黄文山．社会法则论[J]．新社会科学季刊，1934．
18. 黄凌霜．文化的分类[J]．大陆杂志，1934．
19. 黄文山．孔德的社会学研究[J]．新社会科学季刊，1935．
20. 黄凌霜．社会法则论究[J]．社会学刊，1935．
21. 黄文山．阶级逻辑与文化民族学[J]．新社会科学季刊，1935．
22. 黄文山．民族学与中国民族研究[J]．民族学研究集刊，1936．
23. 黄文山．发扬民族气节之根本意义[J]．更生评论，1937．
24. 黄文山．历史科学与民生史观[J]．更生评论，1937．
25. 黄文山．复兴民族的几个基本原则[J]．更生评论，1937．

26. 黄文山. 朱执信先生及其革命的人生观[J]. 更生评论, 1937.
27. 黄文山. 民族复兴心理基础——民国二十六年元旦献辞[J]. 政问周刊, 1937.
28. 黄文山. 文化学方法论[J]. 广州大学学报, 1937.
29. 黄文山. 全民族应拥护这唯一的民族政党[J]. 更生评论, 1938.
30. 黄文山. 双七抗战建国纪念年掇感[J]. 更生评论, 1938.
31. 黄文山. 再论民族复兴的几个基本原则——本刊立场的再检讨和新估定[J]. 更生评论, 1938.
32. 黄文山. 太平洋问题的关键[J]. 更生评论, 1938.
33. 黄文山. 关于民族政党[J]. 更生评论, 1938.
34. 黄文山. 我们只有一个敌人[J]. 更生评论, 1938.
35. 黄文山. 悼钱玄同先生[J]. 更生评论, 1938.
36. 黄文山. 反对轰炸不设防城市运动的意义[J]. 更生评论, 1938.
37. 黄文山. 新道德运动的展开[J]. 更生评论, 1938.
38. 黄文山. 文化工作者的反省[J]. 战时文化月刊, 1938.
39. 黄文山. 民族文化建设纲领[J]. 战时文化月刊, 1939.
40. 黄文山. 民族学研究上的一般原则与方法[J]. 青年中国季刊, 1940.
41. 黄文山. 世界文化的转向及其展望[J]. 中山文化季刊, 1943.
42. 黄文山. 种族主义观[J]. 民族学研究集刊, 1943.
43. 黄文山. 知识结合学习知行学说[J]. 中山文化季刊, 1943.
44. 黄文山. 战后国际文化合作刍议[J]. 中山文化季刊, 1945.
45. 黄文山. 岑著"西南民族文化论丛"序[J]. 社会学讯, 1947.
46. 黄文山. 文化学的建立[J]. 社会科学论丛季刊, 1948.
47. 黄文山. 文化学在创建中的理论之旧趋及其发展[J]. 中央日报(广州), 1949.
48. 黄文山. 中国文化的改进[J]. 中央日报(广州), 1949.
49. 黄文山. 美国人类学与民族学之趋势[J]. 台湾新生报, 1950.
50. 黄文山. 美国人类学与民族学之趋势[J]. 台湾新生报, 1950.

51. 黄文山.图腾制度及其与中国哲学起源之关系[J].民族学研究所集刊,1960.
52. 黄文山.黄克强先生在中国革命地位之新认识[J].政治评论,1967.

附录二　参考文献

一、著　　作

1. Spengler. The Declinf of The West [M]. London : George Allen & Unwin Ltd., 1922.
2. 孙本文. 社会学上之文化论[M]. 北平：朴社出版经理部, 1927.
3. 孙本文. 社会的文化基础[M]. 上海：世界书局, 1929.
4. 林惠祥. 文化社会学[M]. 上海：商务印书馆, 1934.
5. 陈登原. 中国文化史（上、下册）[M]. 上海：世界书局, 1935、1937.
6. 马芳若. 中国文化建设讨论集[M]. 上海：上海龙文书店, 1935.
7. 柳诒徵. 中国文化史[M]. 上海：正中书局, 1947.
8. 朱谦之. 文化社会学[M]. 广州：中国社会学社广东分社, 1948.
9. L. A. White. The Science of Culture [M]. New York：Farrar Straus, 1949.
10. Leslie A. White. Culturology, International Encyclopedia of Social Science[M]. New York：Macmillan Co. & Free Press, 1968.
11. B. Tylor. Primitive Culture [M]. London & Brydone (Printers) LTD, 1871.
12. [德]Ostwald. 文化学之能学的基础[M]. 大江出版社, 1971.
13. 张益宏. 黄文山文化学体系研究集[M]. 台北：台湾"中华书

局",1976.
14. 黄文山. 何联奎文集[M]. 台北:台湾"中华书局",1980.
15. 李亦园. 文化人类学选读[M]. 台北:台北食货出版社,1980.
16. 钟离蒙,杨凤麟. 中国现代哲学史资料汇编(第2集第6册[M]. 沈阳:辽宁大学哲学系,1982.
17. 蔡尚思. 中国现代思想史资料简编(第1、3卷)[M]. 杭州:浙江人民出版社,1982.
18. 葛懋春,蒋俊,李兴芝. 无政府主义思想资料选[M]. 北京:北京大学出版社,1984.
19. 胡庆云,高军. 无政府主义在中国[M]. 长沙:湖南人民出版社,1984.
20. 冯利,覃光广. 当代国外文化学研究译文集[M]. 北京:中央民族出版社,1986.
21. 庄锡昌. 多维视野中的文化理论[M]. 杭州:浙江人民出版社,1987.
22. 北京图书馆文献信息服务中心. 文化学研究[M]. 北京:书目文献出版社,1987.
23. 陈旭麓. 五四以来政派及其思想[M]. 上海:上海人民出版社,1987.
24. [美]莱利斯·A. 怀德. 文化科学——人和文明的研究[M]. 曹锦清,等.译. 杭州:浙江人民出版社,1988.
25. 庄锡昌,孙志民. 文化人类学的理论构架[M]. 杭州:浙江人民出版社,1988.
26. [美]哈里斯. 文化人类学[M]. 北京:东方出版社,1988.
27. 梁漱溟. 东方学术概况[M]. 香港:中华书局,1988.
28. 覃光广,冯利,陈朴. 文化学辞典[M]. 北京:中央民族学院出版社,1988.
29. [德]斯宾格勒. 西方的没落[M]. 陈晓林,译. 哈尔滨:黑龙江教育出版社,1988.
30. 蒋荣昌. 文化哲学论[M]. 成都:西南交通大学出版社,1988.
31. 刘述先. 文化哲学[M]. 哈尔滨:黑龙江教育出版社,1988.

32. 童恩正. 文化人类学[M]. 上海：上海人民出版社，1989.
33. 梁漱溟. 梁漱溟全集[M]. 济南：山东人民出版社，1989.
34. 徐善广，柳剑平. 中国无政府主义史[M]. 武汉：湖北人民出版社，1989.
35. 萧扬，胡志明. 文化学导论[M]. 石家庄：河北教育出版社，1989.
36. 张岱年，程宜山. 中国文化与文化论争[M]. 北京：中国人民大学出版社，1990.
37. 司马云杰. 文化社会学[M]. 济南：山东人民出版社，1990.
38. 郭齐勇. 文化学概论[M]. 武汉：湖北人民出版社，1990.
39. 朱谦之. 文化哲学[M]. 北京：商务印书馆，1990.
40. 许苏民. 文化哲学[M]. 上海：上海人民出版社，1990.
41. 罗荣渠. 从"西化"到现代化[M]. 北京：北京大学出版社，1990.
42. 林惠祥. 文化人类学[M]. 上海：上海文艺出版社，1991.
43. 蒋俊，李兴芝. 中国近代的无政府主义思潮[M]. 济南：山东人民出版社，1991.
44. 王海龙，何勇. 文化人类学历史导引[M]. 上海：学林出版社，1992.
45. 刘守华. 文化学通论[M]. 北京：高等教育出版社，1992.
46. [匈]维坦依. 文化学与价值学导论[M]. 徐志宏，译. 北京：中国人民大学出版社，1992.
47. 杨镜. 文化学引论[M]. 北京：北京师范大学出版社，1992.
48. 李宗桂. 文化批判与文化重构：中国文化出路探讨[M]. 西安：陕西人民出版社，1992.
49. 吕希晨. 中国现代文化哲学[M]. 天津：天津人民出版社，1993.
50. 邹广文. 文化哲学的当代视野[M]. 济南：山东大学出版社，1994.
51. 张岱年，方克立. 中国文化概论[M]. 北京：北京师范大学出版社，1994.

52. 陈序经,杨深. 走出东方：陈序经文化论著辑要[M]. 北京：中国广播电视出版社,1995.
53. 李春泰. 文化方法论导论[M]. 武汉：武汉印书馆,1996.
54. 李荣善. 文化学引论[M]. 西安：西北大学出版社,1996.
55. 胡适. 中国哲学史大纲[M]. 北京：东方出版社,1996.
56. 夏建中. 文化人类学理论学派文化研究的历史[M]. 北京：中国人民大学出版社,1997.
57. 陈山. 痛苦的智慧：文化学说发展的轨迹[M]. 沈阳：辽宁人民出版社,1997.
58. 向翔. 哲学文化学[M]. 上海：上海科学普及出版社,1997.
59. 钱穆. 文化学大义[M]. 台北：台湾联经出版事业公司,1998.
60. 黄淑娉,龚佩华. 文化人类学理论方法研究[M]. 广州：广东高等教育出版社,1998.
61. 陈序经,邱志华. 陈序经学术论著[M]. 杭州：浙江人民出版社,1998.
62. 杨启光. 文化哲学导论[M]. 广州：暨南大学出版社,1999.
63. Toynbee. A Study of History[M]. Beijing：China Social Sciences Publishing House,1999.
64. 刘进田. 文化哲学导论[M]. 北京：法律出版社,1999.
65. 梁漱溟. 东西文化及其哲学[M]. 北京：商务印书馆,1999.
66. 刘敏中. 文化学学·文化学及文化观念[M]. 哈尔滨：黑龙江人民出版社,2000.
67. 陈华文. 文化学概论[M]. 上海：上海文艺出版社,2001.
68. 曹德本. 中国传统文化学[M]. 沈阳：辽宁大学出版社,2001.
69. 衣俊卿. 文化哲学：理论理性和实践理性交汇处的文化批判[M]. 昆明：云南人民出版社,2001.
70. 劳思光. 刘国英. 文化哲学讲演录[M]. 香港：中文大学出版社,2002.
71. 杨善民,韩锋. 文化哲学[M]. 济南：山东大学出版社,2002.
72. [德]卡尔·曼海姆. 文化社会学论要[M]. 北京：中国城市出版社,2002.

73. [美]约翰·R.霍尔,玛丽·乔·尼兹.文化:社会学的视野[M].北京:商务印书馆,2002.
74. 吴克礼.文化学教程[M].上海:上海外语教育出版社,2002.
75. 刘集林.陈序经文化思想研究[M].天津:天津人民出版社,2003.
76. 韦正通.中国文化概论[M].长沙:岳麓书社,2003.
77. [俄]安娜·尼古拉耶芙娜·玛尔科娃.文化学[M].王亚民等,译.兰州:敦煌文艺出版社,2003.
78. 卡尔·曼海姆.文化社会学论集[M].沈阳:辽宁教育出版社,2003.
79. 马广海.文化人类学[M].济南:山东大学出版社,2003.
80. 王铭铭.西方与非西方:文化人类学述评选集[M].北京:华夏出版社,2003.
81. 叶志坚.文化学发展轨迹研究[M].北京:民族出版社,2004.
82. 陈建宪.文化学教程[M].武汉:华中师范大学出版社,2004.
83. 衣俊卿.文化哲学十五讲[M].北京:北京大学出版社,2004.
84. 周晓阳,张多来.现代文化哲学[M].长沙:湖南大学出版社,2004.
85. 费孝通.论人类学与文化自觉[M].北京:华夏出版社,2004.
86. 孙秋云.文化人类学教程[M].北京:民族出版社,2004.
87. 陈序经.中国文化的出路[M].北京:中国人民大学出版社,2004.
88. 陈序经,余定邦,牛军凯.陈序经文集[M].广州:中山大学出版社,2004.
89. 陈序经.东西文化观[M].北京:中国人民大学出版社,2004.
90. 朱谦之.朱谦之文集[M].广州:中山大学出版社,2004.
91. 陈序经.文化学概观[M].北京:中国人民大学出版社,2005.
92. 梁漱溟.中国文化要义[M].上海:上海人民出版社,2005.
93. 田彤.转型期文化学的批判:以陈序经为个案的历史释读[M].北京:中华书局,2006.

94. 华侨协会总会.华侨名人传[M].台北：台湾黎明文化事业股份有限公司，1984.

二、论　　文

1. 王新命，何炳松，武堉干，等.我们的总答复[J].文化建设，1935.
2. 何高亿.黄文山教授及其创建的"文化学"体系[J].中国一周，1968.
3. 韦政通.文化学体系概述[J].现代学苑，1969.
4. 张申府.文化或文明[G]//张申府学术论文集.济南：齐鲁书社，1985.
5. 何新.文化学的概念与理论[J].人文杂志，1987.
6. 郭齐勇，邓晓芒.文化学内核刍议[J].哲学研究，1988.
7. 李维武.文化与文化学[J].社会科学家，1990.
8. 顾建.以改革开放的时代精神创建面向世界的新文化——评"中国本位的文化建设"[J].江苏社会科学，1995.
9. 赵敦华.作为文化学的哲学[J].哲学研究，1995.
10. 黄海燕.30年代文化论争与中国现代化的理论探索[J].吉林大学社会科学学报，1996.
11. 刘守华.学点文化学[J].语文教学与研究，1996.
12. 蒋志华.广东文化学研究一瞥[J].广东社会科学，1997.
13. 周泓.文化在民族学研究中的地位[J].新疆师范大学学报，1997.
14. 马庆钰.对于文化保守主义的检省[J].中国人民大学学报，1997.
15. 钟少华.中国型的文化学创建者黄文山[J].中国文化研究，1998.
16. 赵立彬.黄文山文化学与文化观述论[J].暨南学报（人文科学与社会科学版），2004.
17. 顾定国，胡鸿豹，周燕.中国人类学界的外国来访者[J].世界民族,2002.
18. 邓文初. 民国初年中国无政府主义自由观的剖析[J]. 湖南大学学报(社会科学版),2004.
19. 钟少华. 文化学的方法论[J]. 学术界,2000.
20. 李宗桂. 文化学建设与文化现代化[J]. 中山大学学报,2005.
21. 李宗桂. 文化研究的回顾与前瞻——答《社会科学论坛》记者问[J]. 社会科学论坛,2005.

附录三　黄文山及其文化学研究综述

一、对黄文山及其文化学的研究现状

目前学术界对黄文山思想的研究，显得比较薄弱，还处于一个起步的阶段。较早对黄文山及其文化学思想的研究，主要是在台湾与香港地区进行，中国大陆进行得很晚，并且显得很不够，这并不是由于黄文山文化思想的学术价值不高，不值得学术界重视，其中另有复杂的原因。主要原因有两点：

一是政治文化的原因。黄文山虽然早年积极和李大钊等讨论社会主义，但后来逐渐转向了无政府主义，最后确立三民主义的信仰，追随国民党，成为国民党党员，1949年，又由台湾去了美国。所以因长期受学术政治化的影响，大陆少数学者除了提及他的无政府主义等反面思想之外，对他的文化思想少有论及。如赵立彬就谈到过这个现状，他说："黄文山是中国较早倡导文化学和从事文化学研究，同时又对中西文化观有过重要论述的学者。目前大陆学术界对黄文山的研究，基本上以黄早期的无政府主义思想作为对象，作为文化学学者的黄文山及其中西文化观的研究，并未受到重视。"[1]

二是由于资料缺乏的原因。黄文山于1949年去美国后，与大陆隔绝，他虽然著作等身，但在大陆出版过的，只是1949年前的几本，如《文化学论文集》（广州：中国文化学会，1938），《抗战建

---

[1] 赵立彬.黄文山文化学与文化观述论[J].暨南学报（人文科学与社会科学版），2004(6)116.

国与兴复民族》(广州：更生评论社，1938)，《文化学的建立》(抽印本，广州：广州国立中山大学法学院，1948)，《文化学及其在科学体系中的位置》(广州：岭南文学西南社会经济研究所，1949)，这些著作一直作为孤本保存在少数图书馆(如广东省立中山图书馆)里，在大陆也从来没有再版过。后来虽然当黄文山的著作在台湾不断再版和新版，大陆也有少数图书馆也零星买入一些，但还是放在港台图书部，不能借出阅读。所以，大陆研究者对黄文山的著作一般较难读到，故流传不广。一般的大陆学人，即使想了解黄文山，但由于资料难以收集，只能望而却步。

不过，随着学术生态和学术自身的发展，大陆的学者，开始对黄文山的文化思想进行研究，除了有些文化学方面的著作，如郭齐勇著的《文化学概论》(武汉：湖北人民出版社，1990)、刘守华主编的《文化学通论》(北京：高等教育出版社，1992)，李荣善著的《文化学引论》(西安：西北大学出版社，1996)等，提到黄文山的文化学等文化思想之外，还有专门的论文，如钟少华的《中国型的文化学创建者黄文山》(《中国文化研究》，1998年第2期)，赵立彬的《黄文山文化学与文化观述论》①(《暨南学报(人文科学与社会科学版)》，2004年第6期)等，对黄文山开始做介绍性的研究，虽然很少，但是足以表明，黄文山的文化思想引起了大陆学术界的注意②。不过，系统和深入的研究才刚刚开始。

---

① 本书认为，黄文山是较早倡导文化学和从事文化学研究的学者，他早年信仰无政府主义，后改奉国民党正统意识形态，成为倡导中国本位文化建设的代表人物之一。黄文山取文化学的立场，以文化学理论作为研究的方法论，来探讨中国文化改造的问题。他的文化观的转变，充分显示了文化学的理论对其文化思想的影响，作为一个典型的个案，反映了近代思想与学术的密切关系。本书分别对黄文山的生平、革命思想、本位文化观与文化学主要思想进行了分析和介绍。

② 国内出版的《民族百科全书》(北京：中国大百科全书出版社，1993)、《中国现代社会科学家大辞典》(高增德主编，太原：书海出版社，1994)、《中外社会科学研究手册》(魏秋玲主编，北京：中国社会科学出版社，1996)等书中，收有介绍黄文山的小传记。

相比之下，在港台地区及国际上，黄文山的影响要大，不仅其近著述不断被整理出版，而且1949年前在国内完成的重要著作，大部分也再版了，如《文化学及其在科学体系中的位置》(台北：台湾"商务印书馆"，1982)等。著作的广泛流传，有助于越来越多的人了解黄文山的思想，像其代表作《文化学体系》自从1968年初版到1986年，就再版4次之多，这也说明了其影响力的扩大。

1968年后，黄文山历任台湾大学社会学系及考古人类学系教授、香港中文大学新亚书院客座教授、珠海书院文学院院长，与港台地区多有学术交流，所以黄文山文化思想的研究很早就在港台地区开展起来了，如韦政通的《文化学体系概述》(台湾：《现代学苑》1969年第3期)等。1976年之前，台湾学人研究黄文山及其文化学体系的有关成果，集中收录在由台湾学者张益弘曾主编的《黄文山文化学体系研究集》(台北：台湾"中华书局"，1976)中，里面的文章内容包括对黄文山生平的回忆，及其对黄文山代表作《文化学体系》的介绍和阅读心得。

可喜的是，随着大陆文化建设的深入，学界对文化理论研究的拓展，学术界开始对黄文山的文化学思想进行较系统研究。北京师范大学陈少兵指导的硕士研究生秦楚，就在以《二十世纪三四十年代黄文山文化思想研究》为题，对黄文山早期的文化学思想进行了较全面的分析。尤其值得肯定的是，他在研究黄文山早期的文化思想时，对黄文山早期的文献进行了最大限度的整理，这对黄文山深入研究作出了基础性的贡献。①

下面就了解到的研究黄文山及其文化学等思想的文献进行综述。

二、对黄文山及其文化学研究的肯定

黄文山一生致力于"文化学体系"的建设，30多年如一日地探

---

① 他曾把他手头关于黄文山的资料基本都复印后，邮寄给作者，在这里特别感谢。

附录三 黄文山及其文化学研究综述

索,取得了比较公认的成就。黄文山不仅是中国最早提倡建立文化学的学者之一,是中国文化学的先驱,而且在世界文化学史上,也是系统地科学地对进行文化学建构的学者,是世界文化学的重要代表,具有很高的国际声誉。

学术界对黄文山的为人与为学给予高度的评价与肯定,尤其对他在文化学研究的开创性工作有共识,认为他是中国文化学的先驱,甚至是世界现代文化学的先驱,为中国在世界研究文化的学术史上,争得了一席之地。

黄尊生说:"在朋辈交好中,文山先生可说是别具一格。他生性纯厚,平时不多言,爱憎不出口,刚毅木讷四字,足以当之,照孔子所言,已近于仁矣。他又绝无城府,绝无机心,率直有如孩子。所谓孩子,即孺子,亦即赤子,所以有一颗赤子之心。这颗赤子之心,自然是炽热的,所以他对于国家,对于社会,对于人群,十分热情,热情之极,有时十分冲动,凡事除非见不到,一见到就做,是非得失,成败毁誉,一概不计。他几十年来为人,态度始终如一,始终不改,我以为这是他所以成为出类拔萃一型人物的特点,其故在此。"①他说黄文山"除致力于学问探讨之外,复献身于比较实际的工作……以求国家民族之复兴,几十年来,东西往返,南北奔驰,都无非为着这点心事。"②他又说黄文山"所为文对国家、社会、历史、文化国际现势,海外侨情,无所不包,唯其所专注,则为历史哲学、社会学、文化人类学,演而为文化学(Culturology),此为其登峰造极之研究成果,亦为其毕生精力之所赴。"③

卫惠林认为黄文山是当代中国罕见的"至人",他在《黄文山文集序》中从以下五个方面对黄文山进行全面而深刻的评价:一、文

---

① 黄尊生.记黄文山先生[G]//张益弘.黄文山文化学体系研究集,台北:台湾"中华书局",1976:2.

② 黄尊生.记黄文山先生[G]//张益弘.黄文山文化学体系研究集,台北:台湾"中华书局",1976:3.

③ 黄尊生.记黄文山先生[G]//张益弘.黄文山文化学体系研究集,台北:台湾"中华书局",1976:4.

附录三 黄文山及其文化学研究综述

山先生是一位十足的书生,而聪明过人,学贯中西。读书破万卷,经史杂家不遗巨细,无所不读。他治学以中国经史哲学为起步,进而专攻社会学、历史哲学、民族学、人类学,最后又回到东方哲学,尤其以治"易学"为归结,颇师法孔子晚年好易,韦编三绝的乐趣。他能从巨渊中,不遗细流,更从广博中揭取精微。他始终能保持独立精神有自由创见,从不宥于一家一派之偏颇思想,更不流于迂适。因此他是从书海中不断求新求变的自由书生。二、文山先生是能永保赤子之心、纯朴如白璧的至人,也是一位刚毅木讷不苟言笑的仁者。三、他是走在人前面的思想家,也是一生为自由,进步奋斗的先驱者。四、他是一位民族思想家,坐言起行的儒者,也是无私无我的爱国者,典型的东方学者。他大半辈子虽然生活在西方国家里,也以世界主义者自许,唯其生活方式,思想爱好,还始终是中国式的。他从未染上西方的生活习惯,更从不放弃作为中国人的忠恕、仁厚、敬慎不苟的处事对人态度。他一直保持着"有所为有所不为"的坚强自我。他的自我几乎可以代表中国读书人的标准风格,也可代表着中国人民族精神。五、他是在人文科学研究上,尤其对中国社会科学教育上有卓著劳动、有理论贡献及启发思想的学者。[①]

卫惠林说:"黄文山兄在三十年前即发下宏愿,致力于创建一门新科学,名之曰'文化学'(Culturology),以研究'文化的思想体系'为使命,可谓得风气之先,是与 Sorokin, Krobeber, Lintor White 等先进人类家互相呼应的。我早年偶尔参加讨论时,曾认为社会文化的研究本为社会学、民族与人类学的原始目标,何必弃宿学二另辟一新的门类呢?唯今年来,我自己也有了新的了悟:第一,是民族学与人类的研究目标一直有着一个偏重原始社会的偏向;第二,是社会文化思想越是在大的复合社会中,越是有分歧、冲突的现象,但民族学、人类学对之缺乏敏感;第三,是社会学、人类学与心理学,今年来已渐渐从冷静客观的立场,转向敏感的观

---

① 卫惠林.黄文山文集序[G]//黄文山.黄文山文集.台北:台湾"商务印书馆",1983:1-4.

念理论的追求。有了以上的感受，我自己也渐渐改变了以前的观点，而赞成黄文山兄提倡文化学的卓见了。"①

卫惠林又说："记得当许多人在大倡全盘西化时，他却曾参加签署过《中国本位的文化建设宣言》。多数中国学术界人正在追随西方学者的唯物主义，实证方法时，文山先生反而主张回到东方哲人的冥想智慧中，以挽救西方科技实感之失败。他的基本思想是儒家的中庸之道，与易学的阴阳动静的演变原理。唯他也沉潜于道家的天道思想，也出入于佛家的无我无外的涅槃理想，以至印度瑜伽哲学的冥想顿悟，藉以寻求东方智慧的高远境界。但到究极处，他还是以儒家之中道为依归的，所谓'肫肫其仁，渊渊其渊，浩浩其天'。'参天地之化育与宇宙合乎一体'。这正是文山先生晚年的思想境界。"②"故文山先生以儒学思想为基础的文化理论，初看起来是个大胆尝试，其实有至理存焉。我盼望迟早会有人把他的学说与西方学者的理论融会贯通起来。""他的重要贡献是为西方人指出东方学术思想的高远处，为中国人启示出来复兴民族文化的精微处。"③

韦正通认为，自中国遭受西方近代文化冲击以来，知识分子大抵已经知道，中国所面临的一切问题，归根结底，都是一文化问题。但讨论文化问题，总要先具备有关文化本身的知识，然后立言才能有法度，才能运用方法，发现问题、分析问题。不幸的是，民国以来，争论文化问题的多如过江之鲫，而能具备并深究讨论文化问题必须依据的社会科学知识者，却是很少。结果大家就凭借着少得可怜的一点知识，再加上个人的情绪、意气，争来吵去，尽管争吵了数十年，但文化问题能获得定论的极少。就在这长时期的无谓

---

① 卫惠林. 导言——文化思想论——赠献黄文山兄作为其《文化学体系研究集》代序[G]//张益弘. 黄文山文化学体系研究集. 台北：台湾"中华书局"，1976：3.

② 卫惠林. 黄文山文集序[G]//黄文山. 黄文山文集. 台北：台湾"商务印书馆"，1983：3.

③ 卫惠林. 黄文山文集序[G]//黄文山. 黄文山文集. 台北：台湾"商务印书馆"，1983：4.

争论中，却有少数的学者从旁观察、思考着解决中国文化问题的重心所在，并专心研究近代社会科学和文化学，把这些知识介绍到中国来，为中国文化的再生做奠基工作。"黄文山先生，就是这少数学者中，最有代表性的人物之一。他三十多年来，一直固守在这个领域默默耕耘，不随俗流浮沉，这种专勤敬业的精神，是值得有志于学术工作的青年效法的。"黄先生在三十多年前，就有志于文化学的建立。在研究的过程中，黄氏曾先后从游过文化学大师克鲁伯（A. L. Kroeber）和社会学权威索罗金（Sorokin），并受了他们很深刻的影响。他在文化学方面建立的一些基本观念，素罗金在1966年出版的《今日社会学学说》中，曾予简介。"克鲁伯在生前预料未来的科学，将集中在'文化探究'，则黄文山氏，将是促成这一派学术趋势的先驱之一，为中国在世界文化研究史上，争得一席之地。"①韦政通在评论黄文山的《文化学体系》时，肯定"本书对一般的读者言，可提供下列各种知识：(1)社会文化学和文化科学演进的知识。(2)方法论的讨论。(3)对世界文化研究的重要成果的知识。(4)中国在过去数十年中，对社会或文化问题讨论的情形。(5)社会科学家对科学知识（包括自然和社会）的分类。(6)文化学的基本概念，及文化诸特征的分析。"②

鉴于黄文山对于文化学学科建设的探索过程中取得的成就，克伦博士对黄文山在思想史上的学术地位有很高的评价。克伦博士认为，"黄文山经过长期深思熟虑的《文化学体系》也许很可能证明是思想史的一件事素。"③"从思想史的进展看，文化学乃是一种新科学，也许是最年轻的科学；诚然，它在题材和方法上乃是最富于挑战性的科学。在这种发展中，黄文山是一个先驱者。"克伦博士认为，"社会科学家，其继承孔德的，都在主张他们的学科之'真正'

---

① 韦正通.文化学体系概述[G]//张益弘.黄文山文化学体系研究集.台北：台湾"中华书局"，1976：39.

② 韦正通.文化学体系概述[G]//张益弘.黄文山文化学体系研究集.台北：台湾"中华书局"，1976：39.

③ 黄文山.文化学体系[M].台北：台湾"中华书局"，1971：2.

材料和方法，必要与自然科学相一致；他们郑重地说：社会与文化，以变化不居为其特征，对他们的说明，自应与自然科学所采用的方法相同才对。他们尤其竭力主张，唯一正确的逻辑乃是实证主义的逻辑。他们要把变化万端的心理，化约成行为主义，要把变化万端的文化，化约到物理学或数学同一现象。他们的方法之另一名称，现在最流行的，乃是'化成主义'（Reductionism），而他们在一切智慧的事业上，亦被称为'化成主义者'。""黄文山与众独异。他对于他们的方法以及其支持者的学说，提出挑战。……当他在哥伦比亚大学社会研究新学院习哲学、人类学、史学、社会学时，即感觉到每种科学的领域，互相跨越，而可做为单个配景内的种种方面，从事阐释，最后乃建议采用'文化学'（Culturology）的名称，名其所学。"①黄文山的"《文化学体系》实际上乃是在百忙中，坎陷中，竭毕生之力，专心一致研究的成果。有如思想史的其他发明似的，它必能对于旧的论战，有光芒的照射，有甚深的激发。当他把文化学者的思想，根据新的洞察，把它转换到新的方向时，自能鼓动起更新的论战。"②

莱利斯·A. 怀德在其《文化科学——人和文明的研究》中曾较早提到黄文山："我在出版物中首次使'文化学'是在1939年，我相信是在《同源术语学问题》一文中使用的，但在授课中使用'文化学'术语还要早好几年。程澍雨博士于1943年在美国贝克莱市出版了他的《东西文化比较》一书，该书的副标题即是'文化学导论'。他还写信给我说，他在中文出版物中不仅早已使用'文化学'术语而且使用了'culturosophy——文化知识学'。广东国立中山大学人类学研究所的黄文山教授已用汉语发表了许多论述文化学的文章。"③当时怀德还没有读过黄文山的文化学著作，所以，他没有评价。但是，黄文山很早就引起了怀德的注意，怀德其时也是刚刚注

---

① 黄文山. 文化学体系[M]. 台北：台湾"中华书局"，1971：5-6.
② 黄文山. 文化学体系[M]. 台北：台湾"中华书局"，1971：6-7.
③ [美]莱利斯·A. 怀德. 文化科学——人和文明的研究[M]. 曹锦清等，译. 杭州：浙江人民出版社，1988：390.

意到现代文化学的第一人——德国的阿斯华德。

孙科认为,"余友黄文山先生,游学欧美,博古通今,向习哲学、史学、人类学、社会学等,精英、俄、德、法诸国文字,出入东西学术之间,对道、儒、释、耶及孔德(A. Comte)各家思想,均能窥其堂奥。沉浸浓郁,含英咀华,创'文化学体系',为中西学者所推重。文山早岁参加革命,服膺国父学说,忧时救国,实有足多。民国三十年间,余长'立法院'时,文山膺'立法委员',以其所学,参与法制,献潜尤深。中山文化教育馆成立后,文山主编《民族学专刊》,发舒所见,首倡文化学之论;并在国立中央大学主讲此课,名重于时。"①

谢康评介黄文山,说他"一向好打太极拳、八卦拳及习内功,且曾从太虚法师精究禅理又在美随印度大师习瑜伽哲学,体气健旺,精神甚好。他文思敏捷,写作甚勤,能于十小时内写一万多字,为同辈的学人所不及。"②他又说黄文山"涵养纯粹,学识渊博,知古通今,于英、俄、德、法四国语文,俱所擅长。尤其能自成一家,创立'文化学',贡献特大。(此层将于下文加以论述。)当代社会学、人类学,文化学及哲学大师素罗金(P. A. Sorokin)、怀德(Leslie. A. White)、克伦(M. A. Kallen)等一致加以赞扬,实在是难得的一种荣誉。"③在中央大学任教时期,黄文山"开始创建'文化学'为一门独立的科学,开这门学问的先声。"④"二十五年(1936年,笔者加),先生以社会学权威、文化学创立者的资格,担任国立中山大学法学员院长兼教授"⑤。又说黄文山在美国,"创立华

---

① 黄文山. 当代文化论丛(上、下)[M]. 广州:香港珠海书院,1971:1.
② 谢康. 黄文山先生的"书"和"人"[G]//黄文山. 当代文化论丛(上、下). 广州:香港珠海书院,1971:1109.
③ 谢. 黄文山先生的"书"与"人"[G]//黄文山. 当代文化论丛(上、下). 广州:香港珠海书院,1971:1116-1117.
④ 谢康. 黄文山先生的"书"与"人"[G]//黄文山. 当代文化论丛(上、下). 广州:香港珠海书院,1971:1113.
⑤ 谢. 黄文山先生的"书"与"人"[G]//黄文山. 当代文化论丛(上、下). 广州:香港珠海书院,1971:1114.

美文化学院及建立文化学,蜚声国际,为国家增光,心中至感欣慰。"①谢康把黄文山对于文化学的贡献,与孔德对于社会学的贡献作类比,来说明黄文山对于文化学取得的开创性成就,他说:"另一个要保存三十余年前的旧作的原因,据作者亲口告诉我是为着谁是文化学的创立者这个颇为重要的问题。从前孔德在《实证哲学》第一册至第三册用'社会物理学'这个名词,不料比利时统计学家葛特勒也袭用这个名词,于是孔德在一八三九年出版的实证哲学第四册里面,就改用'社会学'来代替社会物理学。从此以后,大家跟着他用'社会学',因此,他就成了社会学的鼻祖了。文山先生苦心孤诣在三十余年前创立文化学以后遭遇的挫折,很有几分像孔德。他所以只有尽量保存原始资料的本来原目,才可以证明这门学问最初创立的历史。(即以他在纽约新社会科学学院开设'文化学'这门课程而论,在美国学术当中,也是一个创举。)"②对黄文山的《文化学体系》,谢康评价说:"在所介绍的十部著作或译本中,这部尤其重要,所以把它殿后,其实它应该是黄文山先生著述中的冠军,高居首位才对的。……本书出版后,台北学生英文杂志(卷十七,第二期)著论说是'中国学者完成不朽的巨著',而国魂月刊彦博士著文称为'中国学者不朽剧巨著',有平衡东西文化的价值。"③

刘伯骥说,黄文山"集中精力完成其文化学思想体系的创作,其对中国学术乃至人类思想最大的贡献,殆为这一门。"他又说:"近年由博返约,欲以文化一词,完成其在科学上之思想体系,论证其范畴,精较其界说,使独立成为一种科学,与社会学、人类学,等量齐观。本来这种纯推理的抽象论证,苦思穷说,真是浩渺无垠,然而黄先生信道坚,愿力宏,悉力以赴,锲而不舍,迄今龙

---

① 谢康. 黄文山先生的"书"与"人"[G]//黄文山. 当代文化论丛(上、下). 广州:香港珠海书院,1971:1108.
② 谢康. 黄文山先生的"书"与"人"[G]//黄文山. 当代文化论丛(上、下). 广州:香港珠海书院,1971:1123-1124.
③ 谢康. 黄文山先生的"书"与"人"[G]//黄文山. 当代文化论丛(上、下). 广州:香港珠海书院,1971:1112.

骊在握，自成一家之说，为世界文化人类学宗师克鲁伯（Kroeber）、社会学宗师素罗金（Sorokin）文化学巨子怀德（White），美国哲学祖师威廉詹姆士（William James）之高足克伦（Horace M. Kallen）等所赞扬，忖思其生平事业，完全寄托于学问上，而对学问之最大贡献，将为文化学。"①

何高亿认为，黄文山"根据社会科学的整体原理，熔冶哲学、史学、心理学、社会学、民族学、人类学于一炉，由博而约，提出文化学（Culturology）之建立，视为社会科学体系之巅峰。多年以来，在国际学术界，特别在社会科学领域，获得普遍的重视与赞扬；世界文化人类学宗师克鲁伯（Kroeber），社会学宗师素罗金（Sorokin）、文化学巨子怀德（White）及美国现代文化思想界权威学人克伦（Horace M. Kallen）等，无不交相称道，认为黄氏对'文化学'创建之功，不但为社会科学开创新境界，且将为中西文化的融合，以备进入世界大同文化的领域，开拓一条康庄大道。"②他又说："原来'文化'仅是社会科学中的一个名词，迄未成为'学'，自20世纪开始以来，虽也有若干社会学家曾倡导成为一门科学，即所谓'文化学'者，但迄未达到显著的成功。因为科学上一个学门之成立，并不是简单的事，而必须在整体科学原理上之思想体系，论证其范畴，精校其界说，使之确能独立成为一门科学，甚或要毕数世纪学人之力，始能确然屹立者。黄氏因其对社会科学各门学问，如民族学、人类学、社会学、心理学及历史哲学都有深刻的研究，而又对中华文化，特别是易经与孔孟之道，有高超造诣，所以能对'文化'作有系统的纯推理之抽象论证，在中西文化浩渺无垠的知识宝库里，苦思穷索，锲而不舍，始终以'文化'一词完成其在科学上之思想体系，而成为'文化学'一门科学。这是他个人对社会最大的建树，也是他对中西文化最重要的贡献。黄氏向'文化

---

① 刘伯骥. 我最敬佩的黄文山先生[G]//张益弘. 黄文山文化学体系研究集[M]. 台北：台湾"中华书局"，1976：12.

② 何高亿. 黄文山教授创立"文化学"的经过[G]//张益弘. 黄文山文化学体系研究集. 台北：台湾"中华书局"，1976：25.

学'求得新境界，就像宋儒向理学求得新境界一样，将对人类文化放射出不可磨灭的光芒。"①他还说："我们试一翻阅社会学及文化人类学的世界新书，已随处见到文化学 Culturology 的学名，为国际学术界所引用，谓非黄教授直接间接作始之功，其可得乎？黄教授的成就，实在是中华文化之光。"②

侯立朝认为，黄文山是当代中国的文化学家之一，也是"一位中国文化感特别浓厚且富有创意的文化学家"。③ 苏季子："他堪称岭南才子，且是'中国型的文化学家'。"④《文化学体系》"这一部大书，统合了当代全世界的文化学说，整合出一条'中庸文化'观，融化'冥观文化'与'实感文化'，创建了中国型的文化学"⑤。

赵立彬认为，"黄文山对于文化学在中国的倡导、发展和学科形成做出了较大的贡献，其著述基本上顺应了国际学术界对文化学这一新兴学科发展的要求，不仅在当时的学术界和教育界产生了一定影响，而且也得到了国际学术界的关注。文化学在西方出现也较晚，发育不充分，黄文山思想的某些方面甚至超前于西方学术界，对海外学界文化学的发展，亦有正面影响。美国文化学者莱斯利·怀德(L. A. White)在其著作《文化的科学》中，就提到了黄文山关于文化学的撰述。民族学家何联奎评价道：'(黄文山)创见之发表，早于美国人类学者怀德教授主张建立文化学之前十余年，而其思想之深粹，不让怀德专美于当世。'"⑥

---

① 何高亿. 黄文山教授创立"文化学"的经过[G]//张益弘. 黄文山文化学体系研究集. 台北：台湾"中华书局"，1976：26.
② 何高亿. 黄文山教授创立"文化学"的经过[G]//张益弘. 黄文山文化学体系研究集. 台北：台湾"中华书局"，1976：26.
③ 侯立朝. 中国型文化学的建立者——黄文山[G]//张益弘. 黄文山文化学体系研究集. 台北：台湾"中华书局"，1976：14.
④ 苏季子. 中道文化学家黄文山[G]//张益弘. 黄文山文化学体系研究集. 台北：台湾"中华书局"，1976：20.
⑤ 苏季子. 中道文化学家黄文山[G]//张益弘. 黄文山文化学体系研究集. 台北：台湾"中华书局"，1976：21.
⑥ 赵立彬. 黄文山文化学与文化观述论[J]. 暨南学报(人文科学与社会科学版)，2004(6)：117.

钟少华认为，黄文山"就是被公认的中国型文化学的创建者"①。"黄先生确实在学术上起点高，他无须拉帮结派，无须卖身投靠，凭着自己所掌握的知识，凭着自己设定的研究方法，硬是在动荡的年代耗去 35 年时光，以一支笔写成六十多万字的著作——《文化学体系》。这本身无疑是告诉现代年轻学者，所谓做学问，中国曾经有过这样的榜样。不管能从书里挑出多少毛病，体系多么不完备，但这确实与抄书匠、及靠骂人、骗人度日的文人是完全不同的"②。他又说："黄先生以他一生的主要精力投入此项研究中，取得了当时东方学者中最具有开创性的成就，也当然为全世界的文化学研究加上了必要的东方色彩。""他所开创的理论道路，尽管还有许多巨大的困难，但对于 21 世纪的年轻学者，却是一种极大的启示。"③

三、对黄文山文化学体系的批评

在积极肯定黄文山在文化学领域的成就的同时，还有学者对其进行全面的评价，指出黄文山文化学研究存在的不足。

韦政通在评论黄文山的《文化学体系》时，总结道："本书有下列诸缺点：(1)由于本书各文的写作时间，前后长达三十多年，不免重复零乱，缺乏统绪。(2)上篇九章太杂乱，如改写成精简的绪言，效果会好得多。(3)架构太大，分析遂不免疏阔，结论下得太早太快，有部分结论根本无法成立。(4)全书征引太多，又未能与理论的需要互相贴近。(5)作者有相当好的认知训练，但仍未能完

---

① 钟少华. 中国型的文化学创建者黄文山[J]. 中国文化研究, 1998(2): 43.
② 钟少华. 中国型的文化学创建者黄文山[J]. 中国文化研究, 1998(2): 45.
③ 钟少华. 中国型的文化学创建者黄文山[J]. 中国文化研究, 1998(2): 46.

全跳出'我族中心主义'"。①

刘国鸿读了《文化学体系》，对其有这样批评："一、哲学上的专有名词太多了，令人不易了解（这可能是因为笔者学识浅陋之故）。二、译名与国内译法不太相同，看来很不习惯。三、最后未附人名或术语索引，读来略嫌不便。四、本书提到中国思想家之言论，这在国内学者的著作（史学等除外）很少见的，将可以开风气之先，同时也一扫近代国人妄自菲薄之弊。五、以四、五两章的篇幅来论文化学之科学性，是否有此必要？一门科学是否被视为一门科学，在其求知的过程上有何重大影响？"②

郭齐勇也认为，黄文山的文化学著作虽然博大严整，但让人"仍感到有铺陈过宽，重点不够突出，英美学风印痕较深，欧陆和中国人文传统不彰的毛病。"③

应该说，以上学者对黄文山文化学的评价比较公允。综上所述，黄文山以其皇皇巨著《文化学体系》为代表，给文化学的学科建设作出了自己贡献，正是由于其文化学贡献，黄文山确立了他自己在中国学术史上和世界学术史上的地位。对这样一个具有原创精神，并做了原创性贡献的孜孜以求的中国学者的文化学及其思想，进行详尽的阐释，不断解蔽，使其展现应有的学术光芒，照耀中国及世界的后世学术，有莫大的意义。

---

① 韦正通．文化学体系概述[G]//张益弘．黄文山文化学体系研究集．台北：台湾"中华书局"，1976：39.

② 刘国鸿．文化学与社会学范畴的比较[G]//张益弘．黄文山文化学体系研究集．台北：台湾"中华书局"，1976：192.

③ 郭齐勇．文化学概论[M]．武汉：湖北人民出版社，1990：29.

附录四　黄文山学术年谱简编

黄文山(1898—1988)①，乳名如山，字传昆，别号凌霄，笔名兼生、兼胜、超海等。在清华大学，北京大学及美国哥伦比亚大学读书时，原名天俊，后改名文山。广东省台山县水步镇下洞村长兴里人。我国著名文化学、社会学、人类学、民族学、中国文化史学者，"五四"时期著名的自由社会主义(无政府主义)者。其夫人郑洁贞，有长子黄任夫(Huang Yen-fu，1949年生)、次子(Huang Kin-fu，1951年生)，女黄美华(Nancy，1955年生)。黄文山认为他所获得学术上的最高荣誉是受任在台湾的中华学术院哲士。

黄文山是一位十足的书生，学贯中西，读书破万卷，经史杂家，不遗巨细，无所不读。他治学以中国经史哲学为起步，后专攻

---

① 关于黄文山的出生和逝世时间，学术界分歧很大：第一，赵立彬认为是"1897—1982"年，见《黄文山文化学与文化观述论》(《暨南学报(人文科学与社会科学版)》2004年第6期，第116页)；第二，钟少华、秦楚等认为是"1901—1988"年，参见《中国型的文化学创建者黄文山》(《中国文化研究》1998年夏之卷，第43页)，秦楚硕士论文《二十世纪三、四十年代黄文山文化思想研究》(指导老师：李少兵，北京师范大学历史学院。2006年5月，第1页)和《民族百科全书》(北京：中国百科全书出版社，1993年版，第140页)；第三，庄锡昌等认为是"1898—"年(《多维视野中的文化理论》，杭州：浙江人民出版社，1987年版，第7页)第四，认为是"1898—1988"年(魏秋玲主编的《中外社会科学研究手册》，北京：中国社会科学出版社，1996年版，第450页)

经考证，卫惠林曾在《黄文山文集序》(黄文山．黄文山文集[M]．台北：台湾"商务印书馆"，1983.)有"今年正值文山兄八秩大庆"之语，而语中之"今年"就是1978年。如果黄文山的八十大寿，是按照实际年龄算的，那么黄文山当是1898年出生。

社会学、历史哲学、民族学、人类学等，进而形成自己的文化学观点，最后又回到东方哲学，尤以治"易学"为归结，颇师法孔子晚年好易，韦编三绝的乐趣。

黄文山一生致力于建立一门"文化学"学科的建设，主张应用人类学、史学、社会学等各学科领域的知识，综合研究文化现象。他是我国文化学，也是世界现代文化学的先驱之一。他一生与素有美国"文化学之父"（班思语）怀德先生切磋甚笃。

由于黄文山在1949年后寓居美国以后，没有在中国大陆出版过任何著作，因此关于他的资料较难收集，笔者已尽力收罗，包括两度去黄文山故里实地调查，兹将已收集到的资料整理出一个简谱，以期研究黄文山学术思想的方家备查。自觉仍有不少缺憾，是为抛砖引玉。

1898年，黄文山出生于广东台山县水步镇下洞村长兴里。先世以耕读传家，他的祖父和四叔祖，于鸦片战争五口通商后不久，即赴北美经商和教学。四叔祖名哀文，是一个纯正的儒者，所教的学生很多。黄文山赋性聪明纯厚，从小受四叔祖的教诲，家学渊源深厚。

1905年，7岁黄文山到香港学习一年。主要是学习英文。

1906年，再返广州，进入黄氏宗族办的千顷书院（小学）学习。十岁读华盛顿传，"见其独立之精神，诚勇之美德，心焉向往之"。

1911年初，到香港皇仁书院学习，攻读英文。是年3月29日，革命党人在广州起义，全国震动，他此时受革命领袖孙中山黄兴的影响，激发了爱国的热忱，于是开始服膺革命思想。

1914—1915年，组织香港世界语学会。

1915年，香港皇仁书院学习五年后，黄文山赴上海考取北京清华学校。

是年，黄文山曾到上海《民立报》拜谒吴稚晖先生，一见如故，他们介乎朋友师弟之间的关系，久而不衰，此次会面对黄文山以后的人生道路有不小的影响。

1916年，留法勤工俭学会在北平设立留法俭学会，黄文山加入为会员，从蔡孑民、李石曾两先生研究美学、民族学、生物学及社会哲学。"以后数十年的研究，始终走着这条路线，还是这些前辈给我引发的路子"(《黄文山文集》第136页)

是年，黄文山把少年时代之吟咏，结集为《危楼万里心斋诗草》(原稿弃置台山其珂里。三十年后，其好友偶于羊城旧书肆中，获见此弃置已久之诗草，归于黄文山)。

1917年，胡适先生于北大主讲哲学，一时国内外大师如梁漱溟、陈大齐、杜威、罗素等，都到北大。黄文山从他们学习，"知识乃大进"。

是年5月，当"五四运动"前夕，黄文山少年气盛，鉴于官僚政治的腐败，社会风气的堕落，于是在北京约集同学朋友们组织"实社"。黄文山和后来做过山东大学校长的赵太侔(畸)和做过广州广雅中学校长的袁震瀛(振英)等，都是实社的核心人物，他们服膺人道主义和自由社会主义。"实社"编印一本不定期刊物，名为《自由录》，黄文山是主编，也是撰稿最多的一位。第一期由黄文山自己作序，李石曾题封面，吴稚晖作跋语。《自由录》在"五四"运动之前出版，主张采取自由主义，民主主义，自由社会主义，无强权主义，大同主义。《自由录》与李石曾在巴黎创办的《新世纪》、刘师复在广州刊出的《晦明录》，为中国最早倡导自由社会主义的三个刊物之一。《自由录》实为继承巴黎《新世纪》报，在北京倡导新思潮的急先锋，影响青年思想颇大，蔡元培校长因此很重视它。

是年7月，黄文山在"实社"《自由录》第1集上发表无政府主义论文《实社自由录弁言——1917年7月1日》、《素食与道德》、《竞争与互相》、《托尔斯泰之生平及其著作》，介绍无政府主义思想。

1918年，蔡元培先生由法返国，主持北京大学，黄文山于是又考入该校哲学系，从胡适之、陈百年、梁漱溟、罗素、杜威先生等习哲学。

是年5月，在"实社"《自由录》第2集上发表无政府主义论文《克鲁泡特金之进化论》等。1919年，黄文山由北大学生会选举为

《北大学生周报》总编辑(其后总编辑为朱谦之)。

是年1月,黄文山《进化》第1卷第1号,发表《本志宣言》、《无政府主义及其发展之历史》(克鲁泡特金著,凌霜译)。是年2月,在《进化》第1卷第2号上,发表《师复主义》、《改造社会的方法》、《女子自由问题的研究》、《评"新潮杂志"所谓今日世界之新潮》,表示继承"师复主义"的无政府主义思想,攻击马克思主义。他称马克思主义为"集产主义",而把无政府主义说成是"共产主义"。

是年5月,黄文山又在《新青年》第六卷第五号上,发表《马克思学说的批评》一文,从经济论、唯物史观、政策论等方面对马克思主义进行系统的攻击。抽象地反对一切国家,反对无产阶级专政。

是年,黄文山与杨志道等编辑《新生命》,由"天津真社"出版,共出4期。

是年,北大图书馆馆长李大钊,常约集一些同学研讨社会主义,组织"社会主义研究会"(1920年3月秘密成立,12月公开成立)时,黄文山是被邀参加发起人之一。其他参与者还有张国焘、张崧年、吴敬轩、张北海、陈德荣等(毛泽东也加入)。后来,"社会主义研究会"转而偏向"马克思主义"研究,由于社会主义到马克思主义这有很大的区别,而黄文山倾向于自由社会主义,反对无产阶级专政,因而退出该研究会,后来加入了国民党。

1920年,《劳动者》周报创刊,黄文山任主编,由张国焘分发,在工人方面销行颇广。此刊后为北京共产主义小组的机关刊物。当时陈独秀在上海组织共产主义青年团,面请黄文山参加,黄文山婉辞拒绝,后遂不复相见。

是年,在罗素到中国来讲学的前夕,黄文山译出了罗素著的《哲学问题》,而后又和李季、沈雁冰合译了罗素的《到自由之路》,由新青年社印行,为评介社会主义、工团主义、无政府主义的最先输入者之一。

1921年,黄文山获北京大学文学士学位。同年因广东机器工会马超俊的邀请,代表该会,偕同孙中山先生之代表张秋白以及张国焘等数十人赴西伯利亚参加"东方劳苦大众国际会议"。留俄期间，黄文山目睹俄共专政的事实，其后于1923年，曾在勤工俭学中国留法学生办的《工余》杂志上，发表了一篇文章《一九一九旅俄六国见闻记》，报道游俄经过，反对俄共专政的长篇文章，并对国际共党多有批评。

1922年秋，黄文山由俄归国，即赴美留学，先后入哥伦比亚大学，克拉克大学研究院与纽约"新社会科学学院"（即"新学院"）从文化人类学大师鲍亚士（Franz Boas）、社会学及新史学大家班思（H. E. Barnes）、社会学巨子季亭史（F. H. Giddlng）、詹姆士之高足宗教哲学家克伦（H. M. Kallen），并就学于杜威大弟子胡克（Hook）、文化史家桑戴克（Lynn Thorndike）及法国汉学家伯希和（Paul Pelliot）诸先生，专治人类学、西洋知识史、社会学、哲学、世界文化史等，有一定的造诣。此外还与文化学家克鲁伯（Alfred L. Kroeber）等研习学问，且与哈佛的素罗金（Pitirim A. Sorokin）讨论文化学建立的问题。此期间还治中国文化史。

其时，美国现代第一位文化学者，而为班思称为"文化学之父"的怀德（Leslie A. White），与黄文山同在哥伦比亚大学及新社会科学学院读书。其后，黄文山在中央大学教书，并开始写文化学方面的文章时，怀德则在燕京大学教书。

是年，黄文山在美国编辑出版无政府主义刊物《新大陆》，并在《民钟》第1卷第3期发表论文《克鲁泡特金的社会学说与未来》，此论文在《学汇》1923年第122—126期转载。

1927年至1928年，国民革命已接近全国统一阶段，黄文山于求学之余，曾两次主持纽约《民气周报》、《民气日报》和旧金山《国民日报》笔政，为国民革命声援，写有《中国文化》（英文）。

1928年，黄文山获美国哥伦比亚大学文学硕士学位。硕士论文题目是《中国文化发展蠡测》（英文写作），文化史家桑戴克（Thorndike）教授为之校阅。（1929年归国后，本拟增订后问世，不幸南京失陷，全稿失去。1940年重游纽约，故友黄剑农由哥伦比亚大学图书馆将原稿取出，不料1942年携归桂林，卒因该城失守，又复散没，他早年对于文化之探究，已无法与世相见，而数年心血，亦付之流水。）

黄文山本拟继续研究，但吴稚晖由上海屡次函劝并汇旅费催促回国。他于年底到达上海，出任上海国立劳动大学教授、教务长。

1929年，黄文山完婚，妻子是黄兴之女黄文华。因为家长不在上海，蔡元培为之主婚。

是年间，黄文山讲学于上海各大学，即认为文化之研究，有成为独立的科学之必要与可能。

是年，发表论著《社会进化》，由上海世界书局出版。

1930年秋，由孙本文邀请，遂离开上海，到南京任中央大学社会学系教授兼主任。旋与时忤，又复去职，薄隐杭州西湖茅家埠，从事译述。

是年，翻译素罗金原著《当代社会学说》，由上海北新书局出版。（1935年，交上海商务印书馆初版印行，收入万有文库，分订10册。1966年台湾一版，仍分为上下两册。1971年台湾二版。素罗金的原著于1928年在美国初版。孙本文作序，扼要指出了原著的内容价值，并公正评价了译者对原著的深切了解及译笔的畅达忠实与措辞的优美。此书之出，能给国人以社会学上种种科学的概念，使人们能明了社会学的内容真相及最近的趋势。）

1931年秋，黄文山讲学于北京大学，且任北京师范大学社会学系第一任系主任，是年始为同学演讲"文化学"课程。1931年以后，黄文山又在中山大学、中央大学两度开设同样的"文化学"课程。"文化学"一名，非黄文山所杜撰，其友人张申府（崧年）先生于1926年早已提倡及之，而西方比较社会学家、文化人类学家，亦辄以文化学者自居。然而在国内首先以此学名开设课程者，恐以黄文山为最早。陈序经到1939年才在西南联大开设文化学课程。

1932年，黄文山发表论著《西洋知识史纲要》，由华通书局出版。

1933年，黄文山翻译阿贝尔（Abel）原著《德国系统社会学》，由上海华通书局出版。

1934年至1936年间，黄文山复执教于中央大学，始在《社会学刊》、《新社会科学季刊》等刊物上发表《文化学的建筑线》《文化法则论究》《中国文化及其改造》等论文多篇，其中对于"文化学"一词，他在英文上也主张采用"Culturology"为学名。这期间的论文大部分，收在其1938年发表论著《文化学论文集》（广州中山文化学会出版）里。

1934年，黄文山与朋友王祺（准君）、高信（人言）、阮毅成、刘百闵主编《新社会学季刊》（正中书局出版），后结集为《新社会科学期刊》，由中华社会科学社出版。另与卫惠林、何子星、凌纯声等主编《民族学研究集刊》，由商务印书馆印行。后来还与刘百闵、阮毅成、萨孟武先生等编过《政问周刊》。

是年12月16日，黄文山和孙本文等人在南京国立中央大学正式成立了第一个民族学会。

1935年，黄文山翻译哈尔（K. D. Har）原著《社会法则》，由上海商务印书馆出版（1966年于台湾重版。1971年另有人人文库本）。哈尔对素罗金自《当代社会学学说》中所作的评价和结论，大体是同意的，此书对前书而言，是一种极有力的补充。黄文山翻译这两本书，对中国社会学的建立有一定的贡献。

1935年1月10日，《中国本位的文化建设宣言》发表，黄文山是十位签名人之一。由1932年至1936年在南京中央大学时期，适值日寇对华侵略开始，看见国势日蹙，彷徨不可终日，黄文山尝念顾林亭先生的词句："愁看京口三军溃，痛说扬州七日围。"他忧国怀家之忧，炽热于心而不能自已。鉴于民族文化到了危机存亡的关头，黄文山乃奋起与何炳松、萨孟武、陶希圣诸先生等共同发表《中国本位的文化建设宣言》（简称"十教授宣言"）号召建立民族本位的文化，宣言本着致力三民主义文化运动的初衷，与当时陈序经的全盘西化论抗衡。

1935年后，因为抗战，黄文山曾投身国民党党政工作，受聘任军事委员会政治部委员、中央训练团军训处长，领少将衔。历任中国国民党中央监委，担任"中华民国国民大会"代表等职。

1936年夏，由于粤政统一，黄文山辞掉中央大学社会学教授兼主任与中山文化教育馆民族组主任职务，与友人南归百粤，担任文化教育工作。他曾提出建设广东文化的三大原则：第一，建设南方的文化中心；第二，建设完备的文化机构；第三，应用政治经济力量来推动文化建设。其旨在侧重在革命策源地的广州，唤起青年群众，发扬民族精神，一致抗日。

是年，黄文山任广州市立第一中学校长，其间曾任用一些思想上比较进步、政治上比较开明的教师，如教务主任陈思曼、训育主任黄复懋、语文教师林焕平、历史教师朱伯濂等。

是年，黄文山担任国立中山大学法学院院长兼教授。并从事政治性的工作，曾历任上海私立建设大学代校长，侨务委员会委员。

1937年腊月，当时黄文山除任市党部委员外，又新兼广州日报社社长。黄文山接任社长后，蓄意计划改革，使该官报成为抗战期间一个崭新有力的宣传机构。

1938年春，黄文山创立"更生评论社"，与陶希圣先生等在武汉艺文研究会的《民意》相联系，出版周刊，以弘扬国策，拥护抗战为宗旨，任刘伯骥为主编。另组织中国文化研究会，由黄文山亲自主持，吴康、崔载阳、罗香林、刘伯骥等为委员，出版《民族文化月刊》，由罗香林主编。同时，广州日报的言论，为各方所重视，黄文山特编印《广州日报社论集》（印就，未及装订，因仓促撤退，致全部损失）。

1938年，黄文山发表论著《抗战建国与复兴民族》，由广州更生评论社出版。黄文山认为"复兴中华民族"，建设"一个现代化的新中国"，主要从这四个重要方面入手：一、建立民生史观的哲学基础；二、建立民族的文化；三、建立革命的新道德；四、推进科学运动。

是年，标志黄文山基本文化学思想形成的著作《文化学论文集》由中国文化学学会出版，在《自序》中黄文山自评道："予自少喜从事革命运动，十年前游俄，游美，游欧，亦笃志革命，奔走不遑。然而平生怀抱，辄不自揆，思欲牢笼大地，博极古今，在学术上有所独创。"

1939年春，黄文山到渝任中央训练委员会第三处处长、政治部设计委员兼编审组组长。建议编印抗战建国百万小丛书（上海生活书店出版的共产党人主持编印了类似的小册子），未果。其后，再提出编印两大刊物的计划:一为《青年中国季刊》,内容完全侧重学术纯理论研究,以复兴民族文化为职志,是抗战时最大的学术刊物;另一为《中国青年月刊》,供给青年以一般战时应有的知识,鼓舞其对抗战建国的认识。而《青年中国季刊》则由黄文山任主编,9月30日创刊号出版。

是年10月,赴美国组织三民主义青年团美国团,及改组《国民日报》。路过香港,于九龙看望正在养病的蔡元培。1939年至1941年间,重游美国,在哥伦比亚及加省大学图书馆对于文化学的资料,多所收集。

1940年,黄文山开始读到美国怀德(White)教授的有关文化学的论文,同时两人开始通信,探讨文化学的问题。怀德认为,研究文化的科学与研究社会(社会学)或民族的历史(民族学)的科学不同,因此,他提议这种研究,应称之为"文化学"("Culturology" or "Culturological Science"),这种主张与黄文山十余年来所见先后合辙。

1941年2月,黄文山离美归国,短时间出任中山大学法学院院长,随后应孙哲生(科)院长之命,出任国民政府立法院立法委员,并兼任中山文化教育馆民族组主任。

1942年后,第二次世界大战方酣,黄文山乃伏处重庆北碚中山文化教育馆近三年,著《文化学体系》一书。("为自己个人的最大任务"(《文集》,P139))大战结束后,全书草创正半,止成上卷约六十万言。因战后印刷困难,原书搁置行箧,久未付梓。

1945年,黄文山任广东省立法商学院院长,兼粤侨事业辅导会主任与五年计划建设会主任委员。

是年,又任广东省府委员、国民政府侨务委员会委员、国大代表、中央监察委员。

1948年,黄文山发表论著《文化学的建立》(此文本来是《文化学体系》(未完成)的一部分)抽印本,由广州国立中山大学法学院编印。后收录在《黄文山学术论丛》(台北:台湾"中华书局",1959年一版。1977年二版)。当时黄文山复为中山大学历史研究所的同学讲文化学体系。

是年5月16日，与怀德（Leslie A. White）首次通信探讨文化学的问题。此后通信达29次之多，多集中在20世纪50年代左右。信的原件收录在《文化学导论》（香港：南天书业公司，1980）里。

1949年，黄文山发表论著《文化学及其在科学体系中的位置》（陈序经推荐，由岭南文学西南社会经济研究所出版）。此书为《文化学体系》一部分。

是年春，黄文山访台，居台北数月。5月由台飞广州。8月过港飞抵旧金山。

是年秋冬之交，陈诚为台湾省政府主席，电邀他去台。后即奉命赴美。启程之日，吴稚晖前辈托带《敬告侨美同胞书》至美，并亲送其行。黄文山第三次来到美国，一方面为苟延残喘的国民党做点事，一方面还是想再次读书、教书与从事文化学研究。1949年至1951年，他担任台湾省政府顾问。

1950年，黄文山应当代文化人类学泰斗克鲁伯博士之邀请，赴美国哥伦比亚大学人类学系任客座学人，研订文化学问题。并由清华基金紧贴补助金（梅贻琦先生主持），从事文化学研究。

是年，黄文山在纽约新社会科学学院（New College-New School for Social Research）授中国文化史、文化学、艺术史等科，并为《国民日报》撰写社论，其后又充当美国自由亚洲协会（Committee for Free Asia）纽约办事处顾问。

是年，黄文山在纽约美国人类学年会上遇见怀德，同时也第一次读到怀德著的《文化的科学》（*The Science of Culture*）一书。

1956年，黄文山与黄仁俊等数十人发起创办华文出版社，在洛杉矶出版中英文《华美周刊》，此刊后亏本转让。

1959年，发表论著《黄文山学术论丛》，由台湾"中华书局"出版（1977年再版）。在本书所收的各论文中，以提倡建立文化学的论著占主要部分，兼及种族主义批评及中国古代图腾文化的研究专论。

1960年，任教于美国南加州大学（University of Southern California），教授中国文化史、文化学、中国艺术史等课程。其间，曾用李约瑟的《中国之科学与文明》前二册为参考书。

是年，黄文山发表论著《黄文山旅美论丛》，由台湾"中华书局"出版。分量比较多，而范围比较广泛，有吴康博士为序文。

是年，黄文山参加巴黎召开的第六届人类学及人种学国际会议，他认为古代中国曾有一个崇拜图腾的社会存在于新石器时代，而图腾崇拜的方式及其演变对研究中国文化乃至世界文化都是极重要的一件事。

1961年5月，黄文山与美国人达微氏(C. L. J. Damme)教授等，在洛杉矶创办"华美文化学院"，黄文山任院长，以保存及阐扬和复兴中国文化，并促进东西文化之交流与混融为目的，他不断公开演讲儒、释、道各家哲学，并采用传统书院制度，聘请当代艺术家陈荫熊、黄磊生、吴公虎、丘永沽诸名师担任教席，张大千先生为之题字奖励。举行艺术展览不下百数十次。另附设太极拳学院，由港聘请董岭虎拳师任教。还用英文写了一本《太极拳要义》，借拳术介绍中国文化。黄文山以其余暇，并兼在南加省大学授课及应西人东西文化学社哲学会，美国创造教育学院等团体邀请演讲，多以中国文化思想艺术为讲授的中心题材。

1962年，黄文山参加华盛顿世界社会学大会。

1968年4月，黄文山著有七十自寿的《心光集》。

是年8月，黄文山曾出席在日本举行的人类学及人种学国际会议。

是年秋，受台湾科学委员会之聘，返台任客座正教授、台湾大学客座教授及"中华学术院"哲士。后任台湾大学社会学系及考古人类学系教授，讲文化学与《今日社会学学说》。

是年11月，发表论著《文化学体系》（上下册），由台湾"中华书局"出版（从1968年一版，1986年10月先后四版）。这是黄文山的最重要的著作。除序言、目录及参考书目之外，全书共19章，分上、下、中三篇，合计约70万字。本书出版后，台北学生英文杂志著论说是"中国学者完成的不朽巨著"，而《国魂》月刊彦博著文称为"中国学者不朽的巨著"，有平衡东西文化的价值。本书于1969年获得中山文化教育基金首奖。1971年三版时，黄文山有诗为记，"同扶元气回阳九，各放光明照大千；未丧斯文吾道在，乾坤重整太平年。"

早期以此书为中心的研究论文收在张益宏主编的《黄文山文化学体系研究集》(台北：台湾"中华书局"，1976)里。

1969年秋，黄文山应香港中文大学之聘任新亚学院客座教授，与唐君毅会晤。此二十年前，钱穆曾致书在美国的黄文山，邀约返港任社会学系主任，但黄文山当时因事，没有答应。后继任珠海书院文学院院长。这时罗香林嘱黄文山把近年在美所写有关政治、社会、经济、学术等文字，编写《当代文化论丛》，由亚洲协会补助，分上下集，由该院出版部出版。

1970年，黄文山与罗香林、林语堂出席在韩国召开的"国际笔会"，受到韩国朴总统的招待。此行的经过，黄文山写有《出席韩国国际笔会的观感》，收入《当代文化论丛》。

1971年，黄文山发表论著《当代文化论丛》(上、下册)，此书原拟由台湾"商务印书馆"出版，后列为香港珠海书院丛书之一。内容分十二类，共一百多篇包罗宏富，洋洋大观。孙哲生(科)为序言，称其叙论精阔，切中实际，将有裨于天下国家治平之业。

是年，翻译索罗金原著《今日社会学学说》(*Sociological Theories Today*，1966年出版)，由台湾"商务印书馆"出版。此书是1928年初版《当代社会学学说》一书的继编，为现代社会学理论最杰出的著作。黄文山称为"博治天人，包罗广赅，提纲挈领，批评深刻"。索罗金于1968年春逝世之前，曾面请黄文山翻译此书，并为中译本预作序文一篇。著者在书内，约述黄文山的文化学说，台大社会学系主任龙冠海博士在序文说："中国人的学说获得论列者仅黄教授之文化学说，足见其在国际学术上的地位，同时亦为国家争了光。"上册出版时，黄文山有诗为记："网罗宇宙归冥想，卓荦高才独见君；广乐钧天如有待，更留'爱力'(索罗金以救世界)拯人群。"

是年5月，黄文山翻译李约瑟原著《中国之科学与文明》首卷，由台湾"商务印书馆"出版。黄文山谓翻译此书，"对于今后中国学术文化影响之大，恐自唐代玄奘以后，千五百年来所未见。"黄文山译完首卷，适值李约瑟教授经过香港，应罗香林教授之约，于9

月 16 日同往访候。与李教授谒谈之下，黄文山特以一诗为赠："刳肝呕血本寻常，谁识奘师当日心；亿万斯年今后事，神州从此起陆沉。"

1973 年夏，黄文山辞退香港职务，返回美国，除整理他自己所创办的华美文化学院外，应洛杉矶东方大学校长释天恩博士之约，任该校研究院院长及教授，并很想把积年留下的札记和日记整理一番，写成自传。

1974 年，发表论著《太极拳要义》英文版，由香港南天书业公司出版。

是年，发表论著《健康的艺术》英文版，由香港南天书业公司出版。

是年，黄文山著，《文化学导论》，由香港南天书业公司出版。

1976 年 10 月，张益宏主编《黄文山文化学体系研究集》，由台湾"中华书局"出版。唐君毅曾写有一篇序言，不料黄文山忘了转交给张益宏，以致不曾列入集子。

1982 年，发表论著《唯生论的历史观》，由台湾"商务印书馆"出版。

是年，黄文山著《中国古代社会史研究方法论》，由台湾"商务印书馆"出版。

1983 年，发表论著《黄文山文集》，由台湾"商务印书馆"出版。

1988 年，黄文山在香港逝世。黄文山自称东西南北人，其一生曲折生动，汪洋恣肆，为中华民族，为人类前途，作文化上不懈的探思，终形成他自己庞大的"文化学体系"。

后　　记

春生夏长，秋收冬藏，三年寒暑，千日韶光，寤寐思服，我心淡伤。东湖荷香四溢之时，拙作初成，感慨良多。窃以"打油诗"记之。

自况：
寒窗十年读，苦舟学海清。破茧未成蝶，两鬓霜染尽。

敬谢业师李宗桂教授：
铁肩担正道，辣手著贤文。严师岂无情，宽厚慈父心。面命且耳提，把手言精蕴。叨陪鲤对处，不觉渐成人。

敬谢李锦全教授：
蒲扇轻摇春风生，问学祖公三人行，清茶闲语传大道，无为而为递火薪。

敬谢导师组黎红雷教授、陈少明教授、张永义副教授等：
陈师首传方法论，东西学术真精神。中国哲学治道史，黎师独辟一蹊径。浮躁寂灭冷板凳，张师逍遥游纤尘。众妙毕出康乐园，开吾心智怡吾神。

业师谆谆告诫，人要有二心：敬畏之心与感恩之心。敬畏学术，感恩人生！藏敬畏于心，知其所止。怀感恩于心，以见天地。感谢家人、朋友，感谢师长、同学！

黄有东

2007 年 5 月 18 日于康乐园